Direito
Ponto a Ponto

Direito Civil - Lei de Introdução ao Código Civil, Parte Geral e Direitos Reais
Luís Paulo Cotrim Guimarães

Direito Civil - Obrigações
André Ricardo Cruz Fontes

Direito Civil - Responsabilidade Civil
André Ricardo Cruz Fontes

Direito Civil - Família
José Luiz Gavião de Almeida

Direito Civil - Sucessões
José Luiz Gavião de Almeida

Direito Imobiliário
Washington Carlos de Almeida

Direito Processual Civil - Processo de Conhecimento e Execução - Tomos I e II
Márcia Conceição Alves Dinamarco

Direito Processual Civil - Processo Cautelar
Nelton Agnaldo Moraes dos Santos

Direito Processual Civil - Procedimentos Especiais
Alexandre David Malfatti

Direito Empresarial
Armando Luiz Rovai

Direito do Consumidor
Maria Eugênia Reis Finkelstein
Paulo Sérgio Feuz

Direito Constitucional
Tomos I e II
Luis Carlos Hiroki Muta

Direito Administrativo
Márcia Walquiria Batista dos Santos
João Eduardo Lopes Queiroz

Direito da Seguridade Social - Direito Previdenciário, Infortunística, Assistência Social e Saúde
Jediael Galvão Miranda

Direito do Trabalho
Rodrigo Garcia Schwarz

Direito Processual do Trabalho - Processo de Conhecimento e Tutelas de Urgência (antecipada e cautelar) - Tomo I
Thereza Nahas

Direito Processual do Trabalho - Execução e Procedimentos Especiais - Tomo II
Yone Frediani

Direito Penal - Parte Geral
Christiano Jorge Santos

Direito Penal - Parte Especial
José Américo Penteado de Carvalho

Legislação Penal Especial
Dagmar Nunes Gaio

Direito Processual Penal
Gustavo Henrique Righi Ivahy Badaró

Direito Econômico
Fabiano Del Masso

Direito Tributário
Guilherme de Carvalho Jr.

Direito Internacional
Friedmann Wendpap
Rosane Kolotelo

Ética Profissional
Ernesto Lopes Ramos

Direito Internacional

Friedmann Wendpap
Rosane Kolotelo

Direito Internacional

ELSEVIER

CAMPUS
JURÍDICO

Copidesque
Elvira Cesario Castanon

Projeto Gráfico
Interface Designers

Editoração Eletrônica
SBNIGRI Artes e Textos Ltda.

Revisão Gráfica
Irênio Silveira Chaves

Coodenação Acadêmica
Thereza Nahas e Márcia Conceição Alves Dinamarco

Projeto Gráfico
Elsevier Editora Ltda.
A Qualidade da Informação
Rua Sete de Setembro, 111 — 16º andar
20050-006 — Rio de Janeiro — RJ — Brasil
Telefone: (21) 3970-9300 Fax: (21) 2507-1991
E-mail: info@elsevier.com.br
Escritório São Paulo
Rua Quintana, 753 – 8º andar
04569-011 – Brooklin – São Paulo – SP
Telefone: (11) 5105-8555

ISBN: 978-85-352-2401-6

Central de Atendimento
Tel.: 0800-265340
Rua Sete de Setembro, 111, 16º andar – Centro – Rio de Janeiro
E-mail: info@elsevier.com.br
Site: www.campus.com.br

CIP-Brasil. Catalogação-na-fonte.
Sindicato Nacional dos Editores de Livros, RJ

W497d

Wendpap, Rosane
Direito internacional / Rosane Wendpap e Friedman Wendpap. – Rio de Janeiro: Elsevier, 2007.
272p. – (Ponto a ponto)

Inclui bibliografia
ISBN 978-85-352-2401-6

1. Direito internacional público. 2. Direito internacional privado. I. Wendpap, Friedman. II. Título. III. Série.

07-1365. CDU: 341

Dedicatórias

Dedico este livro à generosidade do amigo Carlos Augusto Antunes que foi o esteio da minha graduação em Direito ao tempo em que a ação política contra a ditadura absorvia toda a minha atenção.

Friedmann Wendpap

Aos meus alunos, a razão de meu aperfeiçoamento.

Rosane Kolotelo

Agradecimentos

Agradeço aos meus professores, desde Pietra que me alfabetizou a Regina Ferrari, Ricardo Seitenfus e Jorge Fontoura, que exigiram a produção de pensamento. *In memoriam,* agradeço ao professor José Lamartine Corrêa de Oliveira Lyra.

Friedmann Wendpap

Agradeço a Nivaldo Gomes de Oliveira, Niwaldo Nicolau Conter, Osmar Godinho e Deisy Ventura, exemplos de dedicação ao magistério superior.

Rosane Kolotelo

Os Autores

Friedmann Wendpap, paranaense de Toledo, mestre em Direito Público pela Universidade Federal do Paraná, é professor de Ciência Política, Teoria do Estado e Direito Internacional da Universidade Tuiuti do Paraná e da Escola da Magistratura Federal no Paraná. Exerceu atividade política no movimento estudantil e partidário na década de 1980, cumprindo várias funções diretivas. Foi juiz de direito do Estado do Paraná e atualmente é juiz federal. Na atividade associativa da magistratura foi vice-presidente da Associação dos Juízes Federais do Brasil e Presidente da Associação Paranaense dos Juízes Federais.

Rosane Kolotelo Wendpap, paranaense de Andirá, graduada em Direito pela Faculdade Estadual de Jacarezinho, Paraná, mestre em Integração Latino-americana pela Universidade Federal de Santa Maria, Rio Grande do Sul, é professora de Teoria do Direito e Direito Econômico da Universidade Tuiuti do Paraná. Advogada militante, membro do Instituto dos Advogados do Paraná, integrou Comissões da Ordem dos Advogados do Brasil e atualmente é membro da Diretoria da Caixa de Assistência da OAB, seção do Paraná.

A crescente competitividade no mercado profissional e a demanda de um público cada vez mais exigente motivaram a Editora Campus/ Elsevier a conceber a série *Direito Ponto a Ponto*.

O Direito, em essência, desafia para uma trajetória profissional que se inicia em um complexo curso de graduação e segue pelo exame da OAB, a advocacia, a preparação para concursos públicos e, ainda, as constantes alterações legislativas, que mudam sistemas, conceitos e procedimentos.

Os personagens do Direito precisam, portanto, absorver diariamente cada vez mais informações em um curto período de tempo. O desafio é aprender e compreender, pensar e raciocinar, crescer e amadurecer intelectualmente.

A necessidade premente de livros que atinjam o ponto de equilíbrio necessário para obter conhecimento direto sem prejuízo do aprofundamento doutrinário, da interpretação jurisprudencial, da discussão atual de assuntos polêmicos é o fundamento da série *Direito Ponto a Ponto*.

Composta de 26 volumes, alguns divididos em tomos, a série é escrita por autores de intensa atuação profissional e acadêmica, imbuídos do espírito de renovação e do compromisso de manter excelência do conteúdo doutrinário e aprimoramento contínuo das novas edições. Os autores são advogados, juízes, promotores, especialistas, mestres, doutores e professores, todos comprometidos com o ensino jurídico.

Pontos polêmicos e de interesses profissionais, pontos de concursos e pontos de graduação são tratados em cada um dos volumes. É o Direito *ponto a ponto* que oferecemos a nossos leitores.

Editora Campus/Elsevier

Si vis pacem, para iustitiam.[1]

O conhecimento jurídico é infinito, tal a riqueza cultural dos povos ao engendrarem normas. Não há inteligência suficiente para descrever e entender as normas e os ordenamentos do mundo. A imensidão e a complexidade do objeto a ser estudado aumenta o desafio quando a proposta é apresentar o Direito ponto a ponto. Por mais esforço que se empreenda para alcançar todos os assuntos, faz-se necessário excluir alguns e versar perfunctoriamente sobre outros. Essas opções são susceptíveis à crítica.

Quanto à linguagem não há opção: o português culto, com abundância de expressões latinas, deve ser a eleição natural de qualquer texto jurídico destinado a estruturar pensamento (Charaudeau, 2006, p. 40). As normas, como objeto de ciência, são imateriais. Transmitir pensamentos atinentes a ente etéreo exige a mediação de vocabulário adloquial para evitar metáforas. Ocasionais, são laivos de prosa poética destinada a diminuir a aridez do texto. "O desejo que move os poetas não é ensinar, esclarecer, interpretar. Essas são coisas da razão" (Alves, 2004, p. 24).

A pretexto de modernidade generaliza-se uma sensação de celeridade impetuosa, como se os ritmos da natureza fossem obsolescências de remota memória. Anunciam-se aprendizados instantâneos, *prêt à aprendre*, prescindindo de tempo e denodo. De modo similar ao senso numérico, é ínsita a condição humana o senso de justiça (Pinker, 2004, p. 370). Todavia, o senso numérico não nos transforma em matemáticos e o senso de justiça não nos faz juristas sem que haja estudo rotineiro, exaustivo e repetitivo (Devlin, 2004, p. 292).

Este sumário de Direito Internacional não supre *per se* as exigências de conhecimento apresentadas na liça forense, nos concursos, nas academias. Serve ao neófito como fenda para os textos mais sofisticados e amplos

[1] Se queres a paz, empenha-te por Justiça. (Höffe, 2005, p. 443).

e àqueles que já dominam os temas, é útil por condensar e organizar o conhecimento que o tempo desarruma nos arquivos cerebrais.

Um alerta metodológico é relevante: o discurso jurídico oscila entre o fascínio das ideologias que visam a cativar adeptos, o comentário com pretensão de isenção política e o esforço científico destinado a dar firmeza ao pensamento, com posicionamento sobre os problemas ontológico e epistemológico.[2] Numa mesma obra encontram-se passagens descritivas, analíticas e trechos que são libelos passionais com alto poder de persuasão, mas carentes de ciência.[3]

A agudíssima observação de Kelsen na abertura da Teoria Pura permanece atual, muito embora a delimitação do objeto sobre o qual perquire o saber jurídico em sentido estrito seja vista como estreiteza mental, alienação do mundo real.[4] Na verdade não é o rigor metodológico que provoca o distanciamento da realidade. A incapacidade de examinar metodicamente os objetos naturais ou artificiais é que afasta o discurso da realidade e o faz repleto de mitificações apaixonadas.

Ciência não é religião. Não é necessário crer no Direito apesar da Humanidade ser demasiadamente humana. A Ciência não necessita de crentes ou incréus, mas de observadores e teorizadores que não professem o pensamento único, a monodoxia, dogmatizados por ideologia política ou religiosa. A Ciência viceja na diversidade de pensamento, na polidoxia.

---

[2] "[...] na linguagem filosófica, uma 'questão ontológica' é simplesmente uma questão sobre que coisas realmente *existem* e qual sua natureza essencial" e "a epistemologia é o estudo sobre o que é o conhecimento e sobre sua origem" (Churchland, 2004, p. 17-20).

[3] "[...] as verdades científicas são muito menos fascinantes que os mitos, as ideologias, as pseudoverdades e não sabem provocar nas massas aquele entusiasmo, aquele calor de consenso, do qual os políticos necessitam para governar" (Bobbio, 2002, p. 209).

[4] "De um lado inteiramente acrítico, a jurisprudência tem-se confundido com a psicologia e a sociologia, com a ética e a teoria política. Esta confusão pode porventura explicar-se pelo fato de estas ciências referirem-se a objetos que indubitavelmente têm uma estreita conexão com o Direito. Quando a Teoria Pura empreende delimitar o conhecimento do Direito em face dessas disciplinas, fá-lo não por ignorar ou, muito menos, por negar essa conexão, mas porque intenta evitar um sincretismo metodológico que obscurece a essência da ciência jurídica e dilui os limites que lhe são impostos pela natureza do seu objeto" (Kelsen, 1987, p. 1).

Em que pese o esforço de cientificidade, não se deve perder de vista que as doutrinas jurídicas não são somente reflexões sobre o mundo. Elas são, também, fatos políticos (Kristsch, 2002, p. 39). A linguagem científica e o intento de imparcialidade evitam a aparência de um libelo passional, mas é impossível descrever o Direito e sua ubicação social sem idéias sobre o mundo e sem a mínima intenção de conquistar adesões.

Os modismos vernaculares são despiciendos, sobretudo quando se acrescenta o adjetivo "crítico" a todos os substantivos e verbos. Isso é mimetismo, reprodução inercial de *ancien nouvelle vague*. Pensar, teorizar, é criticar. Só a reprodução mnemônica de informações é acrítica e, ainda assim, serve quando se deseja fazer descrição de algum objeto, a exemplo do biólogo ao descrever um besouro.

Prescindível transformar o verbo pensar em repensar. Quem pensa, repensa, produz pensamento novo, pois esse ato não é simples ativação de memória, mas sim de intelecção. Mantém-se presente que as palavras não são as coisas, embora as próprias palavras possam ser coisas.

As palavras instigam auroras do pensamento que evanescem conceitos como água ao sol e levam ao prazer de entender a idéia de autores de todos os tempos e mundos, ainda que a natureza humana conduza o pensador a acreditar que pensou o que nunca foi pensado. *Après mes idées, le deluge!* A glória do poder por meio do pensamento.

"A teoria também se torna uma força material quando se apodera das massas" (Marx *apud* Giannetti, 2003, p. 28). Todavia, essa massa de pessoas não é de modelar; ela tem uma resiliência ainda não decifrada que a faz pouco plástica às idéias. A massa remove idéias do mundo.[5] Há atos muito resistentes a idéias. O portulano dos recifes e bancos-de-areia da natureza humana ainda não saiu de Sagres para orientar a aventura por mares, que se crê, nunca dantes pensados.

Ocaso e alvorecer perpétuos de uma idéia confirmam a sua condição de bem inexaurível. O autor não sofre redução de sua capacidade ao

[5] *Naturam expelles furca, tamen usque recurret, et mala perrumpet furtim fastidia victrix.* (Pode-se expelir a natureza com um forcado, mas ela voltará, e passará vitoriosa pelo tolo desprezo) (Horácio, *Epístolas I. x. 24.25. Apud* Fukuyama, 2000, pré-textual).

parir idéias e todas as pessoas podem utilizá-las sem redução de sua substância. Ao contrário: idéias geram idéias. O processamento paralelo permite que estruturas biológicas de pouca capacidade desenvolvam ambientes operacionais sofisticados – culturas – que servem, por sua vez, para processar informações que não cabem numa cabeça só.

A liberdade de pensamento é continente da liberdade para conhecer o pensamento alheio. Compartilhar os pensamentos é a suprema igualdade. O aporte material necessário para esse compartilhamento é a obrigação individual e social decorrente da liberdade. Os bens escassos, cuja fruição por um dificulta ou impede a fruição por outrem, devem ter seu uso regulado até o ponto de garantir os meios para que os entes pensantes tenham acesso à partilha do pensamento.

Pensar é o marco zero da condição humana. Idade, sexo, raça, compleição, são adereços em torno da essência humana: pensar e partilhar o pensamento, ainda que ele sirva apenas para produzir fobosofia e não, filosofia.

A idéia é o resultado do processamento de fatos, valores e conceitos (Wilson, 2001). Os fatos da natureza são facilmente comunicáveis (no sentido de partilhar o *munus* de entendê-los). Os conceitos podem se transformar em fatos não naturais, fatos sociais. Esses são de comunicação mais difícil porque o seu líquido amniótico é composto de valores. Valores transitam entre a razão e a profundeza irracional. Por isso, mais fácil estudar conceitos (idéias estruturadas sobre algum tema) puros para, num segundo passo, pensar neles como fatos.

O que se intenta oferecer ao estudo são conceitos puros, embora nem sempre se consiga fazê-lo. Todavia, em que pesem os escorregões metodológicos, provocados pelo discurso ideológico, a postura é irenista-inclusiva, não polemista-exclusiva (Stein, 2002, p.18).

Aprazeria escrever em latim por toda parte se a tanto ajudassem o engenho e a arte.

Os Autores

Sumário

Capítulo 1
Relações Internacionais Competitivas e Cooperativas

As relações intersubjetivas podem ser, para fins de estudo, observadas em duas grandes modalidades: competição e cooperação. Condutas totalmente competitivas ou totalmente cooperativas (tipos puros) não pertencem à realidade. A rotina é feita da preponderância – leve ou acentuada – de uma ou outra modalidade, presentes nas ambigüidades cotidianas. Nas situações de competição espera-se o cumprimento das regras para que os competidores possam alcançar seu bem particular e, nas de cooperação, deseja-se alcançar um bem comum, mediante partilha do esforço.

A tendência a ver a cooperação como imanentemente boa e a competição como inexoravelmente má é chã simplificação da complexidade social.[1] Ideologias políticas chegam ao extremo de propor a exclusão de uma das modalidades da vida social. O capitalismo e o comunismo, nas formas puras, representam a presença exclusiva da competição e da cooperação como modos de convivência. O tempo encarregou-se de mostrar que a natureza humana não é uma tábula rasa que as teorias podem moldar. A competição e a cooperação se apresentam em sociedades capitalistas e socialistas. A inibição e o estímulo que se dá a cada uma é que diferenciam as sociedades.

---

1 "Um exemplo fundamental do absurdo da tentativa de considerar a competição como a pedra de angular [sic] da organização empresarial é o dispositivo contido no *Clayton Act* segundo o qual uma companhia pode envolver-se em determinadas práticas comerciais, que seriam de outro modo definidas como desleais, se ela puder demonstrar que assim procede para enfrentar a competição. Dificuldades e absurdos similares surgiriam se, ao invés, tivéssemos a cooperação como a pedra de toque. Todos nós somos interdependentes, e portanto a cooperação é tão universal quanto a competição; existe honra mesmo entre os ladrões. Tribunais devotados à idéia de cooperação ficariam, ademais, emaranhados com a antiga noção do direito consuetudinário de conspiração, em particular com a conspiração para limitar o comércio" (Brockway, 1995, p. 171).

Para que haja cooperação é imprescindível a existência de um objetivo comum. Sociedades que exigem de seus membros a cooperação para o alcance de uma finalidade são, via de regra, restritivas da liberdade individual. Como a relação é inversamente proporcional, sociedades que dão mais espaço à competição tendem a ampliar a liberdade individual.

As normas que regulam a cooperação destinam-se a propiciar que os cooperados alcancem a finalidade comum.

> Aqueles que estão associados num empreendimento cooperativo para a promoção de valores, crenças ou interesses partilhados estão unidos por seus desejos convergentes de realização de certo resultado que constitui o bem cuja obtenção os reuniu. (Nardin, 1987, p. 20.)

A finalidade é a razão da existência da associação. As normas são meios, instrumentos, para o desiderato. O fundamento do dever de obediência a tais normas é que elas se destinam a regular a cooperação para o alcance da finalidade que é comum aos associados. Igreja, clube, partido político são agregações que ocorrem por causa de uma finalidade partilhada por quem volitivamente se associa. A propagação e manutenção da fé, o lazer, a vitória política são objetivos; as normas que regulam a cooperação funcionam como instrumentos.

Todavia, é possível imaginar que pessoas sejam compelidas pelas circunstâncias a viver próximas das outras, aparentando associação, mas não haja entre elas nenhuma finalidade comum. Convivência circunstancial, não volitiva. Membros de uma nação, súditos de um Estado. Milhões de pessoas que vivem de modo interdependente, sem que haja comunhão de objetivos. Cada membro, ou grupo de membros, dessas sociedades gigantes tem suas finalidades em mira e a realização delas pode impedir que outros alcancem as suas próprias finalidades. Em suma, competição.

Essa convivência circunstancial, sem o partilhamento de uma finalidade comum, não dispensa regras. A competição sem regras é a situação do *bellum omnium contra omnes*. "Cada um por si, ninguém por todos" (Ihering, p. 354).

As regras de uma associação circunstancial e de uma intencional são diferentes. A diferença não aparece no modal deôntico: proibição, permissão, obrigação. Ela reside no modo como os destinatários valoram essas normas e como elas são interpretadas. A interpretação teleológica das normas é a marca hermenêutica de uma associação intencional em torno de um objetivo comum.

A sociedade internacional é uma associação circunstancial, na qual os associados não compartilham objetivos. O cenário é de preponderância da competição. As normas são destinadas a assegurar as limitações recíprocas e a convivência da diversidade. O seu valor é medido pela capacidade de garantir a preservação dessa sociedade involuntária sem a erupção do caos que é o magma sob o solo da ordem pública. A interpretação das normas não leva em consideração uma finalidade que seja comum àqueles que divergem sobre a existência de direito e obrigação.

O ambiente competitivo é inadequado para o tratamento de alguns temas, a exemplo do uso do espectro eletromagnético para comunicação. Por isso os Estados, membros involuntários da sociedade internacional, se associaram para criar a União Internacional de Telecomunicações. As organizações internacionais são geradas para articular a cooperação entre os associados. Em razão da natureza cooperativa, os Estados admitem que essas organizações internacionais tenham a faculdade de exarar regulamentação com força normativa.

> *En términos sociológicos, un derecho internacional cooperativo en desarrollo representa aspectos de comunidad, más que aspectos de sociedad, en las relaciones entre Estados y naciones.* (Friedmann, 1966, p. 472.)

A cooperação que se tem em mira não é resultante de convicções morais, de brumoso progresso moral. A cooperação sobre a qual se versa neste estudo é a articulação de ações compatíveis entre si, de modo suficiente a produzir equilíbrio entre agentes que são movidos por interesses egoístas.[2] Ambiente cooperativo descrito pela Teoria dos Jogos (Fiani, 2006).

Todavia, os temas de alta complexidade política não são tratáveis, de modo realista, em ambiente cooperativo. O dissenso político está no espaço da competição e, nas relações interestatais que aí se ubicam, as normas são estruturantes do espaço competitivo e mantenedoras da urbanidade no dissídio.

Paul Reuter, ao fazer a apresentação do plano de estudo do Direito Internacional Público, distingue diversas estruturas na comunidade internacional. A primeira, diz ele, que está na base, é a do simples relacionamento interestatal, que faz da comunidade um aglomerado de Estados. As duas outras estruturas são incipientes, mas já provocam alguma mutação na base: "a

2 "... a alternativa à teoria religiosa da fonte de valores é que a evolução nos dotou de um senso moral, cuja esfera de aplicação nós expandimos no decorrer da história por meio da razão (entendendo a permutabilidade lógica entre nossos interesses e os das outras pessoas), do conhecimento (aprendendo as vantagens da cooperação no longo prazo)..." (Pinker, 2004, p. 261).

primeira caracteriza-se pelo reconhecimento de *interesses comuns* a todos os Estados e pela procura de sua defesa, a segunda tende a criar *órgãos próprios* da comunidade internacional" (Reuter, 1981, p. 11). Na classificação dos temas para estudo, Reuter traceja os ambientes de competição e de cooperação.

A descrição desses objetos (interesses comuns e órgãos próprios) é enfadonha, mas imprescindível. A narrativa histórica das causas políticas e dos arranjos normativos é condição para o exame analítico. Contudo, "não narrar os fatos individuais, o que cabe à historiografia, mas conseguir, pela observação dos fatos oferecidos pela historiografia, tendências ou leis gerais" (Bobbio, 2002, p. 198). Antes do escorço exemplificativo, é de relevo discorrer sobre os efeitos politicos e jurídicos da atribuição de competência *rationae loci* e *rationae materiae* às organizações internacionais.

Quanto mais estreita a competência *rationae materiae*, maior a eficácia das resoluções de conteúdo normativo exaradas pela organização internacional. Essa relação inversamente proporcional ocorre também no sentido oposto: quanto maior a competência *rationae materiae*, menor a eficácia. Esse paradoxo é facilmente explicável pela maior ou menor cooperação dos Estados diante das decisões das organizações internacionais. Quando o assunto tem baixo teor político, isto é, apresenta características técnicas, a resistência ao poder da organização é pequena ou nula, a exemplo do que ocorre com os temas ligados à saúde. Para chegar à decisão de cooperar nos assuntos de saúde pública, os Estados passaram por catástrofes, como a gripe espanhola em 1920, nas quais se consolidou a certeza de que a ação soberana isolada é ineficiente para que se cumpram os compromissos internos de mantença da higidez da população.

A cooperação nesses assuntos técnicos se dá por cômputo do custo e benefício e não em razão de progresso moral. Ocorre comportamento altruísta com a expectativa de reciprocidade. Altruísmo recíproco, com o oxímoro que a expressão encerra. Um jogo perpétuo que ora tem lances simultâneos, ora sucessivos, no qual os partícipes aprendem que o ganho imediato obtido por meio de algum lance desleal é anulado por custos futuros aumentados pela falta de confiança. O atingimento de um equilíbrio cooperativo produz resultados positivos crescentes a todos os Estados ao longo do tempo, a exemplo do aumento mundial da expectativa de vida.

Nos assuntos de alta sensibilidade política, a possibilidade de cooperação se reduz muito, porque a tendência é que os dissensos ocorram sobre bens que não admitem fruição compartilhada, ou que se acredite nessa impossibilidade, ainda que ela não seja intrínseca à coisa. O exercício de poder sobre uma área de solo, o domínio de armas não convencionais, são situações nas quais a tendência é de um jogo com soma zero, isto é, um perde tudo e o outro ganha tudo.

É verdade que o resultado de uma guerra nem sempre é totalmente negativo para uma parte e totalmente positivo para a outra, com soma zero. Mas o jogo é de competição pura, sem cooperação, embora o resultado seja, em graus diferentes, maléfico para as duas partes.

Quando a matéria em dissídio leva os Estados a competirem, as organizações internacionais se tornam mais débeis e sua decisões aproximam-se da ineficácia. Isso ocorre freqüentemente com o Conselho de Segurança da Organização das Nações Unidas (ONU), como no caso da agressão norte-americana ao Iraque, em 2003.

Perscrutar a modalidade do relacionamento – competição ou cooperação – auxilia a entender a gênese normativa e, no outro extremo, propicia atividade hermenêutica mais aguda e aderente à realidade a qual se aplica o preceito da norma. Também torna mais fácil a compreensão da postura dos Estados ante as organizações internacionais. É uma ferramenta analítica que auxilia o operador jurídico a manter aderência à realidade.

Capitulo 2
O Nome do Objeto

Atribui-se a Hugo Grotius a constatação da existência de um ordenamento normativo destinado a regular o relacionamento entre os entes soberanos, hoje nominados de Estado. Antes de Grotius, Francisco de Vitória e Francisco Suarez (século XVI) e Alberico Gentili (século XVII), entre outros, haviam produzido doutrina sobre a conquista das terras do Novo Mundo, a guerra, a navegação em alto mar, mas não desenvolveram visão sistêmica do Direito Internacional. Grotius compilou o conhecimento existente e incisivamente indicou as diferenças entre o direito civil e o *ius gentium*.[1]

Esse conjunto normativo era denominado de *ius gentium* (Direito das gentes) numa referência à dicotomia romana entre o *ius civile* (Direito aplicado aos patrícios romanos) e o *ius gentium* (Direito aplicado aos estrangeiros no território do Império Romano).[2] O *ius gentium* romano era, na verdade, um direito nacional das gentes (Höffe, 2005, p. 277).

O nome da matéria foi proposto e reproposto por inúmeros autores e houve a tentativa de fixá-lo em *ius inter* gentes, para evitar confusão com o *ius gentium* de Roma. No século XVIII, o inglês Jeremy Bentham cunhou a expressão *International Law*, que se consolidou como nome do objeto, embora não seja a mais adequada para a família jurídica romano-germânica, para

---

1 "Numerosos autores tentaram ilustrar com comentários ou reduzir para um sumário o direito civil, tanto no tocante às leis dos romanos quanto à legislação particular de cada nação. Esta parte do direito, porém, que intervém nas relações de muitos povos ou de chefes de Estado, cujos preceitos são fundados na própria natureza ou estabelecidos por leis divinas ou ainda introduzidos pelos costumes e por uma convenção tácita, poucos escritores tentaram entrar nesse campo, ninguém tentou até o presente fazer disso o objeto de um tratado completo e metódico. Semelhante trabalho interessaria, contudo, à humanidade" (Grotius, 2004, p. 33).

2 "Esse é o direito chamado de direito das gentes, porquanto distinguimos este termo do direito natural. Esta parte do direito natural foi totalmente omitida por Carnéades que distribui todo o direito em direito natural e em direito civil próprio de cada povo" (Grotius, 2004, p. 44).

quem a palavra nação expressa identidade cultural e não é sinônimo de Estado (Dhin, 1999, p. 29). O Estado tem súditos e a nação tem membros, "... l'Etat et la nation sont deux choses absolument différentes. *L'Etat éveille l'idée d'um* lien politique, *la nation l'idée d'un* lien purement moral" (Foignet, 1926, p. 74).

Com a percepção dessa inadequação entre o nome e o objeto começar-se-á o estudo sem a proposição de outro nome, até porque isso tem pouca relevância quando ele serve apenas como referência para evocar o objeto, destacando-o do gris das coisas do mundo.

Capítulo 3
Teoria do Direito Internacional Público

Insta explicar a denominação de teoria e não de filosofia ou Ciência do Direito Internacional Público. A filosofia tenta explicar tudo, alcançando o campo do que **é** (ciências naturais e sociais) e o do que **deve ser** (ciência normativa).[1] É admitido à filosofia pensar sobre questões metafísicas, vez que não limitada pela severidade do método científico e pela exigência da prova exata. Por sua vez, designa-se como teoria a tentativa de explicação racional de algum fato natural, social ou normativo, ainda que a articulação das idéias tenha origem introspectiva, a exemplo da Teoria da Relatividade. A ciência caracteriza-se pela rigidez metódica, pela investigação factual e submissão dos resultados a reiterada verificação de sua adequação à realidade (Brecht, 1965, p. 34).

Teorizar sobre Direito (conjunto de normas vigentes num tempo e lugar) é uma tentativa de explicar as normas e suas relações sem recorrer a mitos de cientificidade nula. As normas do Direito apresentam o conector **"deve ser"** entre uma ação ou omissão e a reação. Por força disso, a investigação científica sobre elas se torna fugidia e, sói acontecer, o jurista transita da ciência para a arte, expressando juízos de valor sobre o bom e o justo.[2]

Apresentar teoria do Direito Internacional Público exige esforço intenso para, de um lado, não deslizar para a arte e, de outro, não invadir a seara da Ciência das Relações Internacionais que se ocupa de fatos cuja correlação

---

1 "Quando uma ciência é designada como ciência social por se dirigir à conduta recíproca dos homens, uma tal ciência social, na medida em que procura explicar causalmente a conduta humana, não se distingue (...) das ciências naturais como a Física, a Biologia ou a Psicologia. Até que ponto é possível uma tal explicação causal da conduta humana, essa é uma outra questão. A distinção que, sob este aspecto, existe entre as mencionadas ciências sociais e as ciências naturais é, em todo o caso, uma distinção apenas de grau e não de princípio" (Kelsen, 1987, p. 96).

2 *Ius est ars boni et aequi.*

entre a ação e a reação expressa-se como uma causalidade, um **ser**. Evitando salto sobre o abismo lógico entre **ser** e **dever ser**,[3] faz-se a apresentação das fontes materiais do Direito Internacional Público com o auxílio da Ciência das Relações Internacionais, visto que essas fontes são um fenômeno antenormativo.[4] A Ciência da Relações Internacionais auxilia, ainda, a compreender as peculiariedades da competição e da cooperação nas interações entre as pessoas internacionais, proporcionando ao agente jurídico instrumentos conceituais que melhoram a análise necessária para a subsunção das condutas às normas e para a execução de sanção.

A percepção e compreensão do que são cada uma das sociedades (a de indivíduos que formam o Estado e a de Estados que formam a sociedade internacional) é essencial para entender as normas criadas para regular a convivência. Essa parte do exame é sociológica, mas imprescindível para a compreensão dos fenômenos jurídicos, visto que os juristas agem como os bombeiros que sabem usar a água, mas não conhecem a sua gênese. Para conhecer a origem da água é preciso ir para o sítio no qual ela ainda não existe e observar a criação. Químico, não bombeiro. O bombeiro eficiente desenvolve os meios para tornar mais eficaz o uso da água para debelar incêndios. É o que faz o bom jurisconsulto. O juristeorizador quer entender o *fiat lex* e o caos que o

3 "... os dogmas mais arraigados do nosso tempo: o de que não existe verdade metafísica e o de que não se pode deduzir um dever do Ser. Esta última tese nunca foi posta seriamente à prova e se aplica apenas a um conceito do Ser para o qual, por causa da neutralização antecipada de que foi objeto (por ter sido considerado como 'isento de valor'), a impossibilidade de se deduzir deveres é um conseqüência tautológica. Expandir esse conceito de Ser em direção a um axioma universal equivale a afirmar que não seria possível outro conceito de Ser, ou a afirmar que o conceito de que aqui estamos adotando como premissa (tomado de empréstimo, em última instância, às ciências naturais) já seria o conceito verdadeiro e completo do Ser. Portanto, a separação entre o Ser e o dever, em virtude justamente da aceitação de um tal conceito de Ser, já reflete uma determinada metafísica que só pode alegar a seu favor, em comparação com outros conceitos, a vantagem crítica (à maneira de Ockham) de fazer a suposição mais econômica do Ser (e, por isso mesmo, também a suposição mais pobre no que tange à explicação dos fenômenos; ou seja, pagando um alto preço pelo seu próprio empobrecimento)" (Jonas, 2006, p. 95).

4 "As inferências do que 'deve ser' jamais podem ser derivadas, portanto, por processo dedutivo (analítico), das premissas cujo significado está limitado ao que 'é'; só podem ser corretamente formuladas a partir de afirmações que envolvam um significado de 'deve ser', pelo menos, na premissa principal. Todos os seres humanos devem ter direito de autodefesa; João é um ser humano; logo, também deve ter o direito de autodefesa – isso seria um silogismo logicamente válido. Mas o fato de que os seres humanos existem não justifica, por si só, logicamente, a inferência de que devam existir..." (Brecht, 1965, p. 171).

precede; quer conhecer a nomogênese e a nomoferência. É possível objetar afirmando que essa pesquisa é metajurídica, é impura[5] do ponto de vista da ciência jurídica, o que é verdade se o estudioso se contentar com o alicerce do campo normativo num mito, numa presunção, numa norma hipotética.[6] O campo normativo é grande e sofisticado o bastante para estudos infindáveis e altamente meritórios, até porque os bombeiros são heróis. Mas o espírito curioso há de se inquietar com a porta misteriosa que leva o estudioso do direito para fora do seu mundo e o faz cair num torvelinho de forças da natureza; num ambiente fragmentado, em cinese perpétua, onde o hidrogênio e o oxigênio colidem. Onde o caos dialoga com a ordem.[7]

Entre o caos e a ordem está a decisão de que esta prevaleça sobre aquele. Não há nomocracia, pois as normas, *per se,* não têm poder.[8] O ponto de apoio do campo normativo está fora dele (Schmitt, 1998, p. 21). A decisão de um, alguns, muitos, de controlar o caos, estabelece ordem política, que se entrega ao repouso enquanto as normas são suficientes para manter a ordem. A força para subjugar o caos é excepcional e não se mantém *semper parata*. A tensão da excepcionalidade é assaz energívora.[9] O poder, enquanto veiculado por normas, se exerce sentado. A decisão que medeia o caos e a ordem exerce-se em pé, de atalaia. Cadeiras, tronos, não espadas, gládios, são os ícones do poder exercido por meio de normas.[10]

---

5 "Quando a Teoria Pura empreende delimitar o conhecimento do Direito em face destas disciplinas, fá-lo não por ignorar ou, muito menos, por negar essa conexão, mas porque intenta evitar um sincretismo metodológico que obscurece a essência da ciência jurídica e dilui os limites que lhe são impostos pela natureza do seu objeto" (Kelsen, 1987, p. 1).

6 "A função desta norma fundamental é fundamentar a validade objetiva de uma ordem jurídica positiva, isto é, das normas postas através de atos de vontade humanos..." (Kelsen, 1987, p. 215).

7 "Hoje em dia, a principal clivagem é entre os que procuram no próprio direito a explicação do carácter obrigatório das suas regras e os que, recusando este formalismo jurídico, consideram que é fora do direito que reside o fundamento do seu carácter obrigatório" (Dhin, 1999, p. 89).

8 "Aristóteles, de resto, já havia observado, agudamente, que a idéia de se atribuir a soberania à lei (*nomos*), e não a homens determinados, não muda substancialmente os termos do problema, pois as leis participam da natureza do regime político no qual são adotadas. Uma oligarquia só pode produzir leis oligárquicas e não democráticas" (Comparato, 2000, p. 24).

9 *"... Talleyrand pudo decir a Napoleón: "Con las bayonetas, sire, se puede hacer todo, menos una cosa: sentar-se sobre ellas"* (Gasset, 1999, p. 173).

10 "A cientifização do direito moderno envolveu também a sua estatização, já que a prevalência política da ordem sobre o caos foi atribuída ao Estado moderno, pelo menos transitoriamente, enquanto a ciência e a tecnologia a não pudessem assegurar por si mesmas" (Santos, 2001, p. 120).

A palavra ordem é polissêmica: pode significar o mando de um superior a um subordinado e também a situação de equilíbrio de um ambiente. O primeiro significado a deixou estigmatizada por causa da associação com idéias autoritárias. Para afastar estigmas, é prudente conceituar ordem como

> condição em que múltiplos elementos de vários tipos se encontram de tal maneira relacionados entre si que, a partir de nosso contato com uma parte espacial ou temporal do todo, podemos aprender a formar expectativas corretas com relação ao restante ou, pelo menos, expectativas que tenham probabilidade de se revelar corretas. (Hayek, 1985, p. 36.)

A confirmação usual das expectativas é que causa a sensação de constância e coerência nas milhares de relações intersubjetivas que formam o conjunto das relações sociais. A existência de ordem nesse sentido de equilíbrio do espaço no qual as relações humanas ocorrem, propicia a manutenção da vida, a satisfação das necessidades primárias e a criação de necessidades sofisticadas. A *affectio societatis* aparece se for possível a presunção de boa-fé nas relações intersubjetivas, sem que as pessoas estejam continuamente ariscas (Fukuyama, 1996). A estabilização que a decisão política alcança após a consolidação do campo normativo reduz a tensão dos indivíduos, embora não extinga o medo de todos contra todos. A fidúcia é impossível antes da consolidação do campo deontológico como pauta da conduta dos indivíduos.

A concepção autoritária da palavra ordem deriva também da convicção de que ela é resultado de uma vontade dirigida a uma finalidade, sendo exógena ao objeto a ser ordenado. Assim, o equilíbrio endógeno não seria propriamente uma ordem porque não resultou de ato de autoridade. Para designar essas duas situações, Hayek usa as palavras *taxis* e *kosmos*. A primeira, para uma ordem feita e a segunda para uma ordem resultante de evolução (1985, p. 38). Posiciona-se pela ordem como resultado de um devir no qual os atores não compreendem os fins e não têm a intenção de criar normas para alcançar esse ou aquele objetivo.[11] A opção eleita por ele é o individualismo metodológico

11 "Muitas instituições da sociedade que são condições indispensáveis para a consecução de nossos objetivos conscientes resultaram, na verdade, de costumes, hábitos ou práticas que não foram inventados nem são observados com vistas a qualquer propósito semelhante. Vivemos numa sociedade em que podemos orientar-nos com êxito, e em que nossas ações têm boas probabilidades de atingir seu objetivo, não só porque nossos semelhantes são norteados por objetivos conhecidos ou por relações conhecidas entre meios e fins, mas porque eles são também limitados por normas cujo propósito ou origem muitas vezes desconhecemos e das quais, freqüentemente, ignoramos a própria existência" (Hayek, 1985, p. 6).

que vislumbra as instituições como resultado de ação humana voluntária, porém ateleológica. *Le monde va da lui-même;*[12] as pessoas devem deixar fazer, deixar passar, porque as normas que pautam condutas brotam da cultura, sem que se saiba *quis, ubi, quando, quomodo et cur*, tais normas foram criadas.[13]

A obediência às normas é um ato de subordinação. Se alguém obedece, é porque outrem mandou. A força política que sustém o vigor das normas se manifesta todos os dias, ainda que sutilmente, por meio da autoridade da tradição. Quem deixa fazer, deixa passar, está permitindo que outros façam e passem, ou seja, que exerçam poder.

A ignorância punctual, ocasional, não obsta o desvelamento da razão de ser das normas pelas quais as pessoas pautam suas condutas. A decisão criadora, como resultado da vontade de alcançar uma finalidade, aparece em Ihering:

> Não há regra sequer que não haja sido criada a não ser desse modo, *i.e.*, jamais houve forma de cortesia que, desde o princípio, fosse despida de significado. Uma forma pode, ao longo do tempo, perder sua significação (...) Daí em diante, muito embora se prorrogue sua vida em razão da *vis inertiae* histórica, como é a regra em todas as formas, ela pode decair tornando-se vazia e insignificante, talvez, na medida em que sua importância original esvaece na consciência popular, tornando-se enigmática. Porém, a forma morta, como tudo o que se extinguiu, um dia viveu. Não procede, portanto, a afirmação de que a mesma é vazia no sentido de ter sido, desde o princípio, destituída de significado. Tal afirmação só pode partir de pessoas que jamais refletiram sobre o processo das coisas do mundo; se refletissem, concluiriam que é a finalidade, não o acaso, que constrói tudo no universo. Pode ser que essa finalidade soe, para nós, de modo estranho, até incompreensível. Todavia, negar que foi pelo fim que o homem sempre se pautou ao instituir o que quer que seja, significa atribuir-lhe outra natureza que não aquela que efetivamente tem. (2002, p. 347.)

Ao fazer-se a opção doutrinária pela existência de um tempo e um lugar no qual houve decisão criadora de uma norma ou de um conjunto normativo, está-se afirmando que os destinatários das obrigações, das permissões e das proibições não são inferiores, não são subordinados àquele ou àqueles que criaram a norma. As pessoas às quais as normas se destinam podem, a cada passo, destruir e construir. São *sui iuris*, não *alieni iuris*.

12 "... Dupont de Nemours (...) Dele é a célebre frase que se tornaria o *slogan* do liberalismo: *laissez faire, laissez passer*, ou seja, deixe-se fazer (produzir) e deixe-se passar (circular, comerciar) os bens" (Nusdeo, 2005, p. 59).

13 Quem, onde, quando, çomo e por quê.

Sempre há uma decisão de enfrentar o caos e estabelecer coerência e constância. A seqüência caos, decisão, ordem, abre a descrição bíblica da criação do mundo: "No começo, quando Deus criou os céus e a terra, a terra era vazia e sem forma definida. O Espírito de Deus estava em cima das águas. Disse Deus: 'haja luz'. E a luz apareceu. Deus ficou satisfeito, e separou a luz da escuridão".[14] A fonte da vida ordenada está na decisão divina. Analogamente, as fontes normativas também estão postas entre o caos e a ordem. A natureza dessas fontes é uma das grandes indagações jusfilosóficas. A resposta eleita tem significado político mais extenso que o meramente jurídico.

Não há vida natural sem água e não há vida social sem normas.[15] Não existe comunidade, sociedade, tribo, clã, família, empresa, Estado, sem normas.[16] Sem normas o mundo seria uma aglomeração de *homo brutus* sob o império fisiológico. Só isso. Sequer existe um coletivo para tal aglomeração anômica, a exemplo de matilha para *canis lupus*.[17]

As normas são criadas para propiciar vida social, na qual as necessidades físicas e intelectuais possam ser minimamente atendidas. Naturalmente inerentes são as necessidades humanas. As normas são artificiais, resultantes do engenho e arte das pessoas; são artifícios destinados a vida coletiva superior à mera agregação das abelhas ou das formigas.[18] São resultado de volição finalística.

14 Bíblia. São Paulo: Associação Editora Mundo Cristão, 1994.

15 "A nossa vida se desenvolve em um mundo de normas. Acreditamos ser livres, mas na realidade, estamos envoltos em uma rede muito espessa de regras de conduta que, desde o nascimento até a morte, dirigem nesta ou naquela direção as nossas ações" (Bobbio, 2001, p. 24).

16 "Será cabível supormos que não tinham necessidade de legisladores e que naqueles dias não era ainda usual dispor de tal instituição? (...) visto que aqueles que nasceram naquela época da história do mundo não possuíam ainda a arte da escrita, limitando-se a viver segundo os costumes e o que era chamada de lei dos ancestrais" (Platão, 1999, p. 140).

17 "Haverá sempre grande diferença entre subjugar uma multidão e reger uma sociedade. Sejam homens isolados, quantos possam ser submetidos sucessivamente a um só, e não verei nisso senão um senhor e escravos, de modo algum considerando-os um povo e seu chefe. Trata-se, caso se queira, de uma agregação, mas não de uma associação; nela não existe nem bem público, nem corpo político" (Rousseau, 1983, p. 30).

18 "Sem a lei, cada coisa é em certo sentido de qualquer homem, pois sem lesar ninguém ele pode pegar, possuir e desfrutar tudo: terras, animais, frutas e mesmo o corpo de outros homens, se sua razão lhe disser que do contrário não poderá viver em segurança. Pois os ditames da razão pouco valem se não atenderem à preservação e à melhoria da vida dos homens" (Hobbes, 2001, p. 18).

Na ausência de democracia, a idéia da existência de campo normativo natural é compreensível: a afirmação da origem natural (divina ou racional) das normas é argumentação destinada a dar legitimidade a tais mandamentos.[19] A vontade do monarca ou dos oligarcas pode ser contestada. A vontade de Deus ou da etérea racionalidade humana, não.[20]

Por vezes, uma razão superior não encontrável em cada indivíduo, mas sim na coletividade, aparece como fundamento das normas.[21] O espírito do povo é que teria a legitimidade para criar e derrogar normas.[22] Quem é o *medium* que verbaliza ou psicografa o *volksgeist*?

Em ambiente democrático é fácil negar a origem natural das normas reguladoras das condutas e assumir que a vontade de cada uma das pessoas que

---

19 "*Direito natural* é, pois, o nome com que se designa, por tradição muito antiga, o critério absoluto do justo. Com tal nome se pretende dizer que o referido critério assenta na própria constituição das coisas e nunca no mero capricho do legislador momentâneo (...) E quanto aos modos pelos quais se demonstrou a autoridade do direito natural, procedeu-se ora com argumentos teológicos (fundando o direito natural sobre a vontade e sabedoria divinas), ora com dados puramente racionais (*'etiamsi daremos non esse Deum'*, Grócio)" (Vecchio, 1979, p. 334).

20 "Graças à contribuição de Grócio, o direito natural passa a identificar-se com o direito racional e a teoria do direito natural adquire o carácter de uma teoria *racionalista*. Por outro lado, estabelece a distinção entre direito natural e direito *voluntário*. Este resulta da vontade das nações, de todas ou de algumas, vontade expressa por meio de *acordos* entre elas (...) O direito voluntário reúne *regras construtivas* efetivamente aplicáveis às relações internacionais. A introdução do elemento voluntário equivale à criação de um mecanismo particular de elaboração destas regras e, ao mesmo tempo, ao reconhecimento do princípio do respeito pela palavra dada (*Pacta sunt servanda*). Tal respeito é precisamente uma das regras de direito natural. Por outro lado, o direito voluntário só é válido se for conforme ao direito natural. Por outras palavras: a vontade das nações não é soberana, subordina-se ao direito natural" (Dhin, 1999, p. 48).

21 "Junto a toda nação, que tenha uma história não dúbia, vemos o direito civil se revestir de um caráter determinado, absolutamente peculiar àquele povo do mesmo modo que sua língua, seus costumes, sua constituição política. Todas estas diferentes manifestações não possuem uma existência separada. O que disto forma uma única totalidade é a crença universal do povo, é o sentimento uniforme, de intuições e de necessidades, o que exclui toda idéia de uma origem meramente acidental e arbitrária" (Savigny *apud* Bobbio, 1995, p. 53).

22 "A escola romântica ou histórica do direito acreditou encontrar a fonte fundamental da força obrigatória do direito não em uma vontade soberana nem em princípios racionais abstratos, mas sim na consciência jurídica popular revelada na história e na vida de uma nação. O costume – como espelho do espírito popular – é, conseqüentemente, a fonte suprema do direito. A legislação é possível não como um ato arbitrário da vontade soberana, mas unicamente como uma tentativa de conceitualizar a consciência jurídica do espírito popular" (Ross, 2000, p. 134).

integra a comunidade é a fonte das normas. A isonomia entendida não só como igualdade sob a norma, mas igualdade para criar a norma.[23] Em tal situação, a legitimidade, ou seja, a razão pela qual devem todos obedecer aos preceitos é bem chã, imediata, e não precisa ser lançada a planos superiores, intangíveis para as pessoas comuns.[24]

O cenário internacional é poliárquico e, paradoxalmente, democrático. A ausência de um ente dotado de poder político supremo sobre as pessoas internacionais (interessam, para o raciocínio, os Estados) caracteriza a situação de poliarquia, na qual o poder é desconcentrado.[25] O poder político de cada pessoa internacional é pleno, exercitável de modo direto, sem representação. O planeta é uma ágora na qual se pratica a democracia direta.[26] As diferenças materiais entre os Estados que atuam na ágora do mundo não se distinguem das multímodas características físicas e econômicas dos atenienses que se reuniam para deliberar diretamente.[27]

Todos os sujeitos de Direito Internacional Público agem por mão própria, vez que não há, na sociedade internacional, divisão do trabalho que permita

23 "Quando Heródoto constata, numa página célebre (V,78), que, logo após a reforma de Clístenes, Atenas estava em plena prosperidade, atribui esse sucesso não a uma *igualdade* abstrata, como se afirma às vezes, mas sim à *isegoria*, o direito legal à palavra, esse par da *isonomia*, o direito legal à elaboração e à recepção da lei, que forma os primeiros nomes da democracia" (Vidal-Naquet, 2002, p. 179).

24 "O fundamento do Direito Internacional é pré-jurídico (...) não é na esfera jurídica que podemos encontrar o último fundamento da força obrigatória do direito: o dever de obedecer a um direito já devia existir necessária e logicamente *antes* da criação do próprio direito" (Strupp *apud* Dhin, 1999, p. 93).

25 "Sabe-se que Max Weber definia o Estado como 'monopólio da violência legítima'. Digamos que a sociedade internacional se caracteriza pela 'ausência de uma instância que detenha o monopólio da violência legítima'" (Aron, 1985, p. 382).

26 "Com efeito, se admitirmos a hipótese de uma sociedade sem monopólio da violência legítima, composta por atores coletivos, cada um dos quais atribui tal monopólio a uma instância interna, estaremos admitindo implicitamente as principais variáveis necessárias para explicar os sistemas e os acontecimentos da vida internacional" (Aron, 1985, p. 383).

27 "Platão colocou essa argumentação na boca de Protágoras, sofista e companheiro de Péricles, único adversário, como prova o *Teeteto* (166ss.), que Platão respeitava. A questão que Protágoras tenta responder é justamente a dos artesãos e de sua relação com a política. Se a cidade tem necessidade de construir, procura um arquiteto e assim por diante. Mas, quando se trata de deliberar sobre a administração da cidade (*epeidán dé perí tôn tês póleos dioikésenon déei bouléusasthai)*, vemos aparecer indiferentemente, para tomar a palavra, arquitetos, ferreiros, curtidores, negociantes e marinheiros, ricos e pobres, nobres e gente comum, e ninguém lhes lança na cara a sua incompetência (319d)" (Vidal-Naquet, 2002, p. 181).

a alguém afastar-se da produção e dedicar-se exclusivamente à direção. Porém não é perfeita a analogia entre uma sociedade formada por entes coletivos, que só tem existência se não forem subordinados, com uma sociedade composta por indivíduos. É certo, entre indivíduos singulares praticando democracia direta, há liame psíquico forte que é o desejo de alcançar o bem comum.[28] Isso não ocorre na arena do mundo porque ainda há poucos itens na pauta de valores que se possam denominar de *bem comum.*[29] Essa carência é negada por Pio XII, na Encíclica *Summi Pontificatus*, editada em 20 de outubro de 1939. Para o sumo pontífice, a natural divisão do gênero humano em nações, às quais se reconhece o poder de auto-organização, não elide a união de todos "por muitos vínculos morais e jurídicos numa grande comunidade ordenada para o bem comum de todas as gentes e regulada por leis especiais que protegem a sua unidade e promovem a sua prosperidade" (Truyol, 1952, p. 78).

Nesse *locus* em que todos os atores têm poder para criar normas, também o têm para modificá-las e derrogá-las. Os destinatários do preceito normativo são os seus criadores. Não há alguém com exclusividade do poder nomogenético ou com o poder de revelar as normas criadas por Deus ou pela natureza racional dos humanos.[30]

Criar normas é o *plus* de poder; dar-lhes execução, é o *minus.*[31] Por isso, cada ente do cenário internacional tutela, *sponte et ergo propria*, o que enten-

28 "Aristóteles afirmava que havia um fim último da vida humana a ser considerado em dois aspectos. Primeiro, o de que os governantes procuravam regular o máximo possível as ações humanas numa comunidade em vista do bem comum de seus membros. E, porque era o bem comum de *todos* os cidadãos, ele podia coincidir com o fim último de cada um deles isoladamente. Segundo, o de que havia um nome para esse bem compartilhado: felicidade ou bem viver *(eudaimonia)*. Tudo o que fazemos, executamos para ser felizes. Pois a felicidade constituía o fim último da vida humana" (Kritsch, 2002, p. 290).

29 "O bem substancial de um Estado é o seu bem como Estado particular, com seus interesses e sua definida situação e, também, as outras circunstâncias particulares que estão ligadas às relações contratuais. Por isso, o comportamento do Governo é um comportamento particular e não o da Providência Geral. A finalidade das relações de cada Estado com os outros, bem como o princípio da justiça das guerras e dos tratados, não é, portanto, um pensamento universal (filantrópico), mas a realidade do bem-estar ameaçado em sua definida particularidade" (Hegel,1990, p. 308).

30 "É mesmo a insurreição, muitas vezes, um verdadeiro FUROR GENÉSICO DO DIREITO" (Arruda, p. 23).

31 Essa afirmação é uma pressuposição cuja veracidade não é apurada ao longa dessa obra. (N. A.)

de ser seu direito.[32] Ainda não se alcançou o *pactum subjectionis*,[33] a exemplo do que ocorreu na seara dos indivíduos, com a verticalização da autoridade política e hegemonização da força legítima.[34]

Existem eremitas, sem que sejam deuses ou bestas.[35] É possível, *ad argumentandum*, imaginar um Estado eremita. Qual a razão que leva os Estados a se aproximar a ponto de surgirem os atritos?[36] Uma das respostas possíveis é que os ermitões são pobres, vivem toscamente e são presa fácil para os predadores, irracionais e racionais.[37] A ninguém interessa a satisfação mínima de umas poucas necessidades vitais.[38] O desenvolvimento tecnológico criou necessidades sofisticadas, cuja satisfação exige o aporte de recursos naturais e serviços dos outros Estados.[39]

32 "Procurei aquilo que constituía a especificidade das relações internacionais ou entre os Estados, e penso tê-lo encontrado na legitimidade e legalidade do recurso à força armada por parte dos atores. Nas civilizações superiores essas relações parecem ser as únicas, dentre todas as relações sociais, que admitem o caráter normal da violência" (Aron, 1985, p. 380).

33 "Pois se fosse lícito supor uma grande multidão capaz de consentir na observância da justiça e das outras leis de natureza, sem um poder comum que mantivesse a todos em respeito, igualmente o seria supor a humanidade inteira capaz do mesmo. Nesse caso não haveria, nem seria necessário, qualquer governo civil, ou qualquer Estado, pois haveria paz sem sujeição" (Hobbes, 1983, p. 104).

34 "E se qualquer um no estado de natureza pode castigar alguém por qualquer malefício que tenha feito, todos também podem fazê-lo, pois naquele estado de perfeita igualdade, em que naturalmente não existe superioridade ou jurisdição de um sobre outro, o que qualquer um pode fazer na prossecução dessa lei, todos necessariamente devem ter o direito de fazer também" (Lock, 1983, p. 42).

35 "... aquele que por natureza, e não por mero acidente, não tem cidade, nem Estado, ou é muito mau ou muito bom, ou sub-humano ou super-humano..." (Aristóteles, 1999, p. 146).

36 "Independentemente de qualquer consideração de utilidade ou de necessidade biológica, existe um imperativo que impõe a necessidade de entrar em sociedade com o seu semelhante. Quando os antigos jusnaturalistas afirmavam o preceito: '*exeundum esse e statu naturae*' referiam-se já a este conceito, muito embora o fizessem de modo alegórico ou mitológico (...) Trata-se de uma necessidade ética, que podemos considerar imanente, enquanto não se esgota em um ato particular, mas permanece como lei fundamental, embora várias possam ser as modalidades e circunstâncias da sua aplicação" (Vecchio, 1979, p. 304).

37 "O altruísmo recíproco pode evoluir porque os cooperadores desfrutam mais vantagens do que os ermitões ou misantropos" (Pinker, 2004, p. 333).

38 "*Unus homo, nullus homo*" (Diniz, 1995, p. 300).

39 "Do mesmo modo que o indivíduo – se bem que com uma margem de liberdade muito mais ampla – pode o Estado desertar desta sua função no concerto das nações, separando-se dos demais com muralhas da China espirituais, ainda que largamente ele venha a ser a primeira vítima de tal isolamento" (Truyol, 1952, p. 79).

Se as condições geográficas e tecnológicas dificultassem os contactos, o relacionamento seria evitável. Pelo contrário, as circunstâncias impõem o contacto e o estabelecimento de relações em amplo arco de atividades. Não é possível constituir um Estado sem vizinhos que disputem os recursos naturais finitos. Cada um dos Estados tem o interesse do seu povo como finalidade máxima.[40] Pode haver divergência ou convergência entre os interesses dos povos, como sói acontecer entre indivíduos. Sem normas, como ocorreria a competição ou a cooperação dos interesses? Talvez, pelo aniquilamento ou pela hegemonia de um dos atores. A destruição é repudiada pelo instinto de sobrevivência, que é um fato da natureza; **é**, não, **deve ser**. A primazia de um povo (representado pelo Estado) encontra objeção no sentimento egoísta de glória de cada povo.[41]

Quando os benefícios da vida em coletividade superaram os custos, certamente as pessoas e os Estados organizaram as regras dessa convivência competitiva e cooperativa. Hoje, o imenso número de pessoas e de Estados não dá azo à solidão. É nessa moldura fática que ocorrem as decisões geradoras das normas que regulam as relações entre os Estados.[42]

Assim, interessante dividir o estudo em espaço extra-normativo e espaço normativo. Campo social e campo normativo. Naquele estão as razões pelas quais são criadas as normas. Estão os fundamentos que explicam a força obrigatória das normas. No âmbito do Direito Internacional, o campo social é formado pela comunidade de Estados e organizações internacionais. No espaço normativo, no qual há o poder da liberdade, não o império da necessidade, estão as fontes normativas formais.

---

40 *Salus publica, suprema lex!*

41 "Suárez (...) conseguiu a melhor expressão para o princípio da solidariedade dos Estados, base da sociedade internacional: '... mesmo quando a universalidade dos homens não tenha sido congregada num só corpo político, mas tenha sido dividida em várias comunidades, não obstante, para que aquelas comunidades possam mutuamente ajudar-se e conservar entre si a justiça e a paz (o que é necessário para o bem do universo), convém que se observem entre si certos direitos comuns, como por comum aliança; e estes são os que se chamam direitos das gentes..." (*De Legibus*, vol. III, 2,5), (Truyol, 1952, p. 76).

42 "... a coexistência pacífica não tem de surgir porque os desejos egoístas das pessoas são arrancados delas. Pode surgir quando alguns desejos – o desejo de segurança, dos benefícios da cooperação, da capacidade de formular e reconhecer códigos universais de comportamento – são contrapostos aos desejos de ganho imediato" (Pinker, 2004, p. 236).

No campo social interno ocorre a verticalização do poder político. A relação política se dá entre súditos e soberano.[43] Há o Estado. O campo social internacional é horizontal. Não há súditos.[44] Há Estados igualmente autônomos.[45] As diferenças materiais existem e devem ser consideradas, especialmente no momento hermenêutico, porque os fortes e os fracos são juridicamente iguais.[46]

Sem império, qual o fundamento da obrigatoriedade das normas? Para tentar entender o fundamento, imprescindível o exame das fontes, com acuidade para perceber que as fontes materiais estão no campo das coisas que **são** e as formais, das que **devem ser**. Nas fontes materiais está a vontade divina em sua forma direta ou mediada pela inerente racionalidade humana e também se encontra a vontade humana susceptível à história. A existência, relevância, modalidades de manifestação da vontade divina e da vontade humana, como fontes normativas são explicadas por diferentes escolas de pensamento.

A anatomia e a morfologia das fontes normativas materiais e formais são de grande importância, pois a correta percepção das diferenças auxilia a compreender a distinção entre o campo social e o campo normativo. Além disso, para classificar as normas em suas espécies, o entendimento sobre as fontes é de extrema valia, como se verá, *oportuno tempore*.

As fontes formais são observáveis como fenômeno jurídico. O estudo da sua criação, características, função, é necessário para definir os lindes do campo das normas jurídicas, estremando-as das demais espécies normativas.

43 "É evidente que uma Autoridade deve ter súbditos. Quando especificamos *estabelecida*, queremos dizer que um determinado grupo de pessoas reconhece essa Autoridade como origem de imperativos, e que está preparado, de uma maneira geral, para receber as suas directivas, solenemente decretadas. As pessoas que se sentem ligadas a essa *Autoridade*, digamos mesmo, submetidas, são os seus súbditos" (Jouvenel, 1963, p. 206).

44 "Desde que os homens são iguais por natureza, e suas obrigações e direitos são os mesmos, como provenientes igualmente da natureza, as nações compostas de homens, considerados como pessoas livres que vivem juntas num estado natural, são por natureza iguais e recebem da natureza as mesmas obrigações e os mesmos direitos. O poder ou a fraqueza não acarretam nenhuma diferença. Um anão é tão homem quanto um gigante: uma república pequena não é menos um Estado soberano do que o mais poderoso dos reinos" (Vattel, 2004, p. 8).

45 "Carta da ONU, artigo 2, item 1 – A Organização é baseada no princípio da igualdade soberana de todos os seus membros" (Rangel, 1997, p. 33).

46 "É impossível fazer pactos com os animais, porque eles não compreendem nossa linguagem, e portanto não podem compreender nem aceitar qualquer translação de direito, nem podem transferir qualquer direito a outrem; sem mútua aceitação não há pacto possível" (Hobbes, 1983, p. 83).

Dentro do tema das fontes formais está a indagação sobre a existência de hierarquia entre elas. É assunto de grande delicadeza para o estudioso do Direito Internacional, pois a verticalidade ou horizontalidade dessas fontes tem implicações nas relações entre as normas por elas produzidas – *ius suave, dispositum, cogens*.

Por derradeiro, a senda teórica chega ao ponto fulcral que é a indagação sobre a efetiva juridicidade das normas agregadas sob o coletivo de Direito Internacional. A poliarquia nas relações internacionais põe em dúvida a natureza do Direito Internacional, pois a decisão política que se coloca entre o caos e a ordem é diferente daquela existente no âmbito interno dos Estados. Não se estabelece um objetivo universal e um caminho para alcançá-lo. Só mui recentemente o reconhecimento da igualdade formal entre os povos tornou-se idéia aceita sem ressalvas em público. Estabelecer um bem comum internacional não é meta que se possa afirmar universalizada.[47] As normas que regulam essas interações são de que espécie? Em que pesem as características peculiares do cenário, as normas que não são morais ou de trato social são, residualmente, jurídicas?

A juridicidade do Direito Internacional é discutida há muito. Porém, a extensão e a profundidade das relações internacionais experimentaram acentuação intensa no curso do século XX, e o processo foi acelerado com o fim do mundo bipolar, por ocasião da extinção da União Soviética em 1991. A miríade de tratados, as resoluções e recomendações das organizações internacionais, geram normas aos milhares. Qual a natureza dessas normas? São jurídicas? É possível que objetos diferentes recebam igualmente o rótulo de jurídicos?

Na doutrina, a discussão sobre a juridicidade do Direito Internacional traz mais perplexidade do que convicção. Dhin, do alto do gigantismo de sua obra sobre o Direito Internacional, chega à afirmação pífia:

> (...) o Direito Internacional existe porque os Estados, os homens políticos, os movimentos de opinião, as organizações internacionais, governamentais ou não, o reconhecem e invocam, e porque seria totalmente inverossímil que tanta gente consagrasse tanto tempo, energia, inteligência e, por vezes, dinheiro para atingir uma quimera. (1999, p. 80.)

Apesar dessa opinião, não causa espanto descobrir que as pessoas investem tempo, esforço, dinheiro, fé, numa quimera. A rigor, a atividade dos

47 "Os direitos do homem seriam apenas um cavalo de Tróia, o veículo de uma lógica unitarista fundadora unicamente da modernidade ocidental" (Rouland, 2003, p. 206).

estadistas, dos juristas, dos tribunais e assembléias internacionais, desenvolve-se sob a premissa de que as normas envolvidas são jurídicas. "Se os direitos e deveres afirmados por essas regras fossem considerados apenas como normas de moralidade ou de etiqueta, todo o *corpus* dessa atividade não poderia existir"(Bull, 2002, p. 157).

As respostas à indagação sobre a juridicidade do Direito Internacional não têm sido científicas. Resposta com razoável cientificidade é o que se pretende apresentar ao longo do pródromo teórico, porque sem a definição ontológica as idéias vagam desancoradas e o estudo sobre as pessoas, bens, atos e fatos, perde o sentido.

Capítulo 4
Fontes de Normas – *Fons et Origo*

Não se fala em fontes do Direito, mas fontes de normas. A pretensão é examinar as fontes de onde brotam normas, independentemente da natureza dessas normas. Estudar a gênese próxima e remota de todas as normas que compõem o campo normativo, sem a preocupação inicial de distingui-las.

Fonte é o manancial, o ponto de criação de algo que não existia ou, ao menos, não era perceptível antes. A fenda na terra de onde brota água é denominada de fonte. A água existia, mas torna-se sensível apenas quando emerge. A fonte remota d'água é o momento em que os átomos de oxigênio e hidrogênio se agregam. Por analogia, a ciência normativa denomina de fonte as fendas pelas quais as normas emergem e tornam-se perceptíveis para as pessoas. Tais fendas são as fontes formais.[1] As fontes materiais são os momentos mais remotos quando as dinâmicas política, econômica, demográfica, axiológica, dão gênese a normas. Nem sempre essas normas passam pelas fontes formais (os buracos na terra) e se tornam visíveis.[2]

A metáfora da *fons juris* é polissêmica, comunicando mais um sentimento do que uma idéia científica. Das fontes nasce água que sacia e apraz. Das fontes vêm normas que refrescam o fragor da vida social. Todavia, poesia não organiza o pensamento; emociona, mas não esclarece o que são as fontes normativas.

Na perspectiva científica, o tema é simples se o observador se contentar com o que está posto. A água vem daquele buraco no meio das pedras. É boa

---

1 "... a 'fonte do direito' é o próprio direito em sua passagem de um estado de fluidez e invisibilidade subterrânea ao estado de segurança jurídica e clareza" (Montoro, 1979, p. 50).

2 "Toda vida em comum dos seres humanos deve ser necessariamente dirigida por certas regras, que podem não ser formuladas explicitamente, mas sempre existem"(Montoro, 1979, p. 53).

para beber, banhar-se e irrigar a plantação. Uma norma oriunda de um Parlamento ou de um Tratado também pode ser vista desse modo singelo, unidimensional. Todavia, ao aguçar a curiosidade para chegar às fontes, é preciso nadar contra a corrente até o ponto no qual a água ainda não se formou. Idem, para as normas.[3]

Fonte e norma não devem ser confundidas. Produtor e produto. Criador e criatura. O correto é dizer norma que tem por fonte o costume, norma consuetudinária. A consuetude não é a norma, ela é fonte.[4] A ressalva não é inútil porque no *caput* do art. 38 do Estatuto de Corte Internacional de Justiça está preceituado que a Corte aplicará convenções, costumes, jurisprudência e doutrina do direito. *Rectius*, a Corte aplica normas introduzidas no campo do Direito Internacional por via das fontes formais e não faz aplicação das fontes aos litígios. Numa imagem ionesca, seria como tentar saciar a sede engolindo a torneira e não bebendo a água.

O tema das fontes normativas não sói ser tratado de modo extenso na doutrina. Algumas linhas sobre fontes materiais, comentários sobre o rol de fontes formais e nada mais. O tema é tratado confusamente com os questionamentos sobre o fundamento da obrigatoriedade das normas, especialmente as jurídicas. É possível encontrar no campo do poder social o fundamento de validade das normas morais e de trato social. As normas jurídicas podem ter seu fundamento no campo das forças sociais difusas ou no subcampo do poder político, que é a manifestação organizada de uma das forças sociais.[5] A fonte material demonstra o fundamento último da vinculatividade, da obrigatoriedade de qualquer norma.

3 "Na realidade, a questão é bem mais complexa. 'O problema das fontes do direito positivo, escreveu GURVITCH, constitui o problema crucial de toda reflexão jurídica: é ponto central da Filosofia do Direito e para ele converge toda a complexidade de seus temas'" (Montoro, 1979, p. 50).

4 A consuetude é, também, um fato social que revela a existência de uma norma. Na verdade, o costume pode ser constitutivo ou declarativo de uma norma. (N. A.)

5 "... o poder político é um tipo especial de bem. Tem caráter duplo. Em primeiro lugar, é igual às outras coisas que os seres humanos criam, valorizam, trocam e compartilham: às vezes predominante, outras vezes não; às vezes possuído por muitos, outras vezes por pouquíssimos. E, em segundo lugar, é diferente de todas as outras coisas porque, seja qual for a forma de possuí-lo e quem o possui, o poder político é a iniciativa reguladora dos bens sociais em geral. É usado para defender os limites de todas as esferas distributivas, inclusive a sua própria, e para impor as interpretações comuns do que são os bens e para que servem" (Walzer, 2003, p. 18).

A questão do fundamento da obrigatoriedade do Direito Internacional não tem explicação jurídica, pois a fundação, o alicerce, das normas está fora delas, está fora do campo normativo. James Brierly diz que o internacionalista não está obrigado a demonstrar a vinculatividade das normas mais que os juristas que estudam e operam no campo intra-estatal. Para ele, essa é uma questão equivocada porque parte da concepção da norma como uma ordem oriunda de uma vontade superior. Porém, Brierly não resiste à tentação e apresenta sua idéia do fundamento das normas do Direito Internacional, dizendo que: "A explicação última da obrigatoriedade de todo direito está em que o homem, quer tomado individualmente quer associado com outros num Estado, é forçado a admitir, como ser racional, que é a ordem, e não o caos, o princípio que governa o mundo em que tem de viver" (1979, p. 55). Essa admissão de que a ordem governa o mundo é metajurídica, pois está no campo das forças sociais.

As fontes materiais das normas estão no campo do poder social. As fontes formais estão dentro do campo do dever–ser, na espécie norma jurídica. Todavia, é possível que a potência de uma norma gerada pelo poder social seja tão grande, que ela entre no campo normativo jurídico arrombando os portões das fontes formais: epifania, erupção.

Quando ocorre discussão sobre o fundamento de obrigatoriedade das normas jurídicas, está-se, na verdade, a discutir regressivamente, passando-se pelas fontes formais até chegar-se às fontes materiais. A vontade divina, a natural razão humana, a vontade de um, alguns, muitos. Uma fonte para além da qual há o nada. Ali está o fundamento da vinculatividade das normas. Por isso, o estudo das fontes materiais e formais é relevante para a formulação de uma teoria normativa.

Na figura, é visível a representação do campo de forças sociais, que são as fontes normativas materiais, e o campo normativo, com a representação das três espécies de normas que interessam ao juristeorizador. O conjunto das forças sociais gera normas das três espécies. Todavia, as normas morais e de trato social (*comitas gentium*) permanecem sem estruturação, por isso a sua representação pictórica é uma linha horizontal. As normas jurídicas são representadas por um cone porque elas são hierarquizadas e se distinguem em normas de organização e normas de conduta.[6] As normas jurídicas são, em

6 Um cone e não uma pirâmide para representar o sistema político e seu respectivo sistema normativo. No cone existe harmonia vertical e horizontal, sem ângulos, sem arestas. (N. A.)

sua estrutura circular e vertical, retrato da principal força social que é o poder político, que se estabelece e estabiliza de modo hierárquico.

Todas as forças sociais almejam criar normas de natureza jurídica, visto que por meio delas se exerce poder de modo efetivo. O poder político estabelece uma fronteira em torno do campo normativo jurídico e controla o ingresso de normas nesse âmbito. Esses postos de controle, fendas nos muros do ordenamento jurídico, são as fontes formais. Abri-las ou cerrá-las está ao alvedrio da decisão política. Na ampliação da figura do cone, as fendas representam as fontes formais, como se percebe logo a seguir.

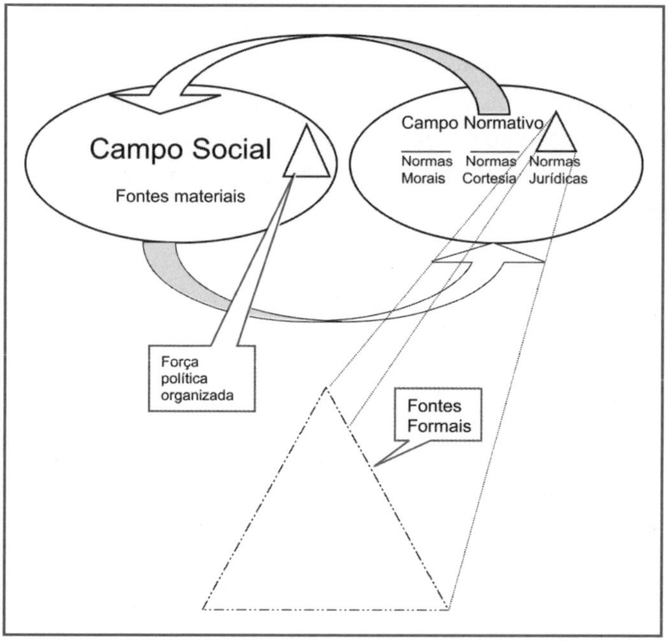

A relação entre o campo social e o campo normativo é de interação. As forças sociais criam, mantêm e extinguem normas. As condutas *secundum et praeter legem* criam, estabilizam e extinguem relações sociais. Nas palavras de Hermann Heller:

> *La facticidad de una unidad de poder dentro de una comunidad se funda en las normas jurídicas fundamentales y en la unidad de los intereses, de la misma manera que, pero em sentido inverso, la positividad del derecho dentro de la misma comunidad se apoya en las normas jurídicas fundamentales y en una unidad de acción que lo imponga y sostentaga.* (1995, p. 236.)

No lapso em que o caos está sob controle, os dissensos sociais são resolvidos, em sua maioria, dentro do campo normativo. Na crise, situação em que o campo normativo não é forte o suficiente para manter controlado o caos natural da vida coletiva, o poder político passa a decidir conforme os seus interesses mais prementes, especialmente o de permanecer como centro decisório máximo. Kaplan e Katzenbach dizem que "todos os sistemas jurídicos tendem a dissolver-se nas situações de crise. Em tais situações é grande a tendência para a ação política e o desprezo às normas preexistentes" (1964, p. 18). O momento de crise como expoente da decisão política é o fulcro do pensamento de Carl Schmitt.[7]

Hanna Arendt diz que a "política trata da convivência entre diferentes. Os homens se organizam politicamente para certas coisas em comum, essenciais num caos absoluto, ou a partir do caos absoluto das diferenças" (2004, p. 21). Essa organização se dá basicamente com a regulação da competição e da cooperação, que propiciam a expressão das diferenças e semelhanças entre os indivíduos.

7 "Soberano es aquel que decide sobre el estado de excepción" (Schmitt, 1998, p.15).

Capítulo 5
A Morfologia e a Fisiologia das Fontes Materiais e das Fontes Formais

As fontes materiais independem da existência de normas que as constituam e regulem. Elas são os fatos individuais e sociais que nas suas correlações e interações carecem de regras destinadas a manter o equilíbrio entre a competição e a cooperação. No momento da gênese, existem as finalidades e as normas são criadas, de modo deliberado ou não, para atendê-las.

As fontes formais são constituídas e reguladas por normas.[1] Significa dizer que as fontes formais são logicamente posteriores às fontes materiais, pois a norma que as criou provém de algum lugar.[2] Portanto, de acordo com o alvedrio de quem detém o poder para criar as normas que constituem as fontes formais, é possível extinguir ou fazer surgir uma nova fonte. Pelo mesmo motivo, é possível hierarquizar tais fontes, o que vai resultar em gradação entre as normas.

Na doutrina não há referência a fonte normativa no singular: sempre é usada a expressão no plural. A razão é que milhares de normas não derivam de uma fonte só. Poder-se-ia dizer que a vida social é a fonte normativa. Porém essa altíssima generalização não propicia a percepção mais detalhada dos fenômenos sociais que geram normas religiosas, morais, de cortesia e jurídicas. Do mesmo modo, não há referência doutrinária à fonte formal singular. As fontes formais são referidas sempre no plural, a exemplo do art. 38 do Estatuto da Corte Internacional de Justiça.

A complexidade da vida humana é retratada na complexidade normativa. Nada é simples, esquemático, matemático. Por vezes, a forma mais articulada

---

1 "Existem normas de comportamento ao lado de normas de estrutura. As normas de estrutura podem também ser consideradas como as normas para a produção jurídica: quer dizer, como as normas que regulam os procedimentos de regulamentação jurídica. Elas não regulam o comportamento, mas o modo de regular um comportamento, ou, mais exatamente, o comportamento que elas regulam é o de produzir regras" (Bobbio, 1994, p. 45).

2 "... e nenhuma lei pode ser feita antes de se ter determinado qual a pessoa que deverá fazê-la" (Hobbes, 1983, p. 76).

de poder social, a instituição política, tem a pretensão de monopolizar a gênese normativa, a exemplo da primeira inteligência dada ao fenômeno da codificação no início do século XIX. Os fatos demonstraram mais força que a vontade dos titulares do poder. A potência dos acontecimentos sociais rompe o dique nos lindes do campo normativo, abrindo fendas pelas quais brotam normas, mesmo contra os interesses do vigia da barragem.

Por óbvio, a divisão binária das fontes normativas, especialmente do direito, é uma opção entre idéias divergentes sobre o tema, a exemplo de Alf Ross, que as divide em: a) fonte completamente objetivada: as formulações revestidas de autoridade (legislação *lato sensu*); b) fonte parcialmente objetivada: costume e precedente; c) fonte não objetivada livre: a *razão* (2000, p. 104). A maior ou menor objetivação ocorre do ponto de vista do juiz, a pessoa que haure a norma na fonte.[3] Ross acredita que a doutrina realista das fontes do direito "tem que se ocupar da ideologia que efetivamente anima os tribunais, que os motiva em busca das normas que irão adotar como fundamento de suas decisões. Tal ideologia só pode ser descoberta estudando-se a conduta efetiva dos tribunais" (2000, p. 132).

A doutrina que estuda as fontes normativas, independentemente do momento da aplicação de uma norma, não seria realista porque tenta prescrever como o juiz deve se comportar e não descreve como ele efetivamente se comporta por ocasião da decisão concreta e específica. Para que uma doutrina de fontes seja realista, na visão de Ross, ela deve estudar a origem da norma no momento em que ocorre a manifestação concreta, por meio de um juiz.

O entendimento de Ross é questionável, pois as normas existem independentemente do ocasional acoplamento lógico de uma situação de fato a elas. Uma norma penal pode ser válida, vigente e eficaz durante séculos, sem que ocorra uma situação que leve um juiz a fazer a subsunção de um fato a ela.[4]

---

3 "Neste livro, entretanto, o fundamento será outro, a saber, o grau de objetivação dos diversos tipos de fontes. Por isto entendo eu o grau na qual elas apresentam ao juiz uma regra formulada, pronta para sua aplicação ou, inversamente, o grau no qual lhe apresentam um material que será transformado numa regra somente após uma ativa contribuição de labor por parte do juiz" (Ross, 2000, p. 104).

4 "Há uma diferença crucial para a compreensão do direito, os tribunais devem aceitar a regra de que certos atos legislativos criam direito, e a teoria equívoca de que nada é direito até ser aplicado num caso concreto por um tribunal. Algumas versões da Teoria do Realismo Jurídico vão, evidentemente, muito além da falsa explicação da persistência das leis que criticamos; chegam mesmo ao ponto de negarem [sic] o estatuto de direito a qualquer lei, feita por um soberano do passado ou do presente, antes da sua aplicação efetiva pelos tribunais" (Hart, p. 74).

Por isso, a opção pelo estudo das fontes fora do campo normativo (materiais) e pelas fontes dentro do campo normativo (fontes formais), sem ligação com o momento de aplicação concreta da norma criada.

O pensamento de Ross está no espectro teórico que se convencionou denominar de Realismo Jurídico. Os fautores dessa corrente de pensamento buscavam as fontes normativas exclusivamente na realidade social, verberando contra os naturalistas porque estes lançam o fundamento das normas para fora da sociedade e contra os positivistas porque estes não dão relevância ao fenômeno da eficácia ou ineficácia da norma, limitando a atenção aos aspectos atinentes à validade e vigência. Para os realistas, as fontes formais são irrelevantes, porque imaginável norma formalmente inválida, porém socialmente eficaz.

Para Bobbio, a Escola Histórica do Direito, cujo patrono é Friedrich Savigny, é a primeira representante do Realismo Jurídico. A fonte das normas, especialmente as jurídicas, é, para Escola Histórica, um fato social denominado espírito do povo, que cria normas por meio consuetudinário. Nem um padrão natural e imutável do que é justo e nem a concentração das fontes normativas no Estado. A consuetude popular é a fonte material mor das normas. O Realismo Jurídico abre outra vertente (novamente a metáfora com a água!) ao final do século XIX, quando o descompasso entre as normas postas pelo Estado e as aceleradas mutações sociais provocadas pela Revolução Industrial tornaram-se gritantes, exigindo laborioso esforço hermenêutico dos juristas, em suas diferentes posições de operação jurídica, para alcançar decisões aceitáveis pelas partes e pela sociedade. Hermann Kantorowicz é o expoente dessa linha de pensamento, que concentra a criação das normas jurídicas no costume judicial, denominado de jurisprudência. O criador da norma é, paradoxalmente, quem recebeu da sociedade a atribuição de aplicá-la. O ponto extremo do Realismo Jurídico se manifestou na *Common Law*, chegando-se ao praxismo representado pelo aforismo *the judge made law*. A experiência normativa passa a ser tópica, insusceptível à visão sistêmica e à previsibilidade das decisões (Bobbio, 2001, p. 62-67).

No Brasil, o Realismo Jurídico experimentou manifestação na Escola do Direito Alternativo que "elegendo lei, doutrina e jurisprudência, como fontes de procura, possibilidade de partida para discussão, orientação para a invenção, na lição de Viehweg; explica e aplica o direito dentro da totalidade sócio-econômica [sic] não o compartimentalizando da sociedade (sua origem e fim)" (Carvalho, 1992, p. 88).

Ao cabo, o entendimento que se esposa é que a fonte material está fora do campo normativo, residência da fonte formal. A fonte material é constitutiva; a formal, declaratória.[5] Fontes *existendi* e *manifestandi*, na expressão de Paulo Ferreira da Cunha (p. 324, 325). As fontes materiais são nomogenéticas e as formais, nomoferentes. Rousseau diz que as leis "não passam de registros de nossas vontades" (1983, p. 55).

5 *"Ahora bien, si el Estado se rebaja al papel de simples pregonero del derecho no puede ser soberano"* (Schmitt, 1998, p. 40).

Capítulo 6
As Fontes Materiais

Se o ponto de vista do observador estiver exclusivamente intracampo normativo, a normas surgirão do nada. Era o caos e fez-se o verbo. O *fiat lex* será um passe de mágica. As fontes formais não revelam o "espírito das leis". Para estudar as fontes materiais, o observador deve deslocar seu ponto de vista para um local que possibilite observar as relações entre caos, poder e normas. O "poder (...) intervém seja no momento de criação, seja no momento de aplicação das normas" (Bobbio, 2000, p. 240). O poder como *geratrix* normativa fica bem ressaltado quando o Filósofo de Hobbes afirma que "o que faz uma lei não é a sabedoria, e sim a autoridade", ou quando diz que "na Inglaterra é o rei que faz as leis, seja quem for que as redija" (2001, p. 13-19). O estudo das fontes materiais propicia condições para a construção da resposta à indagação: "Por que se deve obedecer à regra de direito e em que se fundamenta sua autoridade?" (Perelman, 1996, p. 438).

Para Kelsen não existem fontes materiais de normas, especialmente de normas jurídicas. Há princípios morais, políticos, teorias, opinião dos doutos, que estão fora do campo normativo e não devem ser objeto do estudo da ciência normativa.[1] A toda evidência, tal posicionamento está alinhado a seu entendimento sobre o objeto a ser estudado pela ciência jurídica, que é unicamente a norma em si e suas interações com outras normas.

Em sentido estrito, a palavra fonte indica o ponto onde algo é criado. Contrariamente ao que pensou Kelsen, as fontes materiais são as únicas que efetivamente podem receber a designação de fonte (Gusmão, 1999, p. 99).

---

1 "Mas a expressão é também empregada num sentido não jurídico quando com ela designamos todas as representações que, de fato, influenciam a função criadora e a função aplicadora do Direito, tais como, especialmente, os princípios morais e políticos, as teorias jurídicas, pareceres de especialistas e outros" (Kelsen, 1987, p. 251).

São constitutivas das normas. As fontes formais, não criam normas, apenas declararam a existência formal delas. Por isso, não são, *stricto sensu*, fonte.

Montesquieu, sem fazer referência à classificação das fontes normativas, afirmou que as leis políticas e as civis devem estar relacionadas com as condições físicas, econômicas e culturais de um povo. As normas devem possuir "relações entre si e com sua origem, com os desígnios do legislador e com a ordem das coisas sobre as quais estão estabelecidas. Essas relações formam (...) no conjunto (...) o espírito das leis" (Montesquieu, 1997, p. 42). É possível entender que essa "alma da norma" é a conjunção da necessidade, que é um fato, do sentimento, que é valor, e da vontade, que se manifesta em ato gerador.[2]

Quando se diz que os fatos individuais e sociais são as fontes materiais das normas, está-se fazendo mera constatação, sem a explicação da razão pela qual tais fatos produzem normas.[3] Não é suficiente dizer que as regras de trato social, de moral e de direito, sofrem a influência dos fatos materiais.[4] É preciso mais que isso; insta dizer se as normas brotam naturalmente desse ambiente, independentemente da vontade dos atores sociais ou se elas são fruto da vontade dirigida a alguma finalidade.[5]

2 "Com efeito, observa-se que, do ponto de vista da norma em elaboração, há uma "pressão" axiológica relacionada com uma situação fática concreta. Sobre as relações entre tal fato e a norma faz Van Acker três reparos essenciais: '1º: A situação de fato não prefigura, nem predetermina retrato sintético de eventos naturais, como a lei físico-científica, mas, sim, uma tentativa opcional e sempre provisória de disciplinar lógica e axiologicamente uma conduta fática humana, em função de valorações sociais prevalecentes, mas sempre, historicamente, volúveis. 2º: Na situação de fato que ocasiona a gênese da norma jurídica, não se devem apenas incluir fatos no sentido estrito do comportamento, mas também normas jurídicas já estabelecidas e que devem ser revogadas, modificadas ou mesmo ressalvadas. 3º: Cada norma jurídica importa na qualificação típica, lógica e axiológica de uma situação de fato, ou seja, na definição de um fato jurídico tipológico, com as respectivas conseqüências axiológicas. Por esta qualificação abstrata, mas tridimensional, a norma jurídica torna-se autêntico modelo jurídico concreto e prospectivo, aplicável a situações concretas, no sentido de reais'" (Diniz, 1995, p.307).

3 "Cada povo possui necessariamente um direito positivo próprio, o qual corresponde à vontade que nele predomina. *Os modos de manifestação dessa vontade social preponderante* chamam-se fontes do direito positivo" (Vecchio, 1979, p. 405).

4 "As *fontes materiais* do direito são aqueles factores que originam as normas jurídico-positivas" (Truyol, 1952, p. 88).

5 "Está a norma jurídica na zona do universo chamada "cultura", que é o mundo do construído pelo homem em razão de um sistema de valores. É, certamente, uma construção humana. O homem, atuando segundo valorações, verifica quais são as interações necessárias, que tomam, então, uma forma objetiva, que é a norma jurídica" (Diniz, 1995, p. 310).

É no âmbito das fontes materiais que está ubicado o fundamento da norma, o seu alicerce.[6] Mas isso nem sempre fica evidente porque há o problema da legitimidade. Se a fonte material da norma foi a vontade de um monarca tirânico, que visa, com a proposição prescritiva de conduta, obter comportamento ao qual seus súditos resistem, não se anunciará a verdadeira fonte. Para obter a adesão menos custosa, aplicar-se-á algum verniz, com a intenção de convencer os súditos que a norma é legítima por causa da autoridade da fonte.[7]

Quando se fala em Direito Natural, por exemplo, quer-se dizer que a fonte material da norma é a natureza e que os destinatários devem conduzir-se do modo preceituado porque assim estarão agindo em conformidade com Deus ou a superior racionalidade humana, o espírito do povo, a ordem matemática do cosmo.[8] Significa dizer que a norma deve ser obedecida porque a conduta por ela preceituada é consoante com um poder que está fora da volição de quem a pôs e de quem deve acatá-la.[9]

Para decidir sobre a obediência ou desobediência em relação a uma norma, os destinatários perscrutam a autoridade da fonte material, além de examinarem o conteúdo da própria norma.[10] Eventual desagrado em relação ao

6 "O fundamento das normas está na *exigência da natureza humana de viver em sociedade,* dispondo sobre o comportamento dos seus membros. As normas são fenômenos necessários para a estruturação ôntica do homem. E como a vida do grupo social está intimamente ligada à disciplina das vidas individuais, elas fundam-se também na *necessidade* de organização na sociedade, exatamente porque não há sociedade sem normas..." (Diniz, 1995, p. 301).

7 "Quando o alto Anu, rei de Anunaki e Bel, Senhor da Terra e dos Céus, determinador dos destinos do mundo, entregou o governo de toda a humanidade a Marduk; quando foi pronunciado o alto nome de Babilônia, quando ele a fez famosa no mundo e nela estabeleceu um duradouro reino, cujos alicerces tinham a firmeza do céu e da terra, - por esse tempo Anu e Bel me chamaram, a mim Hamurabi, o excelso príncipe, o adorador dos deuses, para implantar justiça na terra, para destruir os maus e o mal, para prevenir a opressão do fraco pelo forte, para iluminar o mundo e propiciar o bem-estar do povo" (Código de Hamurabi: Código de Manu, excertos: [livros 8º, 9º]. Lei das XII Tábuas, 1994, p. 11).

8 "Todos os seres animados se transformam já que possuem dentro de si mesmos a causa da transformação, e ao se transformarem se movem de acordo com a lei e a ordem predestinada..." (Platão, 1999, p. 426).

9 "Entre gregos e romanos, do mesmo modo que entre os hindus, desde princípio, espontaneamente, a lei surgiu como uma parte da sua religião" (Coulanges, p. 229).

10 "Auctoritas, *em su sentido original, no puede ser exactamente definido, según Mommsen, pero significa, primordialmente, um 'aumento'. En sentido político, este aumento significaba la confirmación del acto de voluntad del pueblo por* senatusconsultum, *el consejo de los ancianos"* (Friedrich, 1997, p.288).

conteúdo não resultará necessariamente em desobediência se houver legitimidade da fonte material. A equação é simples: rejeição ao conteúdo e à fonte material implica grande possibilidade de conduta distinta da preceituada pela norma. Para obter adesão por meio da sanção, o custo político pode se tornar tão alto que a ineficácia da norma é tolerada pelo seu positivador.[11]

Nas fontes materiais estão os fatores que explicam a força obrigatória das normas. Dhin assevera que em relação ao Direito Internacional o tema é dificílimo, pois "trata-se nada menos do que determinar as razões pelas quais ele pode impor-se às entidades soberanas que são os Estados" (1999, p. 89).

A volição finalística, ao expressar-se num ato, passa a ser um evento, um fato ubicável na categoria das coisas que **são**. A norma é o sentido dessa vontade, que indica como as condutas **devem ser**. Por isso, o estudo das fontes materiais necessita do auxílio da filosofia, sociologia, economia política, história, psicologia, aptas ao exame externo ao campo normativo. *Occasio et origo legis*. Faz-se o percurso regressivo da norma até a decisão que a criou.

Ao longo do tempo, a fonte material das normas foi, por excelência, a vontade divina e só muito recentemente a vontade do positivador ou dos destinatários foi assumida como fonte. Cada uma dessas vertentes do pensamento será examinada a seguir.

6.1. A NATUREZA COMO FONTE NORMATIVA

Amiúde os autores aludem a direito natural e nada dizem sobre normas naturais atinentes ao trato social e à moral. É possível que isso ocorra porque reputem ser as normas jurídicas mais importantes como ferramentas de controle social, e a sua observância pelos destinatários imprescindível para a estabilidade de uma comunidade determinada no tempo e no espaço. Portanto, relevante atribuir a criação delas a autoridade insusceptível a contestação. Mais que isso, não se fala em fonte natural do direito, mas fala-se em direito natural. Certamente para reforçar a idéia de algo que sempre existiu, cuja fonte se confunde com a gênese da vida, nos tempos mais remotos, e

11 "Assegurar que a pessoa a quem o legislador endereça a lei aceite a prescrição com tranqüilidade, e devido a esta tranqüilidade a aceite com docilidade era, eu supunha, o conspícuo objetivo do orador ao proferir seu persuasivo discurso" (Platão, 1999, p.198). "Claro que Platão concordava com a opinião deles de que também era função da Lei ganhar certa aprovação, e nem sempre compelir com ameaças de força..." (Cícero, *apud* Morris, 2002, p. 44).

está sendo apresentado ao destinatário sem nenhuma alteração em sua essência. Com o apoio da metáfora exordial, a água permanece impoluta entre a fonte e o sedento.

No estudo em andamento, perquire-se sobre a fonte natural de onde emana uma norma. Por certo, como produto, a norma há de ser também natural. Assim, *comitas gentium* natural, moral natural e direito natural, pois se está a falar de coletivos, de conjuntos de normas cuja fonte material é a natureza.

A percepção de que há relação de causa e efeito nos complexos fenômenos naturais fez as pessoas, mesmo ignorando os detalhes físicos e químicos, suporem a existência de normas que regulam tais acontecimentos. Normas que impedem o caos e o aniquilamento da vida. Nessa linha de entendimento, a conduta das pessoas deve estar conforme as leis naturais, deve estar em harmonia com a natureza. Crê-se possível compreender, a partir do que é natural no homem, na coletividade, nas coisas

> certas regras que provêem de uma prescrição absolutamente adequada para a conduta humana, que, mediante um exame cuidadoso dos fatos da natureza, podemos encontrar a solução justa de nossos problemas sociais. A natureza é concebida como um legislador, o supremo legislador. (Kelsen, 2001, p. 136.)

Às pessoas cabe apenas apreender as normas que estão na natureza e cumpri-las em sua literalidade, para não perturbar a ordem cósmica que é eterna e imutável. Provindo diretamente de Deus ou de sua obra, a natureza, essas normas têm os mesmos atributos de perfeição, duração e imutabilidade. As normas que são apresentadas pelo positivador ao cotidiano das pessoas devem ser a expressão direta de normas naturais, ou estar em consonância com elas, e por tal motivo seu conteúdo é válido e deve ser obedecido. A norma natural é anterior e superior àquela positivada.[12]

A fonte normativa natural pode ser usada para conservar a titularidade do poder ou para modificá-la. Tudo depende dos interesses em conflito. Os detentores do poder tendem a dizer que estão nessa condição por eleição divina e que as normas que promulgam representam a vontade de Deus ou, no mínimo, estão acordes com a natureza. Para os que desejam mudar a titularidade do exercício do poder político, natural é o direito que cada pessoa tem de

12 "Segundo a teoria jusnaturalista, a fonte de validade do direito é a idéia de direito ou a idéia de justiça, como princípio racional *a priori*. O direito legislado, por conseguinte, somente possui força obrigatória absoluta na medida em que é uma realização, ou uma tentativa de realização, da idéia do direito" (Ross, 2000, p. 134).

lutar para restabelecer a ordem abalada pelas normas promulgadas em dissonância com a natureza.[13] O uso revolucionário do chamado direito natural está assentado numa concepção generosa, na qual alguém tem direitos que não podem ser subtraídos por outrem, pela sociedade ou pelo Estado.[14]

A idéia de uma ordem normativa natural precedente a uma ordem normativa posta às ações das pessoas é antiga. Vê-se, por exemplo, em Aristóteles:

> Da justiça política, uma parte é natural e outra parte legal: natural, aquela que tem a mesma força onde quer que seja e não existe em razão de pensarem os homens deste ou daquele modo; legal, a que de início é indiferente, mas deixa de sê-lo depois que foi estabelecida... (1979, p. 131.)

A aplicação da concepção de normas naturais aos Estados aparece mais tarde, no século XVI, com Francisco de Vitória, na Espanha. O Estado soberano, um fenômeno então recente, é livre, mas dentro dos marcos normativos naturais, do mesmo modo que os indivíduos. Além disso, também os Estados vivem numa coletividade, da qual não podem retirar-se. Essa existência

---

13 "O direito natural é, por isso, a forma específica de legitimar as ordens *revolucionariamente* criadas. A invocação do 'direito natural' foi sempre de novo a forma em que as classes que se revoltavam contra a ordem existente conferiam legitimidade a sua reivindicação de criação do direito, desde que não se apoiassem em revelações e normas religiosas positivas. Sem dúvida, nem todo direito natural orienta-se significativamente para ser 'revolucionário', até o ponto de considerar justa a imposição de determinadas normas, diante de uma ordem existente, por atos violentos ou pela renitência passiva. E não apenas os tipos mais diversos de poderes autoritários também retiravam sua legitimação de um 'direito natural', como havia também um influente 'direito natural do historicamente constituído' como tal, diante do pensamento fundado em regras abstratas o produtor de semelhantes regras. Num axioma de direito natural dessa proveniência baseava-se, por exemplo, a **teoria da escola histórica** sobre a preeminência do 'direito consuetudinário' – conceito construído com clareza por ela pela primeira vez. Isso se manifesta claramente na afirmação de que um legislador não 'pode' limitar pela lei, com validez jurídica, o âmbito de vigência do direito consuetudinário, e muito menos excluir sua força derrogatória diante das leis, pois não se 'pode' proibir ao devir histórico que se realize. Mas também todas as outras teorias menos conseqüentes, meio históricas e meio naturalistas, do 'espírito do povo' como a única fonte natural – e, portanto, legítima da qual emanam o direito e a cultura – e especialmente do crescimento 'orgânico' de todo direito autêntico, baseado num 'sentimento de justiça' espontâneo, em oposição ao direito 'artificial', isso é, criado racionalmente de acordo com finalidades ou como quer se apresentem esses encadeamentos de idéias próprios do romantismo, continham aquele pressuposto que degrada o direito estatuído a algo 'apenas' positivo" (Weber, p.134).

14 "Com efeito, se a sociedade é necessária ao homem, ela é também, necessariamente, uma sociedade jurídica regida pelo direito natural que garante a liberdade daquele e limita o poder a que está submetido" (Dhin, 1999, p. 47).

coletiva produz normas, necessariamente.[15] O estudioso deve observar o relacionamento dos Estados entre si para encontrar as regras naturais que regulam essa interação.[16] *Ultima ratio*, essas regras naturais são provenientes da vontade de Deus, são sacras. Violá-las, além de ilícito, é pecado.

Para Vitória, que teve o mérito de ser precursor de uma escola de pensamento que ecoa na modernidade, a autoridade do Direito Internacional repousa em normas naturais, que obrigam os Estados, independentemente de sua vontade. Normas cogentes.[17]

O pensador jusnaturalista vê os Estados como pessoas dotadas de direitos inerentes. Briely arrola os direitos naturais dos Estados comumente apresentados pela doutrina: conservação, independência, igualdade, respeito mútuo, comércio (Brierly, 1979, p. 49). A toda evidência, a idéia de uma situação natural, uma posição original, entre pessoas físicas, foi transposta para as relações entre Estados. A tese do Direito Natural teve grande importância política ao garantir liberdade individual ante a opressão social ou estatal. Os

15 *"El derecho de gentes no sólo tiene fuerza por el pacto y convenio de los hombres, sino que tiene por sí mismo fuerza de ley, Y es que el orbe todo, que en cierta manera forma una república, tiene poder de dar leyes justas y a todos convenientes, como son las del derecho de gentes. De donde se desprende que pecan mortalmente los que violan los derechos de gentes, sea de paz, sea tocantes a la guerra. Y en los asuntos graves, como en la inviolabilidad de los legados, ninguna nación puede darse por no obligada por el derecho de gentes, pues éste viene conferido por la autoridad de todo el orbe"* (Vitória, Francisco. *Relectiones Theologicae.* Fragmento. Disponível em: www.dominicos.org/op/textosdo/1 vitoria. Acesso em: 15/01/2003).

16 "... Os princípios de tal Direito Natural, se observados corretamente, são em si mesmo patentes e evidentes, quase da mesma maneira que as coisas são percebidas pelos sentidos externos, que não nos iludem se os órgãos estiverem bem dispostos e se não estiverem ausentes outras coisas necessárias" (Grotius, *apud* Morris, 2002, p. 78).

17 *"Parece muy oportuno lo que escribe Mackintosh, que tomamos de la citada traducción de Pradier Foderé: 'Aun cuando las naciones no reconocen ningún superior común a todas ellas, aunque independientes de toda sanción humana, se encuentran obligadas, sin embargo, á practicar entre sí la probidad y la humanidad que obligan á los individuos aun cuando selos supusiera libres de las restricciones protectoras del Gobierno... En esto mismo concepto se ha llamado á esta ley ley de naturaleza, por cierto con grande precisión, á pesar de las objeciones de algunos escritores que encuentran demasiado vaga esta denominación. Esta expresión de la ley es damasiado exacta, ó así puede llamarse por lo menos con el auxilio de una metáfora muy sencilla, puesto que regula la conducta de los hombres de una manera suprema é invariable, sin fiscalización, pusto que se castiga su violación con castigos naturales que nace necesariamente de la constitución de las cosas, y que son tan seguros é inevitables como el orden mismo de la naturaleza.'"* (Fiore, 1894, p. 137).

Estados, ao contrário, são demasiadamente livres. O desiderato das normas que regulam as relações interestatais é aumentar o rol de obrigações e os mecanismos de sancionamento no caso de inadimplemento.

Na tese de que as normas têm fonte natural, há duas vertentes: as normas originam-se da vontade de Deus ou de uma razão mínima, atribuída por Deus a todos os humanos, que pode se apresentar sob a forma de princípios racionais ou sob a forma de consuetude, encontrável no espírito do povo.[18]

6.2. ORIGEM DIVINA

A expressão mais rudimentar desta linha de pensamento é representada pela atribuição de vontade a coisas e fenômenos naturais, que seriam deuses criadores de normas.[19] Dá-se *anima*, alma, a algo inanimado, por isso Kelsen denomina essa concepção de animista (2001, p. 138). Em outras manifestações religiosas, poli ou monoteístas, em que a divindade é abstrata, permanece intacta a idéia da vontade da deidade como fonte normativa. Em toda doutrina jusnaturalista, mesmo em suas variantes, pode ser encontrado um caráter religioso. Os atributos divinos se manifestam em normas, que pela sua origem são superiores àquelas postas pelas pessoas.[20]

As normas de origem divina são reveladas a um profeta que as transmite à humanidade. O profeta não é o criador, é somente o *medium* entre a divindade e as pessoas. Tendo em conta que as normas são criadas por Deus, fruem dos mesmos atributos divinos, são perfeitas e eternas. A perfeição impede qualquer esforço hermenêutico. A norma deve ser aplicada em sua literalidade, pois representa a vontade divina. Além disso, a norma existe perenemente, sem relação com as eventuais mutações da sociedade à qual ela se destina.

O Direito Judaico e o Islâmico são exemplos de conjuntos normativos de origem divina. Perelman desenvolve argumentação acerca do Direito Judaico, e diz:

18 "Ideologias típicas dessa espécie são as asserções de que algum tipo de fim último e, portanto, de algum tipo de ordenamento definitivo da conduta humana provém da 'natureza', ou seja, da natureza das coisas, ou da natureza do homem, da razão humana ou da vontade de Deus" (Kelsen, 1990, p. 16).

19 "Na antigüidade, havia em Atenas uma corte especial, cuja função era condenar objetos inanimados, como, por exemplo, uma lança pela qual um homem houvesse sido morto" (Kelsen, 1990, p. 12).

20 "Concede-se aos antigos a permissão de introduzir a interferência divina nas ações humanas, para tornar mais veneráveis as origens das cidades..." (Tito Lívio, 1989, p.18).

> Deus aparece como a única fonte do direito e Moisés é o único profeta legislador, se tomarmos ao pé da letra os dois primeiros versículos do capítulo IV do *Deuteronômio:* 'E agora, Israel, ouvi os preceitos e as sentenças que eu vos ensino, para pô-los em prática, a fim de que vivais e entrais, para possuí-lo, no país que vos dá Javé, o Deus de vossos pais. Nada acrescentareis às palavras que eu vos digo e nada delas tirareis, observando os mandamentos de Javé, vosso Deus, que eu vos ordeno'. Daí resulta que os profetas e os sábios, segundo Moisés, podem apenas comentar os textos, exortar à obediência, mas não podem modificar a legislação divina revelada a Moisés. (1996, p. 439.)

Todavia, a rigidez extrema levaria o ordenamento à ruptura, em situações de mudança social mais acentuada. Para flexibilizá-lo, no *Deuteronômio* (XVII, p. 8-11) preceitua-se a possibilidade do interessado, nos casos difíceis, procurar os sacerdotes e tomar deles a lei para o caso.

René David diz que o "islã é, na sua essência, como o Judaísmo, uma religião da Lei" (1986, p. 408).

6.3. ORIGEM NA NATURAL RAZÃO HUMANA

Com Hugo Grotius, a concepção naturalista das normas, especialmente das normas jurídicas, ganha a vertente racionalista. Não mais a deidade como fonte normativa direta ou indireta, mas sim a natureza do intelecto humano.[21] Esse juízo, denominado de Direito Natural Humano, "inclui uma atribuição razoável e refletida para cada indivíduo e conjunto de homens" (2002, p. 76).

Não obstante afirmar que a fonte da norma está no natural intelecto humano, Grotius faz remissão a Deus, "porque foi por sua vontade que tais princípios chegaram a existir em nós" (2002, p. 76).

Para Vicente Ráo a razão (atributo humano) declara os princípios gerais que resultam da natureza humana, que é formada pela convergência das condicionantes individuais e sociais e da pauta de valores. O fundamento do direito natural não é a razão humana, mas, sim, a natureza humana. A razão é só a capacidade de descobrir, de extrair da natureza humana, esses princípios universais e necessários que formam o direito natural. Tal conjunto de normas pode ser

21 "Essa tendência à conservação da sociedade, que expressamos agora de maneira rude, e que está de acordo com a natureza do intelecto humano, é a fonte de *Jus*, ou Direito Natural, assim chamado corretamente" (Grotius, *apud* Morris, 2002, p. 76).

diretamente aplicado, e se manifesta então como direitos fundamentais, ou tais normas inspiram o direito positivo (Ráo, 1997, p. 75).

Em Ráo fica nítida a idéia de que o ato é declaratório e não constitutivo da norma reputada natural. A norma está na natureza humana, ela é um fato. Akehurst diz que para os naturalistas, *"law was to be found, not made"* (1982, p. 13). Por vezes, as limitações epistemológicas impedem que os indivíduos conheçam esses princípios universais. Fica no ar a dúvida: se tais normas existem independentemente da vontade, são inexoráveis? Negativa a resposta, surge nova questão: os indivíduos têm potência para não acatar imperativos éticos naturais e manterem-se vivos?

A escolha de um posicionamento realista leva, de modo inexorável, a Durkheim:

> São naturais, se assim quiserem, no sentido de que enunciam os meios naturalmente empregados, ou que parece natural que empreguem, para atingir determinado fim em vista; *mas não devem ser assim chamadas se, por lei natural, entendemos toda maneira de ser da natureza, indutivamente constatada.* Não constituem senão conselhos de sabedoria prática e, se se tornou possível – embora de maneira mais ou menos especiosa –, apresentá-las como a própria expressão da realidade, foi porque, com ou sem razão, acreditou-se que tais conselhos eram efetivamente seguidos pela generalidade dos homens na generalidade dos casos. (1975, p. 24 – grifo do autor.)

Parir perguntas traz o ônus de respondê-las. Contudo, o fito do estudo não é agudo entendimento da concepção natural do direito. Eventual esforço para encontrar as respostas produziria mutação de curso, impeditiva da marcha em direção ao esforço central que é alcançar vários temas do Direito Internacional. Por isso, as perguntas ficarão para trás, como indagações abertas; afinal, fazer perguntas pode ser mais difícil do que elaborar respostas.

6.4. A VONTADE HUMANA COMO FONTE NORMATIVA MATERIAL

... id quod Gentium omnium aut multarum voluntate vim obligandi accepti..[22]

"A vontade é verdadeiramente a matéria-prima do Direito" (Carnelutti, 2002, p. 38). A vontade pode estar organizada ou difusa; ter relação intensa ou débil com as condições materiais que a fizeram emergir. O fato é que não há "imperativo sem mandante, nenhuma ordem sem um ordenador" (Kelsen, 1986, p. 5). O nada não tem vontade; ela é atributo de alguém.

---

22 "... o que por vontade de todas ou de muitas gentes assume força de obrigação..." (Grotius, *apud* Ferrajoli, 2002, p. 17).

No pensamento teocêntrico, o ordenador há de ser divino; no antropocêntrico, humano. Até o Renascimento, todas as manifestações culturais da Europa estavam imersas no teocentrismo. Em tal ambiente, quase impossível imaginar que a ciência normativa pudesse localizar a fonte última das normas em outra vontade que não a de Deus.[23] A mudança do foco do pensamento para o antropocentrismo, para atender aos interesses políticos dos príncipes que desejavam reduzir o poder da Igreja Romana, alterou a idéia sobre o ente emissor da vontade apta a se transformar em norma reguladora da vida social.[24]

O Renascimento e o Iluminismo estão separados por quase três séculos, mas são manifestações do mesmo processo histórico, em diferentes campos da cultura. No Renascimento, a pessoa renasce para as artes e ciências; no Iluminismo, renasce para a política e a ciência normativa. A discronia é explicável pelo impacto que cada uma das manifestações teve na distribuição do poder social. Com as artes e as ciências da natureza dirigidas pelas pessoas para pessoas, subtraiu-se poder da Igreja, o que fortaleceu as monarquias que formaram os Estados europeus com a face atual. Enquanto forte a Igreja, as normas deviam ser obedecidas porque eram a vontade de Deus. Quando fortes os príncipes, as normas deviam ser obedecidas porque manifestações da superior razão humana, atribuída por Deus a todos os homens. Porém, o monarca tinha a posição social que propiciava o melhor entendimento dessa razão e assim monopoliza a incumbência de revelação do direito que está gravado na razão humana.

O jusracionalismo é a representação, na doutrina jurídica, de uma fase histórica em que ocorreu modificação na titularidade do poder. Os novos titulares, príncipes em carne e osso, não tinham a sagração do papa do mesmo modo que o titular do sacro Império Romano Germânico e, por isso, a cobertura ideológica para a manifestação da sua vontade política não podia depender da representação direta da vontade de Deus na Terra. Assim, o

23 "S. Tomás é o segundo Aristóteles do Direito: e opera o milagre de ser o santo que vai novamente libertar a ciência jurídica da tutela e da síncrese com o mundo da fé" (Cunha, p. 41).

24 "Repentinamente, na Itália daquele século, um grande número de homens e algumas mulheres usaram a imaginação, tanto no conhecimento quanto nas artes. Havia tremendas especulações sobre a verdadeira natureza do mundo e sobre a finalidade do homem neste, absolutamente livre dos ensinamentos da cristandade..." (Watson, 2004, p. 218).

deslocamento da fonte natural das normas para a razão igualmente atribuída por Deus a todas as pessoas. O príncipe, como fonador da *vox populi*, tinha o poder para auscultar essa razão natural e positivá-la como mandamento destinado a obter condutas dos súditos.[25]

Apesar da concepção teísta que permeia o pensamento tomista, aparece na Suma Teológica, a idéia do *legibus solutus*.[26] A latitude é restringida com a ressalva de que a volição humana deve estar regulada pela razão, para que não haja iniqüidade.[27]

Na seara internacional, os teorizadores da corrente voluntarista podem ser, *cum grano salis*, agrupados sob o rótulo de positivistas. Em suas nuances há um ponto de convergência que é a afirmação da vontade dos Estados como fonte do Direito Internacional.[28] Truyol afirma que a vontade dos Estados atua como instância positivadora de normas, mas com natureza declarativa, não constitutiva como entendido pelos contratualistas. Por ato de vontade os Estados delimitam, descobrem o "conteúdo das regras de convivência internacional" e fazem as adaptações conjunturais (1952, p. 79). A toda evidência, a posição jusnaturalista não vê a vontade dos Estados, vontade humana *ultima ratio*, como fonte material do Direito Internacional.

25 "A decisão de Filipe, o Belo, de taxar o clero francês, independentemente de seus laços com a Igreja de Roma, ilustra bem a nova dimensão do problema: tratava-se agora de impor uma lei num determinado território como afirmação de uma vontade humana suprema" (Kritsch, 2002, p. 31).

26 "*Quod principi placuit legis habet vigorem*" (Ulpiano, *apud* Bobbio, 2000, p. 241).

27 "Finalmente, a lei leva os que estão sob a sua alçada a actuar correctamente. Mas levar a actuar propriamente pertence à vontade (...) Logo, a lei não pertence à razão, mas pertence mais à vontade, segundo afirma o Jurisconsulto: 'O que o príncipe quiser tem força de lei' (...) Mas a vontade tem que estar regulada pela razão, acerca das coisas que se mandam, para que o mandato tenha razão de lei. E deste modo, entende-se que a vontade do príncipe tenha razão de lei: de outro modo, a vontade do príncipe mais seria iniqüidade do que lei" (Aquino, p. 6, 7).

28 "Também os postulados básicos do positivismo jurídico o colocavam em incomoda posição para defrontar o problema do fundamento do direito internacional. De facto: a negação do direito natural como instância legitimadora do direito positivo, e a referência exclusiva deste à "vontade estadual" dificultavam de antemão toda a construção satisfatória. Isto porque o direito internacional não se apresenta como um conjunto de normas postas e impostas pelo Estado, mas sim, no melhor dos casos, é produto de uma coordenação de vontades estaduais soberanas e teoricamente iguais. Como edificar sobre a vontade do Estado soberano uma ordem jurídica que tenha validade objectiva em face desta vontade, e esteja subtraída aos vaivéns do arbítrio estadual?" (Truyol, 1952, p. 56).

Volvendo aos voluntaristas, as linhas de pensamento sobre a fonte material do Direito Internacional são basicamente duas: a vontade de um Estado e a de dois ou mais Estados. A primeira corrente se expressa nas teorias do direito estatal externo e na da auto-obrigação do Estado. A segunda linha doutrinária apresenta duas vertentes: a primeira vê o concerto de vontades como um contrato que produz obrigações, embora diferentes para cada um dos contratantes; a segunda entende que as vontades dos Estados são coordenadas, originando obrigações idênticas para cada uma das partes. A fonte material das normas seria um acordo coletivo e não um simples contrato.

A exposição de cada uma das teses, feita a seguir, acompanha o raciocínio de Truyol e, em alguns aspectos, é um desenvolvimento (1952, Capítulo III). A ressalva incide sobre o jusnaturalismo que marca o internacionalista espanhol. Para ele, a fonte primeira de todas as normas jurídicas internacionais é a natural racionalidade humana, e o direito positivo não tem validade caso se afaste dessa moldura normativa natural. Por isso as teses que vêem a vontade como fonte material das normas internacionais, são severamente criticadas, pois a volubilidade da vontade seria causa de insegurança jurídica.

6.4.1. Teoria da Vontade Estatal Externa

Essa posição teórica, em sua modalidade extrema, nega a existência de qualquer fonte material do Direito Internacional, o que significa dizer, nega a própria existência do Direito Internacional. Um dos expoentes desse pensamento é Hegel, para quem o Estado é a máxima forma de organização humana, não havendo nenhum poder maior que ele. Os Estados se relacionam por força das circunstâncias, sempre tendo em conta o seu interesse. Não havendo entendimento, as contrariedades são resolvidas exclusivamente pela guerra. Os tratados são firmados conforme as regras internas de cada Estado e a sua continuidade depende dos interesses conjunturais.[29] O conjunto normativo denominado Direito Internacional é, na verdade, mera projeção do direito interno, não tendo autonomia alguma.[30] Em suma, não há nenhuma norma

29 "Em vez de formularem regras de direito estáveis, os tratados concluídos entre eles apenas exprimem regras de prudência baseadas no estado momentâneo das relações de força entre as partes e durante o tempo que durem as mesmas relações" (Dhin, 1999, p. 78).

30 "O direito internacional resulta das relações entre Estados independentes. O seu conteúdo em si e para si tem a forma do dever ser porque a sua realização depende de vontades soberanas diferentes" (Hegel, 1990, p. 306).

jurídica nas relações interestatais, apenas a coordenação ou, quiçá, o conflito de interesses. A medição da forças determina o interesse prevalente.

Essa teoria está assentada numa concepção radical da soberania. Só é soberano quem não está submetido à vontade de outro Estado. Há, nesta posição doutrinária, a idéia hobbesiana da liberdade absoluta daquele que alcança a condição de soberano:

> (...) nos Estados que não dependem uns dos outros, cada Estado (não cada indivíduo) tem absoluta liberdade de fazer tudo o que considerar (isto é, aquilo que o homem ou assembléia que os representa considerar) mais favorável a seus interesses. (Hobbes, 1983, p. 131.)

A modalidade branda desta tese foi apresentada por Binder, no começo do século XX. Ele afirmou que os Estados não estão diante das normas do mesmo modo que um indivíduo, pois os Estados têm consciência da sua autodeterminação e, no exercício desse poder, encontram a norma para sua conduta até mesmo em face de outros Estados:

> norma que por ser de razão prática é precisamente direito, e o seu direito. E assim tem de *afirmar-se* o Direito Internacional como *direito*; mas não é nem direito de coordenação nem direito de subordinação, mas sim o direito simplesmente autônomo, posto a si mesmo pelo Estado, partindo de sua própria essência. (Binder *apud* Truyol, 1952, p. 54.)

O ponto de convergência das duas vertentes dessa teoria que vê o Direito Público Externo como fonte material do Direito Internacional, é a prevalência absoluta da vontade do Estado, não havendo julgamento possível sobre a correição ou não da conduta estatal, exceto pelo tribunal da história. Ou seja, se houver litígio entre Estados, o mais forte encontrará o resultado justo.

6.4.2. Teoria da Auto-obrigação do Estado

Esta corrente doutrinária teve como expoente o alemão George Jellinek, para quem o Estado soberano pode limitar, *per si*, a sua vontade em relação a seus súditos e a outros Estados. O Estado é tão poderoso que pode impor a si mesmo uma conduta. Pouco difere da tese que teve Hegel como patrono, pois também a vontade do Estado é a fonte material do Direito Internacional.

Segundo Truyol, a teoria da auto-obrigação do Estado padece dos mesmos males da teoria do direito estatal externo, porque não explica a sobrevivência das obrigações internacionais de um Estado que sofra mudança constitucional; também não explica a situação dos Estados novos, que estão obrigados por normas internacionais de cuja criação não participaram.

6.4.3. Teoria Contratual

Nesta concepção, as vontades se entrelaçam, mas como há, por parte dos contratantes, interesses divergentes, embora não colidentes, o acordo cria normas que regulam a conduta de cada um dos participantes do contrato, mas sem potência para estender efeitos a terceiros. Não haveria a intenção nomogenética, apenas o concerto formal das vontades, com a assumpção recíproca de direitos e obrigações.

Embora essa tese dê resposta para os tratados que têm natureza mais próxima dos contratos, não tem alcance para explicar a fonte material das normas internacionais gerais, especialmente as que serviram de moldura para a realização do contrato. Elas são vontade de quem? São expressas em qual contrato?

6.4.4. Teoria da Vontade Comum dos Estados (*Vereibarung*)

Truyol explica que a teoria da vontade comum dos Estados, desenvolvida por Heinrich Triepel, diferencia a vontade resultante de um contrato, porque formada nos limites de um direito objetivo preexistente, da vontade que surge da conjugação dos Estados num tratado, visto que esta é apta a produzir o ordenamento jurídico.[31]

Há influência das idéias de Rousseau, pois a *vereibarung* é equivalente à *volontè generale*. A vontade conjugada dos Estados para gerar normas jurídicas é diferente da mera somatória de vontades. "Há comumente muita diferença entre a vontade de todos e a vontade geral. Esta se prende somente ao interesse comum; a outra, ao interesse privado e não passa de uma soma das vontades particulares." (1983, p. 46.).

Em que pese a articulação mais sofisticada em relação às duas teses anteriormente expostas, a fonte material das normas jurídicas internacionais permanece a mesma: a vontade dos Estados.

31 "Mas há outra figura jurídica, pela qual um número indeterminado de partes intende prosseguir interesses iguais ou comuns – com o que o antagonismo psicológico, próprio do contrato, cede o lugar a uma cooperação determinada pela comunidade de propósitos, originando em cada parte obrigações idênticas: esta figura jurídica é a *Vereibarung*, ou 'acordo coletivo', do qual surge uma vontade superior às vontades parciais que concorrem para a sua formação" (Truyol, 1952, p. 62).

Por fim, nem a natureza, nem a vontade, mas uma *grundnorm* seria a fonte última do Direito Internacional. É a teoria normativista, que levada à suas fronteiras, também se revela voluntarista, como se verá.

6.4.5. A Teoria Normativista da Escola de Viena

Os fautores dessa teoria não examinam as fontes materiais para conhecer a gênese das normas. O conhecimento das normas, em especial as jurídicas, só lhes interessa enquanto for possível encontrar o fundamento de validade de uma norma em outra norma. Desse modo, vão estreitando o campo jurídico até um vértice em que está uma norma que não tem a sua validade dependente de qualquer outra norma. Essa *grundnorm* não deve existir, necessariamente. Para o jurista ela pode ser meramente pressuposta. É uma hipótese que livra o estudioso das impurezas metodológicas que adviriam de um salto para fora do campo normativo.

Raciocinando indutivamente, parte-se da pergunta sobre a validade de uma norma jurídica concreta e específica – sentença de um tribunal internacional, por exemplo. A validade da sentença se funda num ou mais tratados. O tratado, por sua vez, está lastreado na norma *pacta sunt servanda,* criada a partir do costume que os Estados têm de cumprir as avenças que firmam entre si. Neste ponto Kelsen afirma que "a norma fundamental do Direito Internacional, portanto, deve ser uma norma que aprova o costume como fato criador de normas..." que pode expressar-se assim: "Os Estados devem se conduzir como se têm conduzido de costume" (1990, p. 359). Não mais *pacta sunt servanda,* sim *consuetudo est servanda*. Esta seria, então, a norma geratriz do Direito Internacional. Não haveria nenhuma outra norma que a ela tenha dado origem.

A teoria normativa não questiona os motivos que levam os Estados a se conduzir como se têm conduzido rotineiramente. Devem fazer isto porque alguém quer, porque todos querem ou fazem porque a mantença de comportamento estável independe da vontade dos Estados, é um fato e não um ato? Kelsen não responde a esta indagação porque ela é metajurídica.

A rigor, a tese kelseniana tem substrato voluntarista porque os Estados devem ter vontade de obedecer a uma norma fundamental, que lastreia todo o ordenamento. Quer seja servindo aos pactos ou aos costumes, está-se praticando ato dependente da vontade, pois é lógica e facticamente possível rompê-los. Heller, salientando o paradoxo, diz que a *"existencia o positividad de un orden jurídico están condicionadas por la existencia o facticidad de una unidad decisoria que pueda violarlo en casos de necesidad"* (1995, p. 227).

6.5. HIERARQUIA ENTRE FONTES MATERIAIS

Truyol afirma que as fontes formais naturais são superiores às positivas, tanto que normas criadas por tratado não podem revogar normas consuetudinárias gerais. Mais que isto, consuetudinárias ou convencionais, nenhuma norma pode revogar um princípio geral do direito. Assim é porque "o tratado e o costume internacionais não são senão actualizações, positivações dos princípios gerais do direito, que devem ser adaptadas às situações históricas variáveis" (1952, p. 105). A opinião de Truyol alinha-se com Victória e a Escola Espanhola de Direito Internacional, marcadamente jusnaturalista. Para não ser completamente revolucionária e causar insegurança jurídica, a Escola apóia-se em Tomás de Aquino, ao dizer que mesmo uma norma positiva divergente ou colidente com o Direito Natural deve ser obedecida, "por razão do escândalo ou da desordem que o não cumprimento poderia originar" (1952, p. 105).

Desobrigar-se de uma norma jurídica positiva por entendê-la não conforme ao direito natural é situação excepcional, em que devem ser ponderados o mal que a norma positiva causa e os danos que a desobediência pode trazer.

Feito o escorço das fontes materiais, sem que o tema seja exaurido, é o momento de examinar as fontes formais.

Capítulo 7
Fontes Formais

O exame das fontes formais interessa apenas ao campo das normas jurídicas, vez que as normas de trato social e as morais não soem ter seu ingresso no campo normativo estipulado rigidamente em outras normas. A distinção mais detalhada da constituição, declaração e aplicação das normas não-jurídicas a condutas de pessoas será vista mais adiante, no capítulo que versa sobre a classificação das normas.

Na concepção kelseniana, as denominadas fontes formais são as verdadeiras fontes das normas jurídicas, pois estão dentro do ordenamento jurídico. São fontes criadas por normas e estas, por sua vez, podem, num *regressus ad originem*, reportar-se a uma norma fundamental, anterior e superior.[1] O caminho regressivo, além da norma fundante, leva o estudo para fora do campo jurídico, onde estão as denominadas fontes materiais das normas e elas não são, em sentido estrito, objeto de estudo jurídico.

Dentro da perspectiva formal, a criação de uma norma ocorre pela aplicação de outra que regulou a geração. A gênese não se faz a partir da decisão de findar o caos, mas, sim, da ordem já estabelecida pelas normas então existentes. Aplica-se uma norma para criar outra. O poder nomogenético é sempre calcado em uma norma que atribui a alguém a autoridade para produzir norma jurídica. Quem carece dessa autoridade não produz norma jurídica, objetivamente falando (Kelsen, 1986, p. 129).

Sob raciocínio rigoroso, as fontes formais não são nomogenéticas, são nomoferentes. Elas não geram normas; elas dão passagem, para dentro do campo jurídico, às normas geradas pelas fontes materiais. Este entendimen-

1 "A ordem jurídica é um sistema de normas gerais e individuais relacionadas entre si de acordo com o princípio de que o Direito regula a sua própria criação. Cada norma dessa ordem é criada de acordo com as estipulações da norma fundamental que constitui a unidade desse sistema de normas – da ordem jurídica" (Kelsen, 1990, p. 137).

to pode provocar a sensação de *impotentia generandi* do Estado. Para clarear as idéias, insta dizer que o Estado enquanto forma não produz norma jurídica. O poder político, organizado em Estado, é hoje a principal fonte material das normas. Para atribuir juridicidade às normas, o poder político segue o rito de passagem pelas formas necessárias para a entrada no campo jurídico.

É certo que o poder político não se manifesta somente no Estado. Os sindicatos, a sociedade civil organizada, os partidos políticos existem para a aglutinação, organização e exercício de poder político. Todavia, o Leviatã é a expressão mais potente do poder político organizado. Tanto é assim, que controla as fontes formais, abrindo-as ou fechando-as, deferindo ou negando passagem aos fluxos normativos das potências nomogenéticas.

A existência das fontes formais na seara internacional é posta em dúvida por Ian Brownlie, em razão da inexistência de formalização do poder, a exemplo do que ocorre no espaço interno dos Estados. Não existe, nas relações internacionais, processo legislativo constitucionalmente regulado. Em certo sentido, diz ele "não existem 'fontes formais' em Direito Internacional. Em sua substituição, e talvez como equivalente, existe o princípio de que o consentimento geral dos Estados cria normas de aplicação geral" (1997, p. 14). A rigor, o consentimento geral é a *vis inertiae* do costume. Esta opinião não queda infensa à crítica, posto que as convenções internacionais são fontes formais, formalíssimas, de normas destinadas a regular as relações bilaterais ou multilaterais. A consuetude também é fonte formal, quer na sua expressão de costume popular, quer como costume jurisprudencial, cujas nuances serão vistas *a posteriori*.

7.1. ROL DAS FONTES FORMAIS

O arrolamento das fontes formais pode ser feito tendo-se em vista o campo jurídico interno dos Estados ou o internacional. No campo intra-estatal, mister observar que as fontes formais estão relacionadas à concepção religiosa ou laica do Direito. Para os ordenamentos jurídicos de base confessional, a fonte primeira é a revelação transmitida pelos profetas e, secundariamente, as interpretações feitas pelas autoridades sacerdotais. Residualmente, o costume popular e o Poder Público apresentam-se como fontes formais. As concepções jurídicas laicas mais disseminadas no mundo são a romano-germânica e a *common law* (que, de certa forma, é germano-romana). Naquela, as fontes formais são a lei, o costume, a jurisprudência, a doutrina e os princípios gerais; nesta, a jurisprudência, a lei, o costume, a doutrina e a razão (David, 1986).

No âmbito internacional, a influência marcante do *jus communis europeum* aparece no art. 38 do Estatuto da Corte Internacional de Justiça, que reproduz, no seu texto, as fontes formais romano-germânicas.[2] Deve-se ter em conta que o rol do art. 38 não é *numerus clausus,* tanto que por ocasião de sua redação e posterior re-ratificação (1920 e 1945) ainda não eram relevantes as decisões das organizações internacionais, em voga a partir da consolidação da ONU e de outras organizações internacionais. Parte da doutrina inclui como fonte formal os atos unilaterais dos Estados, a exemplo de Dhin (1999, p. 106).

A redação do art. 38 em tela não é primorosa, até porque, dentre outros aspectos, a eqüidade não é fonte de normas, mas sim um critério para decisão judicial e, como sinal dos tempos, a politicamente incorreta expressão "nações civilizadas", utilizada para ressaltar quais princípios gerais do direito seriam reconhecidos, macula o texto até hoje, com o que tem de carga preconceituosa, discriminatória, imperialista e eurocêntrica.[3]

Raul Pederneiras diz que as decisões judiciárias, incluídas na lista do art. 38, não são fontes formais autônomas, caracterizando-se como uma modalidade de costume e que, a rigor, "sob o ponto de vista positivo, devemos encarar somente como fontes o *costume* e o *tratado*" (1947, p. 62).

Neste livro, fixar-se-á a atenção no rol apresentado pelo art. 38 do Estatuto da Corte Internacional de Justiça, visto que o desiderato não é classificar até os átomos das fontes formais. Intenta-se apenas distingui-las das fontes

2 "Art. 38 – I. A Corte, cuja função é resolver os litígios que lhe sejam submetidos, em conformidade com o direito internacional, aplica: a) as convenções internacionais, quer gerais quer especiais, que estabeleçam regras expressamente reconhecidas pelos Estados em litígios; b) o costume internacional, como prova de uma prática geral aceita como direito; c) os princípios gerais do direito reconhecidos pelas nações civilizadas; d) reserva da disposição do artigo 59, as decisões judiciais e os ensinamentos dos publicistas mais qualificados das várias nações como meio auxiliar para a determinação da regra de direito. 2. A presente disposição não prejudica a faculdade de a Corte decidir *ex aequo et bono,* se as partes estiverem de acordo" (Rangel, 1997, p.79).

3 "... quem são os civilizados? Dizem na China e no Japão em seus livros que os civilizados são eles, que quando a Europa estava no caos, no início do Império Romano, que eles já tinham organizado o seu Direito Internacional regulando as relações entre o Império Celeste e as regiões tributárias do Tibet, Mongólia, Turquestão. Porém uma coisa é patente; o mundo considera civilizado frente ao Direito Internacional, os Estados que aceitaram implicita ou explicitamente o Direito Internacional criado no Ocidente Europeo, entre os povos de modalidade cristã, do século 16 e 17" (Mattos, 1957, p. 8).

materiais e posicioná-las como parte das ferramentas úteis para identificar a natureza das normas.

Contudo, evitando agir de modo laxo, deve-se, mesmo com o perigo da ausência de inovação, tecer comentário sobre cada uma das fontes formais, até porque o campo do Direito Internacional é um canteiro de obras, não de ruínas. A reiteração, se não tem efeito científico, surte efeito ideológico, pois pela repetição é possível convencer os agentes políticos, causando-lhes a impressão de que as coisas efetivamente são deste ou daquele modo e eles devem se comportar dentro desses lindes. Algo como tentar convencer o leão de que existe uma jaula invisível.

Embora o costume tenha sido até mui recentemente a fonte quase exclusiva de normas internacionais, o que dá a ele precedência histórica, o tratamento das fontes formais será feito na seqüência do art. 38 do Estatuto da Corte Internacional de Justiça. Os tratados têm alargado sua presença nas relações internacionais porque trazem clareza, segurança e generalidade.[4] A diminuição do espaço das normas consuetudinárias é ressaltada na exposição de motivos da Convenção de Viena sobre Direito dos Tratados.

7.1.1. Tratados

Por óbvio, o intento não é desenvolver um tratado acadêmico sobre tratados. O desiderato é tão só examinar os tratados como fonte normativa formal, o que implica brevidade no comentário sobre alguns aspectos e até mesmo omissão em relação a outros.

Em português, tratado, além dos substantivos supra referidos, significa também o particípio passado do verbo tratar, que tem vários sentidos, destacando-se, para os fins que ora interessam, o de estabelecer ou manter relações com alguém. A raiz do verbo é *tractu*, particípio passado do latim *trahere*, que significa puxar, arrastar. Isolando a partícula *tra*, tem-se o sentido do cruzamento de forças. Não a colisão, mas o cruzamento, como a força cinética que o trator exerce sobre o arado e a inércia que o arado exerce sobre o trator.[5] São forças opostas, mas que não se anulam porque ocorre a aplicação de inteligência para obter resultado útil.

4 *"... toda codificación aclara, complementa y modifica las normas consuetudinarias"* (Reuter, 1999, p. 167).

5 Verbetes tratado, tratar, trato, trator. *Novo Dicionário Aurélio*. 14. ed. Rio de Janeiro: Nova Fronteira.

É possível encontrar essa mesma idéia num contrato comum, visto que as intenções não são convergentes, mas se organizam para produzir resultado útil para os dois pólos. A quer o serviço de B; B quer o dinheiro de A. Os interesses são diferentes, mas não se aniquilam em razão da inteligência aplicada. Num contrato social ocorre a articulação de vontades convergentes. Os contratantes têm a mesma vontade, quer seja o lucro num empreendimento, quer seja o bem-estar da comunidade. Nessa aplicação, a palavra contrato não guarda mais o sentido original de sua raiz *tra*. Um contrato social é, na verdade, um acordo coletivo, por meio do qual se organiza a cooperação, não a competição. As vontades, num contrato social, não se cruzam; a rigor, alinham-se numa única direção.[6]

O que há de comum aos contratos e aos acordos é a vontade. Eles são manifestação da vontade livre e consciente das partes. Qualquer mácula à vontade desnatura o contrato ou o acordo. Decidir pela obediência a uma ordem não é igual a decidir pela vinculação a uma obrigação. Os contratos e os acordos têm por pressuposto a autonomia da vontade, o que não existe em relações de subordinação.

Se um tratado se aproximar da natureza de contrato, gerará obrigações e direitos que não levarão as partes a se conduzirem de modo igual. Cada uma delas deverá entregar sua prestação à outra, para adimplir a obrigação que assumiu. Caso se aproxime da natureza de acordo, gerará normas que moldam condutas iguais para todas as partes tratantes. A doutrina distinguiu tratado-contrato de tratado-lei. Distinção que toma em consideração o conteúdo normativo do tratado. Reuter tem por irrelevante essa diferenciação porque não há nenhum resultado prático e, sobretudo, porque um mesmo instrumento de tratado sói portar normas que se aproximam dos dois paradigmas em tela (1999, p. 52). Brownlie esposa entendimento contrário, ao afirmar a existência de tratados normativos que "criam normas gerais em termos de asserções jurídicas que regem a conduta futura das partes, sendo as obrigações basicamente as mesmas para todas as partes" (1997, p. 24).

No art. 60, § 5º, da Convenção de Viena sobre Direito dos Tratados de 1969, preceitua-se a não extinção de tratados de matéria humanitária no

6 *"... se recurrió al tratado multilateral con un propósito enteramente nuevo: el de la defensa de los intereses comunes de la humanidad. En tales tratados la situación de los Estados partes responde menos a la figura de una yuxtaposición de compromisos sobre intereses divergentes que a la de una combinación simétrica de esfuerzos para alcanzar un objetivo idéntico"* (Reuter, 1999, p. 15).

caso de inadimplemento de uma das partes, o que afasta muito o raciocínio do modelo contratual, pois não cabe a *exceptio non adimpleti contractus*.

Como terceira espécie de tratados, a Convenção de Viena (1969), art. 5º, faz referência a tratados constitutivos de organizações internacionais. Com certeza, a conjugação de vontades dos Estados para a criação de uma organização internacional não tem nenhuma semelhança com um tratado sobre limites territoriais, por exemplo, ou com um tratado multilateral sobre questão ambiental. Aplica-se o esforço coletivo para a criação de uma pessoa jurídica internacional, que terá, dentre outras características, perenidade.

O tratado é um modo para a veiculação formal das normas geradas pela decisão política. Não se confunde com uma lei, mesmo quando se distancia de contrato e se aproxima de concerto de vontades, porque as normas veiculadas pelo tratado têm efeito interpartes, não *erga omnes*.

Por fim, para ilustrar, insta trazer à colação o conceito de tratado apresentado pelo art. 2º, 1, *a*, da Convenção de Viena sobre Direito dos Tratados, firmada em 1969 e vigência a partir de 27 de janeiro de 1980:

> ... "tratado" significa um acordo internacional celebrado por escrito entre Estados e regido pelo direito internacional, quer conste de um instrumento único, quer de dois ou mais instrumentos conexos, qualquer que seja sua denominação particular. (Rangel, 1997, p. 298.)

A Convenção de 1969 fixou apenas nos Estados a legitimidade para celebrar tratados. Em 1986, em Viena, firmou-se outra convenção sobre direito dos tratados, que estendeu às organizações internacionais a legitimação para tratar. Essas Convenções, no que tange ao poder de celebrar tratados, apenas deram literalidade àquilo que a consuetude já havia consolidado como norma.

Os detentores da vontade política elegem as normas às quais darão o verniz da formalidade jurídica e as fazem transitar pela fonte formal do tratado, atribuindo às normas a fixidez do teor escrito e a publicidade apta a dar consistência à presunção de que as normas são conhecidas por todos aqueles submetidos aos efeitos delas.[7]

7 "Publicidade dos tratados internacionais é a ação pela qual eles são tornados de conhecimento geral, são feitos notórios e patentes, isto é, ultrapassam os limites dos Estados que os concluíram, ficando à disposição da comunidade internacional" (Rodas, 1980, p. 8).

7.1.2. Costumes

Apesar do esforço das organizações internacionais, especialmente da ONU, para ampliar a quantidade de normas escritas, a própria Convenção de Viena sobre Direito dos Tratados admite, no preâmbulo, a consuetude como fonte normativa, embora a sua condição residual esteja expressa no preâmbulo de outro tratado, a Convenção de Viena sobre Relações Diplomáticas.

A importância do costume como fonte normativa é inversamente proporcional à organização da força política. No ápice de sua organização, a força política estabelece um centro legislativo e deixa ao costume função residual. Se a força política é debilmente organizada, ela não logra estabelecer um centro nomogenético, o que dá espaço para a produção difusa de normas, por meio do costume.

A difusão do poder político no cenário internacional é o ambiente ideal para a produção consuetudinária de normas. Todavia, em contrapartida, a intensidade e a complexidade dos assuntos das relações internacionais não se afinam com as incertezas próprias de normas que não têm seus preceitos, sua validade e vigência, bem definidas. Por isso, ao costume são deixadas as normas de alcance universal que têm natureza constitutiva da própria comunidade. Noutra ponta, ao costume deixa-se a produção de normas de menor alcance espacial e material, de natureza supletiva aos tratados. Ao costume remanesce então o espaço normativo por demais sofisticado, para o qual não se consegue acordo político expresso e também remanesce para criar normas que regulam a insignificância.

O costume pode ser popular, no sentido de criação consuetudinária de normas por todas as pessoas que, na outra ponta, são destinatárias das mesmas normas, ou pode ser jurisprudencial. A toda evidência, são muito diferentes, mas não se excluem e, comumente, se confundem.

Se entre duas pessoas ocorre dissenso sobre qual é o direito e quem o titulariza e em qual medida, elas podem desenvolver esforço direto para dar solução ao litígio. Caso uma delas alegue a existência de uma norma de origem consuetudinária, a outra parte poderá alegar não conhecer a dita norma ou, mesmo que a conheça, não aceitá-la como jurídica, mas sim como norma de outra espécie, inapta para regular relação jurídica. Ao levarem o caso a um juiz, estará com ele o poder de dizer se houve prova suficiente da existência de norma costumeira e qual é seu teor, para, ao fim, jurisdicionar. Nesse acontecimento hipotético, o juiz manejou o poder político para abrir a porta da fonte formal e permitir que uma norma já produzida pelas fontes materiais acedesse ao *status* jurídico, ingressando no ordenamento. Contudo, o poder político organizado tem no juiz uma expressão menor e não cede a sua primazia nomoferente facilmente. Por isso serão necessárias muitas decisões judiciais com o mesmo entendimento para a consolidação da nova norma jurídica.

Norma consuetudinária *secundum legem, praeter legem, contra legem*. Nesta seqüência, aumenta a resistência do poder político à passagem da norma pelas fontes formais. Da contrariedade leve à oposição explícita. Qual norma será fixada é questão que foge ao estudo jurídico estrito, pois eventual argumentação de juristas a favor da norma legislada ou a favor da norma consuetudinária não será científica e, sim, ideológica. É equívoco pueril considerar, aprioristicamente, melhores as normas consuetudinárias, partindo-se da presunção de que tudo que vem do "espírito do povo" é necessariamente bom.

Guido Soares afirma possível a presunção *jura novit curia* quando as partes alegam norma costumeira (2002, p. 82). Este não parece ser o melhor entendimento, porque a fluidez da norma consuetudinária torna imperiosa uma fase de acertamento, de desenho dos contornos do preceito normativo, quando se pretende aplicá-la para a solução de uma lide. Se o juiz fizer isso sozinho, tornar-se-á mais forte que a expressão central do poder político e, na seara internacional, mais poderoso que os Estados litigantes. A insegurança jurídica advinda levaria as partes a não alegar norma costumeira ou, em hipótese pior, a evitar a invocação do juiz.

O problema da prova do costume também é objeto da atenção de Paul Reuter, que pergunta se o Estado interessado numa regra costumeira deverá provar que os Estados reconhecem tal norma. Reuter entende que a exigência da prova lançaria "no nada a possibilidade dum costume universal" (1981, p. 16). Por isso, são suficientes os precedentes dos Estados interessados, na linha da decisão da Corte Internacional de Justiça acerca, no caso da plataforma continental do mar do Norte (1969).[8] Vê-se em Reuter a opinião de

8 "Na questão da plataforma continental do mar do Norte (1969), O TIJ (ítens 73 e 74 da decisão) usou as fórmulas seguintes: 'Uma participação muito ampla e representativa na Convenção (...) com a condição, todavia, que ela compreenda os Estados particularmente interessados (...) Torna-se indispensável que (...) a prática dos Estados, incluindo aqueles que estão particularmente interessados, tenha sido freqüente e praticamente uniforme...'" (Reuter, 1981, p. 17).

que o Estado interessado não está compelido a provar que todos os Estados do mundo aceitam a regra, mas, de qualquer modo, se instado, deve demonstrar precedentes que pertinam aos Estados interessados.

A doutrina diz que o juiz só deve reconhecer como jurídica a norma que as pessoas reiteradamente obedecem por acreditar que estão cumprindo um dever jurídico. Deve existir, além da norma, a *opinio iuris vel necessitatis,* que é um critério para o uso do poder político manejado pelo juiz. Ao deparar-se com um fato social (a obediência reiterada a uma norma) aliado à convicção de que essa norma é jurídica, o juiz tem os componentes necessários para declarar a existência de norma jurídica de origem consuetudinária. O fato social observado pelo juiz pode ser decorrente de uma ilicitude suficientemente duradoura a ponto de gerar norma. Mesmo que não haja consentimento, um ato eficaz pode fazer parte do processo desencadeador de decisões que produzem norma jurídica (Kaplan e Katzenbach, 1964, p. 35). A idéia expressada pelo brocardo *ex iniuria ius non oritur* pressupõe a existência de normas hierarquicamente superiores àquelas das quais pode derivar perenização da ilicitude. No cenário internacional, a horizontalidade normativa faz razoável o entendimento de que *ex factis ius oritur,* desde que esses fatos produzam conseqüências suficientemente perenes (Jessup, 1965, p. 20).

Nas relações internacionais, afirma-se que a norma consuetudinária vale mesmo para os Estados que vierem a existir depois da norma. Há, nessa afirmação, um forte conteúdo ideológico no sentido de que a norma consuetudinária nasce de uma vontade difusa acima dos Estados e, portanto, imperiosa para eles. Ora, numa sociedade de milhares de indivíduos, a fonte material da norma consuetudinária é, efetivamente, de difícil identificação. Diga-se, não é impossível identificar quem começou a se comportar de uma determinada maneira com a convicção de que assim agia direito. Ocorre que, ao não se pôr em questão a legitimidade do poder para criar normas costumeiras, já que todos os membros da sociedade são legítimos, identificar a pessoa que deu origem é irrelevante. Todavia, a sociedade internacional é composta por cerca de duas centenas de Estados, que são as pessoas originárias, e por algumas centenas de organizações internacionais, que são pessoas derivadas, cuja vontade é dependente da dos Estados. Neste cenário, é muito mais fácil identificar o ponto de origem de uma conduta à qual se atribuiu juridicidade. É possível identificar quem teve a vontade e quem concordou com ela e até mesmo quem discordou e foi vencido.

Quando se diz que um novo Estado está obrigado pelas normas consuetudinárias que lhe são pretéritas, pretende-se manter em equilíbrio a relação de poder que deu origem a tais normas. A rigor, o novo Estado deve estar obrigado porque os velhos Estados assim o desejam, não porque há uma vontade misteriosa, sem titular identificado, acima dos Estados em relação. Não há um *nomos* da Terra que equilibre com a força de uma mão invisível o *kosmos* autopoiético idealizado por Anaximandro e, de certa forma, presente no raciocínio de Hayek.[9]

A força inercial do costume como fonte normativa não deve ser entendida como algo acima dos Estados. Ela não é sobre-humana. Entregar-se a *vis inertiae* é cômputo extremamente racional entre o custo e o benefício.

7.1.3. Resoluções das Organizações Internacionais

Em relação aos temas para os quais houve decisão política que estabeleceu e consolidou a cooperação, a importância dos tratados e dos costumes como fonte normativa formal é reduzida.[10] Após o tratado constituinte da organização, tornam-se despiciendos os tratados como fonte formal e a consuetude passa a ser residual. A rigor, para avençar regras conflitantes com aquelas estatuídas pela organização internacional, os Estados teriam que se retirar formalmente do ente coletivo.

Quando é alcançado acordo político que define um tema a ser gerido de modo cooperativo, são fixadas também as regras que articulam a coopera-

9 "A idéia de Sólon é esta: a *dike* não depende dos decretos da justiça terrena e humana nem resulta da simples intervenção externa de um decreto da justiça divina, como sucedia na antiga religião de Hesíodo. É imanente ao próprio acontecer, no qual se realiza para cada caso a compensação das desigualdades (...) Anaximandro vai muito além. Esta compensação eterna não se realiza só na vida humana, mas também no mundo inteiro, na totalidade dos seres. A evidência deste processo e a sua imanência na esfera humana levam-no a pensar que as coisas da natureza, com todas as suas forças e oposições, também se encontram submetidas a uma ordem de justiça imanente e que sua ascensão e sua decadência se realizam de acordo com essa ordem (...) O mundo revela-se como um *cosmos*, isto é, como uma comunidade jurídica das coisas" (Jaeger, 1995, p. 201).

10 *"It is possible to imagine a future in wich the treaty will no longer be the standard device for dealing with any and all international problems – a future in wich, for example, the use of regulation promulgated by international organizations in special fields of activity, such as the World Health Organization's sanitary regulations, will become the accepted substitute for the lawmaking activity now effected trough international agreement. But, in the present state of international development, this is crystal-gazing. For the forese-eable future, the treaty will remain the cement that holds the world community together"* (Kearney & Dalton *apud* Rodas, p. 9).

ção. Estatui-se órgão destinado à inovação normativa, balizada material e formalmente pelas regras constituintes. Também, órgão destinado a dizer se as regras estão sendo cumpridas a contento da finalidade almejada e com poderes para sancionar aqueles que não observam os cânones.

O acordo político fundante acontece porque os Estados têm a percepção de que a atividade cooperativa é imprescindível para a consecução de fins não alcançáveis em ambiente competitivo.

Ao criar uma pessoa coletiva para a cúria da finalidade almejada, os Estados centralizam a decisão política (fonte material) e estabelecem as fontes formais (resoluções, instruções normativas, pareceres vinculantes). Quanto mais estreita a competência material de uma organização internacional, tanto mais forte será o seu poder normativo, ainda que a decisão se dê por maioria.

A aceitação, ocasionalmente a contragosto, das decisões da organização internacional, está relacionada à finalidade perseguida. Se as normas emanadas de uma organização internacional divorciarem-se da finalidade que deu ensejo à constituição do ente coletivo, haverá resistência e, quiçá, desobediência.

Organizações internacionais que têm competência material ampla, a exemplo da ONU, padecem de baixa potência normativa. As resoluções das Organizações Internacionais são fonte normativa surgida depois da redação do art. 38 do Estatuto da Corte Internacional de Justiça. Embora ainda sejam novidade, as organizações internacionais legiferam copiosamente (Seitenfus, 1997).

7.1.4. Princípios Gerais do Direito

Não há consenso sobre a natureza dos Princípios Gerais do Direito. São encontráveis por via indutiva, isto é, partindo-se do cotejo entre várias normas, como partículas, encontra-se uma mesma idéia de raiz que informa a todas elas. Ou, d'outra banda, existem Princípios Gerais e as normas são deduzidas deles. O que parece ser só caminho de ida e volta, é uma profunda diferença quanto à fundamentação das normas. Na perspectiva indutiva, tem-se a postura positivista de que a identificação dessa idéia de raiz, desse princípio que se espraia por várias normas, tem função auxiliar para a hermenêutica e para as situações em que são identificadas lacunas normativas que devem ser colmatadas para manter-se a completude do ordenamento. Na perspectiva dedutiva, as normas devem estar conformes ao princípio, sob pena de negação do seu valor material. Nesse ponto de vista, os princípios gerais "albergam as supremas verdades do direito, de modo a transcenderem as nacionalidades, sendo comum aos diversos povos" (Coelho, 2003, p. 376). Os princípios servem como paradigma validador do conteúdo das normas.

No art. 38 do Estatuto da Corte Internacional de Justiça faz-se referência a princípios gerais do direito reconhecidos pelas nações civilizadas. Já feita a crítica ao que tem de rançosa a parte final do texto em tela, é de se ressaltar que "princípios (...) reconhecidos pelas nações (...)" parece querer significar aqueles que são encontráveis tomando as normas positivas como partículas a partir das quais, por indução, chega-se ao princípio geral. Contudo, independentemente da definição por uma ou outra posição, o que parece bem nítido é que o princípio geral do direito não é fonte formal de norma jurídica. Eles não são portões do campo normativo, pelos quais passam normas produzidas pelas forças sociais. Pela posição indutiva, são ferramentas hermenêuticas, quer sirvam para refinar o entendimento acerca de uma norma, quer funcionem como macroanalogia, para encontrar norma apta a suprir lacunas.

Vistos pelo foco dedutivo, que é jusnaturalista, os princípios se confundem com as expressões das fontes normativas materiais naturais. Os textos que se referem aos princípios gerais do direito como fonte normativa não esclarecem, apenas confundem.

Como suma desta parte em que foram examinadas as fontes formais arroladas no art. 38 do Estatuto da Corte Internacional de Justiça é possível cerrar fileiras com a postura de Del Vecchio, que entende haver apenas duas fontes formais: as leis e tratados e a consuetude popular e jurisprudencial (1979, p. 405).

A partir deste ponto é possível examinar a indagação sobre as relações que se estabelecem entre as fontes formais, tanto no cenário interno dos Estados, quanto nas relações interestatais.

7.2. EXISTE HIERARQUIA ENTRE AS FONTES FORMAIS?

O questionamento não atine às fontes materiais. Eventual gradação delas será decisão política, não jurídica. As fontes formais são decisão política já transformada em fato jurídico e retratam o modo de organização do poder social. No âmbito do direito intra-estatal, as fontes formais têm por pressuposto a existência de normas que as instituíram. Tais normas denotam que há alguma forma de organização jurídica do poder político. Por trás das muitas fontes formais, está uma única fonte material, o poder político constituinte organizado em forma de Estado.[11]

Não se questiona, neste momento, a hierarquia das normas. A *vexata quaestio* é a possibilidade de proeminência de uma fonte sobre outra. Todavia, reconhecida a superioridade ou inferioridade de uma fonte formal, o seu produto há de acompanhar a sua posição hierárquica. Por óbvio, quem pode o mais, pode o menos. As fontes mais graduadas têm poder para produzir normas inferiores, além daquelas correspondentes ao grau da fonte.

À hierarquização do poder político corresponde a hierarquização das fontes formais do Direito. É o que se vê no art. 4º da Lei de Introdução ao Código Civil Brasileiro (Decreto-Lei nº 4.657, de 1942):

> Quando a lei for omissa, o juiz decidirá o caso de acordo com a analogia, os costumes e os princípios gerais do Direito.

A lei é a fonte primária da norma a ser aplicada pelo juiz ao caso *sub judice*. Lacunosa a lei, deve o juiz procurar a norma adequada em outra lei. Não sendo possível, pode sair do âmbito da lei e procurar norma criada pelos costumes judiciais ou populares e, por fim, norma inferível dos princípios gerais do Direito. A hierarquia é perceptível *ictu oculi*. Ao pôr a lei como fonte primaz, o poder político articulado em Estado afirma que a norma jurídica derivada de sua vontade deve ser aplicada aos casos específicos. Na ausência de norma sua, o juiz poderá aplicar norma produzida pelo poder social, que é difuso. *Ultima ratio*, o juiz poderá valer-se de princípio geral construído pela *opinio doctorum* por meio indutivo. À hierarquização do poder político corresponde a hierarquia das fontes normativas materiais e formais.

As fontes materiais observáveis no texto legal anteriormente transcrito são: o poder político articulado em Estado, o poder social difuso, o poder de um estamento, os formadores de opinião jurídica. As fontes formais são controladas pelo Legislativo e Judiciário. A este último o poder político atribui a função de controlar as fontes formais que permitem o ingresso de normas consuetudinárias ou principiológicas no campo jurídico. O poder político reserva à função legiferante a posição principal no "formidável estabelecimento industrial constituído para a produção do direito. Todos os outros produtores, juízes e partes, estão sob suas ordens" (Carnelutti, 2000, p. 173). O poder político intenta concentrar na função legislativa do Estado a potên-

11 "Assim, para o positivismo jurídico, à pluralidade de 'fontes formais' de direito, repartidos por planos hierárquicos, segundo a natureza das matérias, corresponderá uma única 'fonte material' – aquele mesmo poder político" (Soares Martínez, 1991, p. 361).

cia para produzir normas *ex novo*, reduzindo as possibilidades de ingresso no ordenamento jurídico de normas geradas por outras forças sociais. Por isso, a graduação das fontes.

É verdade que a rigidez esquemática do art. 4º em tela não se mantém no *frisson* das situações em que as normas são postas sob o crivo das ocorrências da vida. O poder político não é granito monolítico; ele é flexível. A excessiva rigidez do poder político provoca aumento da pressão sobre ele, o que o leva à ruptura abrupta. A flexibilidade permite a absorção do dissenso sem a ruptura do sistema.[12] Assim, eventual resistência ao preceito normativo oriundo do Estado pode ser contornada com a adaptação às situações fácticas. Por isso, o labor hermenêutico pode, mesmo que não escancaradamente, romper a hierarquia das fontes e aplicar norma de origem consuetudinária. Em casos extremos, até mesmo norma costumeira *contra lex scripta,* o que provoca a ineficácia da norma jurídica de origem estatal por dessuetude.

O Estado edita normas jurídicas, genéricas e abstratas ou concretas e específicas, para o seu público interno, por meio de vários veículos: constituição, leis, medidas-provisórias, decretos, portarias, instruções, regimentos, sentenças.[13] Cada um dos veículos é fonte formal com *status* diferenciado. Quanto mais próxima a fonte formal estiver da fonte material original, do poder político que erigiu e sustém o Estado, maior o seu grau hierárquico. Por isso a constituição está no ápice da escala e as normas por ela formalizadas devem estar consonantes com todas as normas oriundas das demais fontes formais.

No campo do direito interestatal a questão não é bem resolvida. As fontes formais, no âmbito internacional, não são criadas a partir de um único foco de poder. A poliarquia, quase panarquia, a difusão do poder, faz com que a criação das fontes formais seja diferente do que passa no cenário intra-estatal. A desorganização das fontes materiais leva à correlata desorganização das fontes formais. Por isso, o costume foi a fonte da grande maioria das normas internacionais conhecidas desde a antigüidade. Jorge Miranda diz que dentre as notas distintivas do Direito Internacional em relação ao Direito interno destaca-se o "sistema complexo e diferenciado de fontes, com realce especial do costume e do tratado" (1995, p. 28).

O estabelecimento de relações políticas mais intensas e contínuas entre os Estados fez necessária a organização das interações competitivas ou coopera-

12 *Immota labascunt et quae perpetuo sunt agitata, manent.*
13 Constituição da República Federativa do Brasil, art. 59.

tivas. Por conseqüência, a proliferação de tratados escritos na Europa no século XIX e a expansão desse fenômeno para o mundo no século XX. A manifestação expressa da vontade de dois ou mais Estados tornou-se a fonte de produção da maioria das normas entre os contratantes, remanescendo à fonte consuetudinária a gênese de normas mais genéricas ou mais específicas que aquelas criadas por via da fonte convencional.

O art. 7º da Convenção da Haia de 1907 (que criou o Tribunal Internacional de Presas) determina uma seqüência a ser seguida para a escolha das normas a serem aplicadas a um caso. A fonte principal é a convenção entre o Estado captor e aquele que sofreu a captura da nau. Na falta do tratado, as regras do costume internacional. Inexistentes estas, o Tribunal deveria decidir consoante os princípios gerais da justiça e da equidade.[14]

O art. 38 do Estatuto da Corte Internacional de Justiça arrola as fontes do Direito Internacional, sem determinar que a Corte deva primeiramente fazer a subsunção do fato à norma oriunda de tratado, e só busque normas de origem consuetudinária se ficar constatada a ausência de norma daquele jaez.[15] Não há hierarquia das fontes entre os tratados, os costumes e os princípios gerais do Direito. Decisões judiciais nacionais e a doutrina são meios auxiliares; o que não significa dizer que estão em posição inferior como fonte de normas para o Direito Internacional. Esta é a leitura feita por Nguyen Quoc Dhin, para quem "certas fontes têm carácter secundário, embora não sejam secundárias; é o caso dos princípios gerais do direito. O intérprete só recorre a elas na falta de outras fontes pertinentes" (1999, p. 105). Jorge Miranda afirma que a ordem de anunciação das fontes no art. 38 não significa primazia de uma sobre a outra. A rigor, diz ele, "se tivesse que haver uma hierarquia, seria inversa a ordenação – primeiro, os princípios gerais do Direito – ou, pelo menos, os de *jus cogens* – a seguir o costume internacional universal e só depois o tratado" (1995, p. 58). Na mesma linha de pensamento está Guido Fernando Silva Soares, que afirma inexistir "qualquer hierarquia entre as fontes formais do Direito Internacional Público..." (2002, p. 57). Segundo este último doutrinador,

---

14 "Art. 7º – Se a questão de direito a resolver for prevista por uma convenção em vigor entre o beligerante captor e a potência que é parte no litígio, ou cujo natural é parte no litígio, o Tribunal conforma-se com as disposições da citada convenção. Na falta de tais disposições, o Tribunal aplica as regras do direito internacional. Se não existem regras geralmente reconhecidas, o Tribunal decide de acordo com os princípios gerais da justiça e da equidade" (Dhin, 1999, p. 102).

15 Texto do Art. 38 do Estatuto da Corte Internacional de Justiça à página.

nas situações em que se faz necessário interpretar normas de um tratado, por exemplo, não é suficiente o apoio de uma única fonte, havendo sempre o exame conjunto das fontes, sem a primazia de qualquer delas. É possível que alguns Estados convencionem normas entre si e que outros desenvolvam as mesmas normas por costume. Esta inteligência Guido Soares aponta no art. 43 da Convenção de Viena sobre Direito dos Tratados:

> A nulidade de um tratado, sua extinção, sua denúncia, a retirada de uma das partes ou a suspensão da execução de um tratado em conseqüência da aplicação da presente Convenção ou das disposições de um tratado, não prejudicarão, de nenhum modo, o dever de um Estado de cumprir qualquer obrigação enunciada no tratado à qual estaria sujeito em virtude do direito internacional, independentemente do tratado. (Rangel, 1997, p. 297.)

O pensamento da Corte Internacional de Justiça é pela inexistência de hierarquia entre as fontes de normas jurídicas internacionais, tanto que em acórdão exarado em 27 de junho de 1986, sobre o litígio entre a Nicarágua e os Estados Unidos, que versava sobre o apoio dos norte-americanos aos contra-revolucionários nicaraguenses, afirmou que não há "qualquer razão para pensar que, quando o Direito Internacional consuetudinário é constituído por regras idênticas às do direito convencional, é suplantado por este de tal maneira que deixa de ter existência própria" (Dhin, 1999, p. 104).

É possível olhar os arts. 31 e 32 da Convenção de Viena sobre Direito dos Tratados, que versam sobre a interpretação dos tratados, como hierarquizadores de fontes normativas.[16] Todavia, o segundo olhar derruba essa equivocada

16 "Art. 31 – 1.Um tratado deve ser interpretado de boa-fé, segundo o sentido comum dos termos do tratado em seu contexto e à luz de seu objeto e finalidade. 2.Para os fins de interpretação de um tratado, o contexto compreende, além do texto, seu preâmbulo e anexos: a) qualquer acordo relativo ao tratado e feito entre todas as partes por ocasião da conclusão do tratado; b) qualquer instrumento estabelecido por uma ou várias partes por ocasião da conclusão do tratado e aceito pelas outras partes como instrumento relativo ao tratado. 3. Será levado em consideração, juntamente com o contexto: a) qualquer acordo posterior entre as partes relativo à interpretação do tratado ou à aplicação de suas disposições; b) qualquer prática seguida posteriormente na aplicação do tratado pela qual se estabeleça o acordo das partes relativo à sua interpretação; c) qualquer regra pertinente de direito internacional aplicável às relações entre as partes. 4. Um termo será entendido em sentido especial se estiver estabelecido que essa era a intenção das partes.

Art. 32 – Pode-se recorrer a meios suplementares de interpretação, em particular aos trabalhos preparatórios do tratado e às circunstâncias de sua conclusão, a fim de confirmar o sentido resultante da aplicação do artigo 31 ou de determinar quando a interpretação, de conformidade com o artigo 31: a) deixa o sentido ambíguo ou obscuro; ou, b) conduz a um resultado que é manifestamente absurdo ou desarrazoado" (Rangel, 1997, p. 311).

impressão. Ao estabelecer regras hermenêuticas, os Estados contratantes não tiveram em mira a gênese normativa. Miraram o momento de conexão entre os fatos e as normas, o momento da subsunção. O desiderato foi definir trilha uniforme para guiar os hermeneutas e, nesse caminho, indicou-se por onde se deve passar primeiro. Não há hierarquia das fases de interpretação, apenas uma seqüência lógica que parte da *mens legis* e tem a *mens legislatoris* como recurso extremo.

Em suma, a horizontalidade das fontes formais no âmbito internacional é tão firme que os eventuais conflitos normativos são resolvidos pela aplicação do critério cronológico e do critério da amplitude, expressados pelos adágios *lex posterior priori derogat* e *specialia generalibus derogant*. Por exceção faz-se referência a *lex superior*, a *jus cogens*, a exemplo do art. 53 da Convenção de Viena sobre Direito dos Tratados, de 1969 e de 1986.[17] A idéia de *lex superior* aparece também no art. 103 da Carta da Organização das Nações Unidas, que preceitua a prevalência das obrigações assumidas em virtude da Carta, se houver conflito com obrigação assumida em qualquer outro acordo internacional.

O tema do *jus cogens* não será objeto de análise aguda por enquanto, dado que a digressão poderia se estender em demasia, mas sua existência e potência são alvo de crença apaixonada dos jusnaturalistas e dos militantes de direitos humanos. Questionar o conceito de *jus cogens* soa como heresia suficientemente forte para resultar em excomunhão. Ainda assim, exercendo a liberdade que a agnose propicia, cabe lançar dúvida sobre a hierarquização de normas dirigidas a campo social não hierarquizado, sem soberano e súditos. Nas homilias que verberam contra as opiniões que semeiam a dúvida científica, não se traz a ilustração das respostas, como se vê no comentário infra sobre a presença do *jus cogens* na Convenção de Viena sobre Direito dos Tratados das organizações internacionais:

17 "É nulo o tratado que, no momento de sua conclusão, conflita com uma norma imperativa de direito internacional geral. Para os fins da presente Convenção, uma norma imperativa de direito internacional geral é uma norma aceita e reconhecida pela comunidade internacional dos Estados no seu conjunto, como norma da qual nenhuma derrogação é permitida e que só pode ser modificada por nova norma de direito internacional geral da mesma natureza" (Rangel, 1997, p. 319). O art. 53 da Convenção de Viena sobre Direito dos Tratados Entre Estados e Organizações Internacionais e entre Organizações Internacionais, firmada em 1986 e ainda não ratificada pelo Brasil, estabelece a imperatividade, generalidade geográfica e aceitação da inderrogabilidade, como requisitos para a identificação do *jus cogens*.

> (...) as particularidades na aplicação de regras de *jus cogens* para a nulidade do tratado (art. 53) ou para a extinção do tratado por advento de norma de *jus cogens* superveniente (art. 64) são alvos de reservas por parte de muitos Estados. Resek chega a afirmar que a teoria do *jus cogens* é francamente hostil à idéia do consentimento como base necessária do direito internacional, sendo um perigo à idéia de soberania estatal, uma vez que tais regras imperativas estariam ainda em processo de formação. Embora consideremos o entendimento de Rezek anacrônico e desatualizado, em função da realidade internacional perversa que requer a utilização de normas de direito das gentes que se imponham objetivamente aos Estados, no sentido da reafirmação do conceito de justiça, muitos Estados utilizam-se desse ponto para denegar a assinatura ou ratificação da Convenção de 1986. (Bernardes *et alli apud* Trindade, 2003, p. 188.)

Os pejorativos lançados ao entendimento do doutrinador que não se alumbrou diante da tese do *jus cogens* não são acompanhados de idéias substantivas sobre o que é realidade internacional perversa? Houve algum momento da história sem que a realidade fosse perversa? Como as normas se imporão objetivamente aos Estados? Existe nomocracia? Qual dos conceitos de justiça, dentre os muitos existentes, deve ser reafirmado?

Examinada sem lentes ideológicas, a idéia do *jus cogens* agride a autodeterminação e diversidade cultural dos povos. Além disso, o conceito de *jus cogens* parte do pressuposto de que a convivência civilizada só é possível se houver estruturação vertical do poder, excluindo a alternativa da *civitas* horizontal, estruturada em rede e não em forma de cone.

7.3. O *IUS SUAVE* E AS FONTES FORMAIS

Com a expressão latina pretende-se identificar aquelas normas que a sensibilidade jurídica percebe gestadas nas fontes materiais, mas que ainda não conseguiram a deferência do poder político para transitar pelas fontes formais do Direito Internacional.

Quando um tratado não ratificado tem suas indicações normativas como pauta da conduta dos Estados e organizações internacionais envolvidas, está-se diante de preceito que é *suaviter jus*, suavemente normativo. A rigor não existe ainda uma norma jurídica, pois completou-se apenas a fase nomogenética sem alcançar a nomoferência. Todavia, por motivos estritamente políticos, os atores internacionais optam por conduzir-se em conformidade com tais indicações normativas, o que, ao longo do tempo e da convicção da juridicidade, pode dar azo ao surgimento de norma consuetudinária.

Diante de *ius suave* as pessoas não têm a possibilidade jurídica de exigir de outrem o cumprimento de obrigação. Não existe norma potente para estabelecer relação jurídica, na qual há partes, objeto e vínculo obrigacional.

As fontes materiais encetam a produção de uma norma e os eventuais destinatários dela, apesar da situação *de lege ferenda*, deliberam conduzir-se em conformidade com a norma ainda não formalizada. Norma desse jaez não é jurídica e só adquire relevância jurídica na medida em que possa ser semente de norma consuetudinária.

As normas costumeiras têm de ser provadas. Se as partes não concordarem com a sua existência, quem tiver interesse deve demonstrar ao juiz a existência e a vigência da norma gerada pelo costume.[18] A existência de documento que registre as tratativas para criação da norma pode servir como parte da prova da gênese de um projeto de norma, à qual a consuetude pode atribuir juridicidade. Antes dessa consolidação consuetudinária, não há que se falar em norma apta a guiar as relações entre Estados. Enquanto a norma for suavemente normativa ela orienta apenas uma das partes sobre quais são os seus deveres, sem atribuir nenhum direito a outrem para exigir uma conduta.

Pode-se dizer que a denominação de *ius suave* é aplicável a normas que estão em trânsito entre a fonte material e a fonte formal. A velocidade desse movimento e até mesmo a conclusão da trajetória estão ao talante da força política.

Com alguma liberalidade, poder-se-ia caracterizar também como *ius suave* as recomendações de algumas das organizações internacionais. A reiteração com que são emanadas e a adesão espontânea dos Estados a elas, com o acréscimo da *opinio iuris*, pode dar ensejo à criação consuetudinária de uma norma que não é moral, porque intersubjetiva.

Para Guido Soares as normas, que ele nomina de *soft law* em consonância com o hábito doutrinário, não têm natureza moral, a exemplo de uma recomendação do Banco Mundial. Contudo, os conceitos ainda estão em fase de formação num campo "nebuloso no qual incidem as necessidades *de lege ferenda*" (2002, p. 140). A posição doutrinária que nega carácter jurídico ao *soft law* é denominada de formalista por Guido Soares.

---

18 Código de Processo Civil Brasileiro, art. 337: "A parte, que alegar direito municipal, estadual, estrangeiro ou consuetudinário, provar-lhe-á o teor e a vigência, se assim o determinar o juiz."

Capítulo 8
Classificação das Normas

O estudo das fontes foi feito tendo em conta o gênero norma. O que se pretende agora é a taxionomia das espécies, a *definito fit per genus proximum et differentiam specificam*. O radical grego *taxis* transmite a idéia de uma ordem feita por alguém no exercício de poder exógeno ao objeto que será ordenado. Por isso, todas as classificações são arbitrárias no sentido que o seu fundamento último é a vontade do classificador.

Paulo Ferreira da Cunha atribui a Aristóteles o mérito de distinguir a especificidade do campo jurídico dentro da generalidade do campo normativo. Antes do Estagirita,

> não havia uma específica preocupação com o jurídico 'em si'. As diversas ordens normativas imbricavam-se, de forma híbrida, numa amálgama normativa que juntava aquilo a que depois com rigor se chamou a Religião, a Moral, as normas de trato social, o Direito... (p. 36).

Para Bobbio, "o direito constitui uma parte notável, e talvez também mais visível..." do campo normativo (2001, p. 24).

A distinção das espécies normativas não é exercício acadêmico sem relevância para a vida das pessoas. Humberto Ávila diz que a

> necessidade de distinção não surge em razão de existência de diversas denominações para numerosas categorias. Ela decorre, em vez disso, da necessidade de diferentes designações para diversos fenômenos. Não se trata, pois, de uma distinção meramente terminológica, mas de uma exigência de clareza conceitual (...). (2003, p. 17.)

No período em que as normas eram vistas apenas como gênero, o poder soberano, da organização política tosca ou do Estado, exigia a obediência no *forum internum* dos indivíduos, exigia que os súditos se sentissem obrigados em consciência, "como se não existisse diferença entre as regras do Estado, da razão íntegra ou de Deus" (Bobbio, 1996, p. 58). A afirmação de que as regras jurídicas só obrigam no *forum externum* significou importante delimitação do poder do Estado, dentro do processo histórico de afirmação da individualidade em sua articulação social como a *ratio essendi* deste.

O campo normativo não é estático. Por ser produto da movimentação das forças sociais (fontes materiais) ele também se move. *La legge é móbile*. Nem sempre o ritmo do movimento nos dois campos é igual e esse descompasso gera, por vezes, tensões que são novas forças no campo social. Parte desse movimento ocorre com a mudança de espécie de uma determinada norma. Uma norma moral hoje, pode tornar-se jurídica amanhã. O caminho oposto também é logicamente possível.

8.1. BREVE CONCEITO DE NORMAS

O desiderato do estudo não é dissertar sobre teoria das normas. Muito menos se tem por horizonte o desenvolvimento de esboço de novel teoria. Porém, ao versar sobre fontes normativas e taxionomia, haveria uma fratura lógica se não fosse feito escorço, ainda que brevíssimo, sobre a norma.

A norma, como gênero, é um preceito que diz como deve ser a conduta de uma pessoa em relação às outras, às situações e às coisas.[1] Evidentemente, o conceito de norma não é pacífico e Kelsen, citando Wroblewski, para quem a fórmula da norma jurídica é: "na situação S, uma pessoa da classe de pessoas P, com características C, tem de comportar-se de maneira B", assevera que essa formulação é genérica, alcançando todas as normas do campo do *dever-ser*, enquanto as normas jurídicas têm como diferencial a execução forçada (1985, p. 351).

Os modais deônticos, modalidades normativas, são: obrigação, proibição e permissão.[2] Aqui, para os fins latos desta fase do estudo, basta a idéia exordial, no sentido de que a norma é uma proposição prescritiva "que tem a finalidade de dirigir as ações dos indivíduos e dos grupos rumo a certos objetivos ao invés de rumo a outros".[3]

---

1 "Com o termo se designa um mandamento, uma prescrição, uma ordem. Mandamento não é, todavia, a única função de uma norma. Também conferir poderes, permitir, derrogar são funções de normas" (Kelsen, 1986, p. 1).

2 A apresentação de quatro modais deônticos foi feita seguindo Modestino, para quem *legis virtus haec est imperare, vetare, permitere e punnire*. Porém existe linha doutrinária que apresenta apenas a obrigação e a proibição como reguladores de condutas (Cavalcanti, 1996, p. 8).

3 "A tese que sustentamos é que as normas jurídicas pertencem à categoria geral das *proposições prescritivas*" (Bobbio, 1996, p. 26, 72).

A norma é o átomo do campo normativo. A sua fissão produz partículas sem relevância jurídica, porque insuficientes para servirem à produção de outras normas ou para dirigir condutas. Elas são ferramentas destinadas a regular condutas humanas, produzidas pelo engenho e arte humanos. Podem nascer inadequadas, se tornar obsoletas ou ter utilidade muito longa.

8.2. NORMAS RELIGIOSAS

As normas religiosas não interessam ao estudo porque são atinentes às pessoas naturais. As pessoas jurídicas não foram feitas a imagem e semelhança de Deus, não se desligaram dele e não têm motivo para desejar a religação. Só os entes naturais têm a sensação de abandono, de solidão no cosmo, que os impulsiona a uma fonte de valores, transcendente às relações intersubjetivas.

Esta afirmação peremptória se dá em ambiente cultural marcado pelo reconhecimento da alteridade religiosa. Não a mera tolerância, que têm algo de rancorosa.[4] A diminuição da importância das regras religiosas é acontecimento extremamente recente. A própria idéia de espécies normativas laicas era quase inconcebível até mui recentemente. Não obstante a máxima cristã, a Igreja invadiu por séculos a seara de César.[5]

Relevantes para o cotidiano das interações de indivíduos ou de Estados, são as normas que remetem a valores existentes no mesmo plano físico dos praticantes das condutas reguladas. Nesse endereço encontram-se as normas morais, as de trato social (cortesia) e as jurídicas. A seguir, discorrer-se-á sobre vários critérios para a distinção das espécies normativas.

8.3. CRITÉRIOS PARA A CLASSIFICAÇÃO DAS NORMAS

Excluindo os enunciados científicos, denominados de leis naturais, peculiares ao campo da necessidade, para concentrar a atenção no campo da liberdade, é possível perceber a existência de normas técnicas e éticas. Luiz Fernando Coelho, ao definir as acepções da palavra *lei* aplicada ao campo do *sollen*, diz

4 "Tolerância somente deveria ser uma atitude apenas passageira: ela precisa levar ao reconhecimento. Tolerar significa ofender. O liberalismo verdadeiro é o reconhecimento" (Goethe *apud* Leithäuser, 2001, p. 441).

5 "Dai a César o que é de César, dai a Deus o que é de Deus". "Gregório VII opõe-lhes a famosa *teoria dos dois gládios*, segundo a qual, sendo o gládio o símbolo do poder, é o papa que originariamente recebe directamente das mãos de Deus quer o gládio do sacerdócio, quer o gládio secular" (Dhin, 1999, p. 41).

que ela pode ser entendida no sentido *anancástico* (mecanicamente necessário) de que uma conduta é necessária para um objetivo e no sentido *ético*, de que um ser racional e livre deve conduzir-se de determinada maneira (2003, p. 215).

Acompanhando o raciocínio de Coelho, pode-se dizer que na acepção anancástica estão as regras de jogo e as regras técnicas. Assim, quem se propõe a competir numa Olimpíada – ato voluntário – vincula-se a obedecer, necessariamente, as regras da modalidade esportiva eleita. De igual modo, quem deseja pintar um quadro a óleo, obrigar-se-á a seguir as regras técnicas específicas para esse tipo de pintura, que são diferentes das regras para aquarelas. A situação é de liberdade quanto aos fins e sujeição absoluta quanto aos meios, pois a competição esportiva só terá validade se feita dentro das regras e a pintura a óleo será bem-sucedida se obedecidas as técnicas. As normas técnicas são a *recta ratio factibilium* (Nader, 2002, p. 215).

Na acepção ética de norma está-se no campo da liberdade quanto aos meios e aos fins. O destinatário da norma tem a possibilidade de não se comportar do modo preceituado e também não está compelido a aderir à finalidade. Nesta seara estão as normas religiosas, morais, de cortesia e jurídicas. As normas éticas são a *recta ratio agibilium* (*op. cit.*, p. 215).

Esta tetrapartição não é aceita por Del Vecchio, que entende não serem a normas do *decorum* "espécies autônomas, correspondendo apenas a critérios particulares (...) A maior parte dessas normas (...) são apenas secundárias ou *subespécies* da Moral" (1979, p. 358). Em relação às normas religiosas, Del Vecchio afirma que elas, ainda que fulcradas em divindade, destinam-se a regular o comportamento de pessoas e adotam "a forma de um dever relativamente a um sujeito ou nas relações entre vários sujeitos: por outras palavras, a forma da Moral e do Direito" (1979, p. 359).

A bipartição das espécies normativas proposta por Del Vecchio está assentada no seu entendimento sobre a forma e não do conteúdo como critério distintivo. Para ele as avaliações morais são sempre subjetivas e as jurídicas, intersubjetivas. A ordem, o mando, portado por uma norma moral dirige-se apenas àquele que deve agir, mesmo que essa ação tenha efeitos sobre outra pessoa, a exemplo da esmola: a norma moral atinge apenas aquele que entrega o óbolo, nada dirigindo à conduta do mendigo (1979, p. 363). Não existe relação moral no mesmo sentido de relação jurídica. A norma jurídica determina a conduta das duas partes envolvidas na relação e elas devem conduzir-se de modo articulado para atingir o fim almejado pela norma.

Para Del Vecchio as normas religiosas e de cortesia não são espécies autônomas e a afirmação de sua existência ocorre por falta de acuidade na observação, pois se encontram em situação fugidia, mal definida. Ao deitar o olhar sobre elas, aparecerão como normas morais ou jurídicas, em razão da forma subjetiva ou intersubjetiva.

Bobbio diz que as distinções formais não são suficientes, pois a redução de uma norma a uma fórmula – *se A é, deve ser B* – não diferencia as normas jurídicas das demais, pois todas as normas pertencentes ao campo do dever-ser são redutíveis a essa formulação. A insuficiência da distinção pela forma dá azo a outros critérios para estremar as normas (2001, p. 146, 147). Veja-se com cuidado o sentido dado à palavra forma em Del Vecchio e em Bobbio. A fórmula apresentada por Bobbio não atine ao aspecto relacional ou não relacional da norma, mas sim retrata a articulação entre preceito e sanção.

Por opção metodológica, o estudo seguirá curso passando pelas quatro espécies normativas tradicionalmente apresentadas pela doutrina e também por Bobbio, cujo posicionamento foi adotado como fio condutor.

O intento da classificação não é percorrer a difícil senda da indagação sobre a essência do que é moral, direito, cortesia social. Tem-se por meta trazer a lume vários critérios distintivos entre as normas de cada uma das espécies em tela. Tal empreitada é, por si só, demasiada.

8.3.1. Subjetividade e Intersubjetividade

O primeiro dos critérios cuida do conteúdo unilateral ou bilateral da norma. As normas morais atribuem dever a alguém sem atribuir a respectiva exigibilidade a outrem, ao passo que as demais normas sempre terão um pólo de dever e outro de direito a exigir o cumprimento do devido. Todavia, somente pelo conteúdo não é possível a distinção de todas as espécies de normas entre si.

8.3.2. Importância Social

A importância social da norma também é critério que surgiu na *opinio doctorum*. Afirmaram-se jurídicas as normas que tinham a finalidade de conservação social. Com muita nitidez essa posição é esposada por Braz de Sousa Arruda:

> Afastamo-nos pois da opinião de que a sanção é tão essencial ao Direito que sem ela não pode ser ele compreendido, como não se pode compreender flama sem luz, nem fogo sem calor. O critério a dotar para a distinção é, cremos, o da IMPORTÂNCIA DA NORMA, e este mesmo considerado em termos hábeis. Inquestionavelmente os critérios de que acabamos de nos ocu-

> par até certo ponto se confundem; o que é obejcto da norma de importância maior deve ser garantido pela força coercitiva do Estado. Como nem sempre é tal garantia possível, e muitas vezes não é completa, o critério da coactibilidade é falho em alguns casos (p. 27).

A crítica não demora, pois basta lançar os olhos pela história para perceber que o conceito do que é importante para a conservação social é cambiante no tempo e espaço e, além disso, normas fora do campo jurídico também podem, a juízo dos seus criadores e mantenedores, destinar-se à própria conservação social (Arruda, p. 16).

8.3.3. Natureza do Positivador

Assim, num terceiro critério, parte-se para a identificação do sujeito que estabelece a norma. Irrelevantes a forma, conteúdo e finalidade. Se o poder soberano for a fonte formal, a norma será jurídica. É possível alvejar o critério imaginando uma sociedade com poder político desconcentrado e, por isso, com as fontes formais debilmente organizadas. Ora, as normas jurídicas surgiriam de várias fontes, inclusive da consuetude popular. Além disso, nada obsta que dos focos de poder político brotem normas de trato social, que se manifestam na etiqueta adotada pela sociedade.

8.3.4. Postura do Destinatário da Norma

Por fim, Bobbio apresenta o critério clareado por Kant, que põem a atenção sobre a postura do destinatário da norma. Não basta que a ação seja *coerente com o dever*. A adesão interior, à qual Kant se refere como ação *pelo dever*, deve ser completamente desinteressada, salvo quanto ao interesse de respeitar a lei (1995, p. 54). Assim feito, haverá conduta pautada por uma norma moral. Vê-se, há heterogênese das normas morais, que, para terem validade, não precisam "ser fixadas pelo indivíduo mesmo, a cuja conduta elas se referem" (Kelsen, 1986, p. 61). Ocorre, remanescem as normas de trato social e as jurídicas sem distinção possível por este critério e, mais que isso, nada obsta que ocorra a adesão íntima de alguém a uma norma jurídica, porque a pessoa acredita no valor albergado pela norma e pratica a conduta *pelo dever* e não por mera *conformidade ao dever* (Bobbio, 2001, p. 147-151).

Ao fim do escorço, tem-se a impressão (correta) de estar-se de volta ao início. Mesmo com o uso simultâneo dos critérios não se alcança resultado seguro, insofismável, sempre restando uma das espécies de norma lançada na mesma situação da norma jurídica.

8.4. CLASSIFICAÇÃO DAS NORMAS A PARTIR DA SANÇÃO

Seguindo a trilha aberta por Bobbio, é o momento de verificar se pela sanção é possível encontrar o critério que permita a diferenciação entre as três espécies normativas em comento. A sanção só se manifesta nas situações em que o destinatário da norma se conduz de modo diferente do preceituado. Por óbvio, a sanção tem o desiderato de reforçar a eficácia social da norma. Com a sanção pretende-se que a norma não seja *flatus vocis,* mero sopro, conselho.

A sanção que acompanha as normas morais não foge ao carácter íntimo dessas normas. Se uma pessoa, em completa solidão, encontra dinheiro na rua, sem documentos que identifiquem o proprietário, poderá entregá-lo ao órgão público competente ou apropriar-se. Ninguém soube, ninguém viu. Não se apropriar é cumprir norma moral. Apropriar-se e sentir remorso é cometer a imoralidade e sofrer a sanção. Evidentemente, não é razoável entregar a tranqüilidade social exclusivamente às normas morais, porque a sanção íntima seria suficiente para assegurar a boa conduta de uma plêiade, mas não de pessoas reais, humanas, demasiadamente humanas. Ainda assim, às morais não se pode atribuir eficácia zero. A memória de qualquer pessoa guarda exemplos de condutas que foram pautadas exclusivamente por normas morais.

Na concepção kelseniana, alumiada em obra póstuma, a sanção moral também pode ocorrer a partir de outros indivíduos, que reputam moral ou imoral a conduta de alguém. Ela pode ser externa. O diferencial em relação às outras espécies normativas está na faculdade que o indivíduo tem de reconhecer ou não uma norma moral geral. Aprovar ou desaprovar moralmente a conduta de alguém tem por pressuposto o exercício de um poder relacionado à própria criação da norma, qual seja, a pessoa tem a possibilidade de não reconhecer o preceito como norma moral.[6] Por residual, falece às pessoas o poder de reconhecer ou não as normas de trato social e as jurídicas. Não há dispositividade quanto às fontes normativas, elas são cogentes. Por isso, as normas e sanções morais guardam, mesmo diante da tese de Kelsen, característica de algo interno, íntimo.

6 "Quando um indivíduo aprova ou desaprova a conduta de um outro, moralmente ele cumpre a norma que o autoriza para essa aprovação ou desaprovação, e ele aplica a essa conduta a norma geral por ele reconhecida, que se refere à conduta aprovada ou desaprovada. Nisto consiste o que se pode designar como a *autonomia* da Moral" (Kelsen, 1986, p. 61).

Às sanções morais, contrapõem-se às sociais e jurídicas, que são marcadamente hetero-sanções. As sanções que acompanham as normas de trato social e as jurídicas não têm diferença ôntica: reprovação, isolamento, expulsão, morte por linchamento, encontram seus correspondentes perfeitos nas sanções jurídicas. No grau de organização das hetero-sanções é possível encontrar algumas distinções que auxiliam a identificar a natureza da norma. A previsibilidade de sua aplicação, a proporção entre a violação e a sanção e a execução própria, ou por terceiro desinteressado, são pontos de expressiva diferença.

As sanções que acompanham as normas de trato social são eficazes.[7] O modo de vestir, de falar, de alimentar-se, a ideologia política, o zelo com as coisas alheias, não destoam muito do ponto médio do grupo social ao qual pertence o indivíduo. O receio de se ver vexado, excluído, é impulso forte na direção da observância das normas de trato social. Essas normas, para as quais não existe fonte formal, são importantes meio de controle social. Apesar da informalidade, grassa a presunção de que todos os membros do grupo as conhecem.

Todavia, a mesma desorganização do poder de criar as normas se manifesta no poder de aplicá-las. Todos criam as normas de trato social, todos julgam a adequação ou não da conduta de outrem a elas, todos aplicam as sanções a seu juízo. Cada cabeça, uma sentença. Essa atomização do controle social demonstra algumas limitações no momento em que ocorre a violação de uma norma de trato social, aparecendo os defeitos representados "pela *incerteza* do seu êxito, pela *inconstância* da sua aplicação e pela *falta de medida* na relação entre violação e resposta" (Bobbio, 2001, p. 159).

As sanções que acompanham as normas de trato social não são suficientes para assegurar a estabilidade de uma sociedade heterogênea, grande, composta pela articulação de muitos grupos menos heterogêneos. A geração desorganizada das normas impede que todas as pessoas conheçam os preceitos, e a aplicação quase aleatória da sanção causa mais desconforto que tranqüi-

7 "Só queremos lembrar que existem também meios coativos *não-violentos* que podem atuar com a mesma força ou, em certas circunstâncias, até com força maior que os outros. A ameaça de exclusão de uma associação, de um boicote ou de medidas semelhantes, bem como a promessa de vantagens ou desvantagens magicamente condicionadas, neste mundo, ou de remunerações ou castigos, no além, em caso de determinado comportamento, traz freqüentemente – e, para vastas áreas, regularmente – efeitos muito mais seguros, sob determinadas condições culturais, do que o aparato coativo político..." (Weber, 2000, vol. 1, p. 212).

lidade social. Por isso, a necessidade de organização da criação e aplicação das normas, o que ocorre pela experiência jurídica.

O pensamento de Luiz Fernando Coelho realça o argumento da organização da sanção para distinguir normas de cortesia das jurídicas:

> A rigor não existe diferença ontológica entre as normas jurídicas e as sociais, as quais se revestem dos mesmos caracteres que a teoria geral do direito elaborou para identificar as primeiras. Ambas são formas de controle social, o que realmente as distingue é a maior eficácia da sanção – **o que não se aplica ao direito internacional** – em virtude do tecnicismo com que o direito é elaborado e da aparência de identidade ontológica que a ideologia lhe atribui (2003, p. 219 – negrito não original).

As normas jurídicas são acompanhadas de hetero-sanções, em oposição às auto-sanções que caracterizam as normas morais. As sanções jurídicas diferenciam-se das sanções sociais pelo grau de organização. As normas jurídicas são apresentadas à sociedade por meio de fontes formais, que dão segurança sobre a validade e vigência, além de propiciarem ampla publicidade.[8] A mesma característica se manifesta no momento da aplicação da sanção, que também ocorre de modo formal, com mais certeza, constância e proporcionalidade.[9]

As normas jurídicas, em sua maioria, são criadas como preceito de conduta que vem acompanhado de sanção definida em sua modalidade, intensidade e alcance subjetivo. As normas morais e as de trato social, por serem geradas de modo difuso, desorganizado, têm apenas o preceito de conduta e a expectativa de que a sua violação provoque condutas auto-sancionadoras ou sanção de terceiros interessados. A fonte de criação dessas normas não gera o preceito de conduta já acompanhada da fórmula de sanção, especificando modalidade, intensidade e alcance subjetivo. "Não matarás". Esse preceito

8 "Quando o réu se abalança ao delito já sabe, ou pode saber, que, se é descoberto, há de sofrer uma certa e determinada pena por ordem de um Juiz, e pela mão de um algoz; e os que virem aplicar a pena saberão que ela é em conseqüência de um crime assinalado pela lei: uma vez que isto aconteça, o Magistrado não tem mais que fazer, expirou o seu ofício, acabou a pena pelo que pertence à sanção política; mas quanto aos maus ofícios positivos ou negativos, que pode experimentar o réu da parte da sociedade, ninguém pode saber da sua natureza, nem em que tempo hão de verificar-se, nem a pessoa que os há de aplicar: tudo é incerto a este respeito: a essência das penas da sanção política é serem *determinadas* e *precisas*; a essência das penas da sanção moral é serem *indeterminadas* e *vagas*" (Bentham, 1945, p. 183).

9 "A *sanção* é uma reacção coercitiva do grupo social contra a violação de um dever. Picard, nas 'Constantes' e no 'Direito Puro', caracteriza a norma jurídica pela coação, tomando a causa pelo efeito" (Arruda, p. 16).

explícito nos Dez Mandamentos também é norma moral e de trato social. Contudo, qual a sanção ao homicida? "Matar alguém. Pena: seis a vinte anos de reclusão".[10] Essa norma, jurídica, nasce composta por regra de conduta e pela sanção definida.

Todavia, estar acompanhada de sanção não é critério seguro para distinguir as normas jurídicas, porque delas há sem sanção.[11] Hart parte do modelo simples de Austin – a ordem dada pelo ladrão ao caixa do Banco – e mostra que o Direito não se reduz a uma ordem dada por alguém a outrem acompanhada de ameaça de algum mal se ela não for obedecida. Constrói um modelo em que há generalidade e abstração nas normas; há perenidade; ampla obediência voluntária; as ordens são emitidas por uma pessoa soberana. O próprio Hart afirma a existência de normas jurídicas desprovidas de sanções, a exemplo das normas que facultam "aos indivíduos *dispositivos* para a realização de seus desejos, conferindo-lhes poderes jurídicos para criar (...) estruturas de direitos e deveres dentro do quadro coercitivo do direito" (p. 35).

A presença de normas desprovidas de sanção é constatável em qualquer ordenamento jurídico. Para Hart, "a introdução na sociedade de regras de atribuição de competência aos legisladores para alterarem e acrescentarem as regras de dever, e aos juízes para determinarem quando as regras de dever foram violadas, é um passo em frente tão importante para a sociedade, quanto a invenção da roda (...) pode ser considerada como a passagem do mundo pré-jurídico para o mundo jurídico" (p. 49). Essas normas que atribuem competência para criar e aplicar normas, não são acompanhadas de sanção, no sentido de cominação de alguma expiação.[12] A não observância dessas normas pode implicar nulidade, que não se confunde com a sanção estatuída para obter-se obediência ao preceito. Na concepção de Hart, é possível fazer

---

10 Art. 121 do Código Penal Brasileiro.

11 Normas *plus quam perfectae, perfectae, minus quam perfectae* e *imperfectae.* "As imperfeitas (...) estão desprovidas de todo o elemento sancionatório, não estatuindo nem pena nem invalidade do acto. A maioria das prescrições constitucionais de índole programática encontram-se neste caso, apesar dos mecanismos de inconstitucionalidade. Mas, quanto a esta questão, a verdade é que ainda se discute se se tratam de verdadeiras normas *jurídicas*" (Cunha, p. 362).

12 "Enquanto que a moral tende a criar um sentimento de submissão, o direito cria um sentimento de reivindicação: eis porque é dos dois o mais importante. Por outro lado, ele não é só imperativo, também é atributivo. Assim, Petrazycki, e é esta uma das novidades que ele apresenta, conseguiu caracterizar o direito sem apelar para o critério, há muito habitual, da sanção estatal" (Carbonnier, 1979, p. 131).

a operação mental de subtrair a sanção, sem que as normas que visam a dirigir condutas tornem-se ininteligíveis, pois continua sendo compreensível qual é o comportamento desejado pelo positivador da norma. O mesmo não ocorre com as normas de atribuição de poderes, pois se delas for subtraída a nulidade como conseqüência de conduta não conforme, não permanecerão inteligíveis, pois não será possível entender qual a conduta desejada (p. 43). Editar uma lei sem obediência ao processo legislativo é o mesmo que não fazer lei. É uma nulidade, é um nada jurídico.

Mas a questão pode ser objeto de melhor ajuste no foco. Afirmou-se que as fontes das normas não jurídicas limitam-se às materiais, não havendo fontes formais. Isso implica dizer que em tais espécies normativas não há normas que atribuam poder para a criação de deveres. Portanto o cotejo no que atine à sanção deve ser restrito às normas, de qualquer espécie, que se destinam a regrar condutas. E mesmo nestas, há normas jurídicas desprovidas de sanção, a exemplo do art. 25 da Convenção de Viena sobre Relações Diplomáticas, de 1961: "O Estado receptor dará todas as facilidades para o desempenho das funções da missão" (Brownlie, 1997, p. 373). O raciocínio adotado por Bobbio passa ao largo da postura fácil de negar a juridicidade a normas desprovidas de sanção, que seriam apresentadas por meio de fontes jurídicas formais por ignorância ou descuido do positivador. Para ele, o conjunto normativo jurídico é marcado pela sanção organizada e não cada uma das normas singularmente examinadas. Por isso, normas jurídicas sem sanção são válidas quando referidas àquelas que determinaram o seu estabelecimento e podem ser eficazes. Se não o forem, permanecem como normas jurídicas válidas (2001, p. 167).

Entendido como razoável o critério do grau de formalidade da sanção para distinguir as normas jurídicas das demais, surge a indagação sobre *quem* sancionará o autor da conduta antijurídica. A violação das normas morais e de cortesia é sancionada de modo tão desorganizado quanto a própria criação das normas e das sanções. Não há fonte formal de criação, nem aparelho formal para aplicar a sanção.

Na linguagem do direito processual, usa-se a palavra *tutela* para designar o ato de proteção a um direito. Pode significar também o ato de aplicar a sanção, pois se guarda aí a idéia de que se está a proteger uma norma do ato de violação. Se o ato de proteção for praticado por alguém imediatamente interessado na observância da norma, ocorre a autotutela, se o ato for praticado por terceiro desinteressado, ocorre a heterotutela.

A autotutela é o modo reconhecido de aplicação da sanção das espécies normativas não jurídicas. Elas não contam com aparato coercitivo organizado, permanente, profissionalizado. Admite-se, residualmente, a autotutela de normas jurídicas, a exemplo da legítima defesa na seara penal e o desforço possessório no cível.[13] Quando o aparato coercitivo não consegue fazer-se presente a tempo e modo, é juridicamente aceitável que a pessoa imediatamente interessada, ou alguém em nome dela, tutele o direito ameaçado ou lesado.

Nas sociedades primitivas a autotutela de normas jurídicas era reconhecida como legítima, à falta da instância superpartes. A Lei de Talião destina-se a dar medida para o exercício da autotutela, porque, do mesmo modo que ocorre modernamente com as sanções morais e sociais, a desorganização da aplicação da sanção jurídica traz os males da incerteza, inconstância e falta de proporção entre a conduta desviante da norma e a conduta sancionadora.

A nota mais forte da partitura jurídica é a organização do poder que de difuso passa a ser concentrado e de caótico, a disciplinado. O caos é a indefinição das correlações de força, com soma zero. Quando as forças se definem, elas se manifestam, se transformam em verbo. "Uma norma é sempre uma expressão de poder" (Bobbio, 2001, p. 149). Significa dizer que o poder é a fonte normativa.[14] Enquanto visto pela perspectiva das correlações de força na sociedade, está-se no espaço das fontes materiais; ao ver-se o poder juridicamente articulado para a nomoferência, está-se no das fontes formais.

Hodiernamente, o Estado é o titular desse poder em concentração, chegando à pretensão de monopolizar o poder político, além de assenhorear-se de parcelas expressivas do poder econômico e ideológico existente numa sociedade.[15] O Estado, mesmo que o deseje, não alcança a totalidade das manifestações de poder social, não consegue ser completamente totalitário, por isso sempre há espaço para a criação difusa de normas, inclusive normas jurídicas. Nas sociedades democráticas há menor concentração de poder, pelo

13 Artigo 24 do Código Penal Brasileiro e artigo 502 Código Civil Brasileiro de 1916, já revogado.

14 "... poder é a possibilidade de impor ao comportamento de terceiros a vontade própria..." (Weber, 1999, vol. 2, p. 188).

15 "Uma *empresa com caráter de instituição* política denominamos *Estado*, quando e na medida em que seu quadro administrativo reivindica com êxito o *monopólio legítimo* da coação física para realizar as ordens vigentes" (Weber, 1999, vol. 1, p. 35).

que remanesce larga margem de articulação do poder social para a criação desorganizada de normas das três espécies.[16]

Ainda assim, não se chegou a critério seguro para a distinção entre as espécies de normas. Certamente porque quanto à forma, matéria, estabelecimento e conduta do destinatário, não há diferença forte o suficiente que permita a identificação da espécie com a observação de apenas um indivíduo. Nem mesmo a existência ou inexistência de sanção é critério seguro. Surge alguma possibilidade de resultado positivo se os conjuntos de normas forem examinados. As normas morais e de trato social não formam um ordenamento normativo. Elas não têm fonte formal de produção e modo formal de aplicação da sanção. Não existe coletivo para as normas morais e de trato social. As normas jurídicas têm um coletivo: Direito. Essa perspectiva coletiva evoca a idéia de algo organizado, de um campo em que as normas jurídicas se articulam de modo sistêmico.

As normas morais e de trato social dirigem-se exclusivamente a condutas. Não há, para as duas espécies, normas que regulam a criação de normas.[17] As normas jurídicas dividem-se em normas dirigidas a condutas e normas de organização. São estas que dão estrutura e coerência ao coletivo, para que se possa falar em ordenamento jurídico. "Não se deve cuspir na via pública". Isoladamente, impossível definir a qual espécie pertence esta norma. Se ela vier acompanhada de: "Sanção – Advertência verbal", será possível perceber que a fixação da modalidade da sanção exige, para a sua aplicação, uma estrutura competente para tanto. Percebe-se que a norma é parte de um conjunto articulado, pois a criação da norma, a escolha da modalidade da sanção, a atribuição de poder a alguém para aplicar a sanção, só é possível se houver outras normas que organizem todos os aspectos.[18] O conhecimento de uma fração permite inferir o todo.

16 "... um Estado pode renunciar ao monopólio do poder ideológico (...) o que ocorreu (...) na divisão (...) entre poder espiritual e poder temporal; pode renunciar ao monopólio do poder econômico (...) que caracterizou a formação do (...) Estado do *laissez-faire*. Não pode renunciar ao monopólio do poder coativo sem cessar de ser um Estado" (Bobbio, 2000, p. 134).

17 "Na maior parte das sociedades modernas, há regras de etiqueta (trato social) e, embora não pensemos nelas como impondo obrigações, bem podemos falar de tais regras como existentes; contudo, não iríamos procurar, nem poderíamos descobrir uma regra fundamental de etiqueta, da qual fosse possível derivar a validade de regras independentes. Tais regras não formam um sistema, mas um mero conjunto e, claro, os inconvenientes desta forma de controle social, quando estão em jogo assuntos mais importantes do que os de etiqueta, são consideráveis" (Hart, 3. ed., p. 250).

18 Vide nota de rodapé número 8, sobre conceito de ordem.

Para definir a natureza de uma norma é necessário observar o conjunto normativo. Se ele for desarticulado, não formar um coletivo, ela não será jurídica. A norma jurídica dirigida a uma conduta sempre se relaciona com outra norma jurídica não dirigida à conduta, mas, sim, à criação de norma. Aquelas determinam aos indivíduos o modo como devem se comportar; estas, atribuem poderes a pessoas para criar normas ou para velar pela eficácia das normas dirigidas às condutas.

Por tudo, pertencer ou não ao ordenamento jurídico (Direito) é um critério para determinar a natureza de uma norma. Pode-se, também, dizer que as normas morais visam ao aprimoramento individual e as normas jurídicas, à melhora da vida em coletividade, mas isso não é critério seguro porque o conceito de aprimoramento e melhora não são facilmente definíveis (Coelho, 2003, p. 224).

Distinguir as normas que integram o campo normativo ético, especialmente estremar as morais das jurídicas, não significa a obnubilação dos valores que podem ser portados pelas normas jurídicas. Há normas jurídicas moralmente neutras, amorais, como as de jogo e as de trânsito de automóveis, mas também há normas que são a expressão do que a sociedade entende seja justo. Bergel diz que:

> mesmo em sistemas jurídicos fundados essencialmente em regras positivas oriundas dos órgãos do poder público, espera-se do direito que ele consagre ao máximo as soluções que julgamos justas. (Bergel, 2001, p. 47.)

8.5. A TAXIONOMIA NORMATIVA E O DIREITO INTERNACIONAL

A articulação de idéias até agora desenvolvida não fixou a atenção sobre o conjunto normativo denominado Direito Internacional e ao fazê-lo surgem fragilidades doutrinárias que causam sensação de desconforto, pois o denodo para a construção de critérios para a distinção entre as espécies normativas parece inútil. Em que pese essa sensação, mesmo débeis, os critérios são imprescindíveis, porque auxiliam a estremar o campo jurídico e isso tem alta significação ideológica, pois se as pessoas acreditam que têm direitos, lutar por eles pode transformar pó em concreto.[19]

Volvendo ao *punctum saliens*, a assertiva que se formou ao longo do escorço dos critérios foi que a organização formal das fontes e das sanções são pon-

19 "Sem tal processo psicológico, que chamarei aprendizado moral, a idéia de utopia realista para o Direito dos Povos carece de um elemento essencial". (Rawls, 2001, p. 57).

tos que destacam as normas jurídicas. Todavia, as normas de Direito Internacional não têm esta nota distintiva, o que foi percebido por Kelsen:

> *La descentralización del orden jurídico internacional, o de la comunidad internacional constituída por él, aparece aún mayor se se toma en cuenta, no la esfera territorial de validez de las normas que constituyen el orden internacional, sino los métodos según los cuales son creadas y ejecutadas las normas de Derecho internacional, y en especial los órganos que las crean y ejecutan.* (1996, p. 142.).

A descentralização das fontes e dos órgãos de execução é a marca dessas normas às quais se atribui o coletivo de Direito Internacional.

A afirmação reiterada do caos nomogenético no âmbito internacional pode ser expressa de modo mais técnico com Hart:

> O Direito Internacional não só não dispõe de regras secundárias de alteração e de julgamento que criem um poder legislativo e tribunais, como ainda lhe falta uma regra de reconhecimento unificadora que especifique as 'fontes' do direito e que estabeleça critérios gerais de identificação das suas regras (p. 229).

Ao primeiro olhar, não há, no campo normativo internacional, um ordenamento jurídico ao qual as normas possam referir-se e definir-se como jurídicas. Com os olhos postos na dificuldade de afirmar ou negar a juridicidade das normas denominadas de Direito Internacional, encerra-se o capítulo da classificação das normas.

Capítulo 9
A Juridicidade do Direito Internacional

Esse Ius gentium, *Lei das Nações, é provado da mesma maneira que o Direito Civil não escrito, pelo uso constante e pelo testemunho daqueles que se dedicaram ao seu estudo...*

O uso constante e o testemunho. Um fato social verificável e um componente psicológico, uma opinião. Na afirmação de Grotius se vê pouco mais que o desejo de que o Direito Internacional seja jurídico. Não há cientificidade. Hugo Grotius publicou sua obra magna em 1625 e Nguyen Quoc Dhin, em 2000. Em quase 400 anos, escasso progresso para o difícil problema da juridicidade do conjunto normativo denominado Direito Internacional. A matéria que se deseja conhecer dificulta sejam alcançadas respostas, havendo júbilo se forem encontrados alguns pontos de partida. Raymond Aron expressa de modo agudo o problema da pesquisa da natureza das normas do Direito Internacional, ao dizer que:

> O jurista que deseja definir a natureza da lei internacional se esforça por enunciar de modo conceitual o direito positivo, determinando seu sentido específico. Esta interpretação, contudo, não está compreendida no próprio direito positivo, que tolera uma variedade de interpretações. Mais ainda do que a teoria econômica, a teoria jurídica contém um elemento doutrinário: ela evidencia o sentido da realidade jurídica, mas este alegado descobrimento é também uma interpretação, influenciada pela idéia que tem o teórico do que deve ser o direito internacional (2002, p. 169).

Nos manuais e tratados de Direito Internacional a discussão de intróito sói ter por tema a dúvida sobre a existência do Direito Internacional.[1] O problema é mal posto, pois causa a equivocada impressão de que as relações internacionais são anômicas. Na verdade, só há relações internacionais porque existem normas a regrá-las.[2] Truyol vai ao núcleo do problema, desen-

---

1 *"Para todos los efectos prácticos nos bastará la proposición ya sentada: el derecho internacional existe, y se ha convenido universalmente en que los Estados se encuentran obligados por él"* (Virally *apud* Sorensen, 2000, p. 151).

2 "Não há dúvida de que há regras que os estados e os outros agentes da política internacional consideram reciprocamente obrigatórias. É por isso que podemos dizer que existe uma "sociedade internacional". No entanto, há controvérsia sobre se essas normas, ou algumas delas, têm realmente o *status* de lei" (Bull, 2002, p. 149).

volvendo articulado doutrinário para rebater aqueles que negam o caráter jurídico do Direito Internacional público. Ele não questiona a sua existência, mas a sua juridicidade (1952, p. 36). A *vexata quaestio* é saber qual, ou quais espécies normativas regram as relações internacionais e, depois da identificação e exemplificação de normas que se anidam no campo moral e da *comitas gentium,* perquirir sobre a juridicidade das normas residuais. Para Jorge Miranda, o Direito Internacional não é o único conjunto normativo internacional, pois convivem com ele as normas morais e as de *comitas gentium.* Estas duas últimas espécies diferenciam-se das normas jurídicas internacionais por se destinarem a indivíduos e não aos Estados e outras pessoas jurídicas internacionais (1995, p. 38).

As relações entre os Estados não são reguladas por normas naturais, no sentido de causa e efeito. Não se está no campo da necessidade. Também não são reguladas por normas técnicas, que se apresentam em situações de liberdade quanto aos fins e sujeição quanto aos meios. As relações entre os Estados, embora sejam um fato, são, de modo mais específico, um ato, no sentido de que elas ocorrem por força da vontade das partes envolvidas. Por exercício argumentativo é possível conceber um mundo em que os Estados não se relacionam entre si e são absolutamente fechados.[3] Portanto, as relações internacionais estão no campo da liberdade, no sentido de que as partes escolhem relacionar-se para atender as suas finalidades e têm liberdade quanto aos meios para o relacionamento.

Os Estados podem se relacionar exclusivamente por meio da guerra e assim atender à finalidade que elegeram. Podem entender que a guerra não é o meio mais adequado para alcançar as finalidades e então decidir regular os diferendos, surgidos quando buscam suas finalidades, por meio de normas de conduta. Essas normas não são enunciativas de fatos naturais. São prescritivas de condutas desejadas para o atendimento de uma finalidade livremente escolhida. São normas do gênero ético.

A seguir serão examinadas as normas morais e as de trato social nas relações internacionais. As demais normas serão denominadas, por ora, como residuais, até que avance a discussão sobre a sua juridicidade.

3 *"... para el estado que se mantiene alejado de la comunidad jurídica internacional no existe ninguna norma del derecho de gentes"* (Heller, 1995, p. 233).

9.1. NORMAS MORAIS

A título de suma dos questionamentos do capítulo precedente, é o momento de tentar fixar os pontos que possibilitam a identificação de uma norma moral. No "plano da conduta moral o homem tende a ser o legislador de si mesmo." (Reale, 1990, p. 397). Para Santo Tomás de Aquino "não há preceitos jurídicos que ordenem ao homem em si mesmo, mas todos os preceitos de tal tipo são morais" (p. 133). Contudo, o indivíduo não precisa ser o gerador da norma moral, ela pode ser exógena; relevante é a internalização espontânea, racional ou não, e que leva a pessoa a pensar a regra como sua. O indivíduo pauta sua conduta pela norma moral por decisão íntima, não por receio de coerção física ou psíquica. A rigor, é possível que os valores morais de um indivíduo sejam louváveis, mas nem por isso afinados com a média da moralidade do ambiente no qual ele se localiza. Em plena farra do boi, é possível que um caiçara catarinense repute imoral o sofrimento causado ao animal e, *sponte propria*, decida não participar, apesar da alegria que o festejo traz para a sua comunidade.[4] Em tal situação é possível que haja reprovação difusa (pressão lateral) dos membros da comunidade em relação àquele que decide não participar da festa por entendê-la imoral. Não é admissível exigir que o indivíduo considere o festejo como algo moralmente bom.

No campo das normas morais ressalta a unilateralidade no sentido de que elas não geram a *facultas exigendi* para outrem. Uma pessoa cortês e de conduta conforme as normas jurídicas pode ser um poço de imoralidade, não sendo humanamente possível exigir dela pensamentos morais. As normas morais, *stricto sensu*, regram a conduta íntima, não a relacional. Por argumentação é razoável a hipótese da existência de uma pessoa que paute sua intimidade pelas normas morais mais severas (menos laxas, flexíveis) de uma comunidade, porém não seja afável no trato social, não seja cortês. Até algumas ilicitudes jurídicas essa pessoa hipotética poderá praticar, sem tornar-se imoral.

As normas morais têm por característica veicularem valores que uma comunidade considera positivos (como antônimo de negativos). Por eleição política alguns desses valores também são veiculados por outras espécies normativas o que implica, óbvio, haja valores portados exclusivamente por normas morais. Todavia, não é possível estabelecer um critério válido para

4 A farra do boi é uma festa folclórica no litoral do Estado de Santa Catarina.

todo o tempo e lugar que demonstre *a priori* quais valores são exclusivos das normas morais.

Com pensamento em direção oposta, Pinker afirma que existem sentimentos natos que dão convicção moral intensa e as pessoas racionalizam essas convicções diante dos fatos. Essas emoções que compõem o senso moral são:

> As emoções de condenação aos outros – desprezo, raiva e repulsa – impelem as pessoas a punir os trapaceiros. As emoções de louvor aos outros – gratidão e uma emoção que poderíamos chamar de exaltação, reverência moral ou sensibilização – impelem-nas a recompensar os altruístas. As emoções pelo sofrimento dos outros – solidariedade, compaixão e empatia – impelem-nas a ajudar um beneficiário necessitado. E as emoções de constrangimento – culpa, vergonha e embaraço – impelem-nas a evitar a trapaça ou reparar seus efeitos. (2004, p. 370.)

Nessa perspectiva, o *homo sapiens* tem gravado em seu genoma um código moral básico que é a fonte das normas morais universais. Aqui poderia estar, para um jusnaturalista, o "direito natural". Olvidando a digressão, insta volver ao curso.

As sanções morais são tão desorganizadas quanto as próprias normas morais o são.[5] O remorso é a típica sanção moral que serve como diferencial básico, pois mesmo na ausência de hetero-sanção, o sofrimento íntimo causado pelo arrependimento é, por si só, sanção.

Não existe norma moral sem sanção. Ocorre, por vezes, a potência da sanção é minúscula para assegurar o máximo de adesão aos preceitos normativos, o que não se confunde com inexistência.

Nas relações internacionais ressaltou-se, no passado, "o complexo das normas morais aplicadas às relações dos Estados e de outros entes que não são pessoas internacionais, como selvagens, minorias, povos de civilização inferior, insurgente etc..." (Arruda, p. 21). Braz Arruda indica o art. 22 do Pacto da

5 "Por conseguinte, é necessário afirmar que a função legislativa, a todos os níveis, não pode encontrar justificação ou fundamento, recorrendo simplesmente à aplicação da única regra da maioria porque, como sublinhei na Encíclica *Veritatis splendor*, 'a doutrina moral não pode certamente depender do simples respeito por um tal processo; ela, de facto, não é absolutamente estabelecida, seguindo as regras e as formas de uma deliberação de tipo democrático' (n. 113)." Papa João Paulo II, *Mensagem ao Reitor da Pontifícia Universidade Lateranense*. Disponível em: www.vatican.va/holy_father/john_paul_ii/speeches/2002/march/documents/hf_jp-ii_spe_20020321_mons-fsichella_po.html. Acesso em 8/01/2003.

Sociedade das Nações como exemplo de norma moral internacional. O artigo em tela versa sobre os princípios a serem aplicados pelas metrópoles às colônias e povos não civilizados, incapazes de se dirigir, "nas condições particularmente difíceis do mundo moderno".[6] Hoje, imoral é considerar esse ou aquele povo como inferior, selvagem, inapto a governar-se.

As normas às quais se atribui a denominação de *ius suave* podem ser consideradas, em algum momento de seu trânsito entre as fontes materiais e as fontes formais, como normas morais, em razão da subjetividade e falta de exigibilidade. Pela forma e não pelo conteúdo, pode-se afirmar a natureza moral de uma norma, na esteira do pensamento de Del Vecchio, já referido no capítulo anterior.

Buscar-se-á a seguir a identificação de normas de decoro, cortesia, trato social, nas relações internacionais.

9.2. *COMITAS GENTIUM*

Na taxionomia da teoria do Direito faz-se referência a normas de trato social. Porém, na linguagem do Direito Internacional, a expressão corrente é *comitas gentium*.

A palavra latina *comitas* significa afabilidade, cortesia. Na composição com *gentium*, transmite a idéia de cortesia entre povos. A expressão é análoga à *ius gentium*, usada antanho para identificar as normas jurídicas reguladoras das relações entre povos, sem distinguir se esses povos estavam dentro do mesmo Estado ou relacionavam-se representados por Estados diferentes.

Cícero, no *De Legibus*, depois de discorrer sobre a igualdade de toda a humanidade, pergunta "qual nação não ama a cortesia, a bondade, a gratidão e a lembrança dos favores concedidos? Qual o povo que não odeia e despreza o arrogante, o mau, o cruel e o ingrato?" (Morris, 2002, p. 38). A lhaneza de trato nas relações interestatais não é mera etiqueta desvirilizada, é manifestação de compreensão da alteridade. É uma ética menor, a etiqueta, mas nem por isso, prescindível.

As normas de cortesia são usadas no cotidiano das relações internacionais sem que haja a *opinio iuris*. "As saudações de cortesia no mar e a prática de isentar os veículos diplomáticos de proibições de estacionamento constitu-

6 O texto normativo em comento é extenso, por isso não será transcrito. Pode ser examinado *in* Rangel, 1997, p. 27.

em exemplos de usos" (Brownlie, 1997, p. 17). Key-Sung Cho descreve a salva de 21 tiros de canhão na recepção de um Chefe de Estado e a de um Chefe de Governo com 19 tiros, como exemplos de *comitas gentium* (1997, p. 56). O uso reiterado não faz com que as pessoas pensem nessas normas como se jurídicas fossem.

As regras de cortesia apresentam-se de modo marcante no cerimonial diplomático, a exemplo da primazia deferida no Brasil ao Núncio Apostólico, nas solenidades das quais participem parte ou todo o corpo diplomático acreditado no Brasil.

As normas ubicáveis na espécie *comitas gentium* são de difícil estremação em relação às morais e às residuais. Diferem das normas morais porque são relacionais no sentido de intersubjetivas e exigíveis. Por outro lado, a sua criação é completamente difusa e sua exigibilidade é débil. Não é possível falar em "direito" a ser tratado com cortesia. Tem-se, nas relações internacionais, a expectativa de tratamento cortês. Também não é possível atribuir juridicidade a essas normas porque atinentes ao tratamento entre as pessoas físicas que operam as relações internacionais, mesmo que não representem diretamente um Estado ou uma organização internacional. O chefe de governo de um Estado-membro de uma federação tem a expectativa de ser tratado com lhaneza ao dirigir-se ao Banco Mundial para negociar um financiamento, muito embora não seja representante de um Estado soberano.

As normas de *comitas gentium* aproximam-se mais do direito do que da moral, por se referirem à convivência social e à conduta externa. Truyol faz referência a Walz, para quem: "o direito aparece como *conditio sine qua non* da comunidade, como a constituição da comunidade, graças à qual ela existe: os usos sociais, inversamente, aparecem como um complexo de normas que sustêm e completam o direito..." (1952, p. 33).

Além das normas morais e de *comitas gentium*, há outra espécie normativa regulando as relações internacionais? A resposta, quase pré-lógica, é positiva. As normas morais e as de cortesia são relevantes, mas insuficientes para estabilizar interações de sujeitos que determinam seus próprios interesses. A moral e a cortesia não propiciam a sensação de justeza. A caridade e a *noblesse obligé* não são veículos para o *suum cuique tribuendi.*

Par in parem non habet iudicium. Se não há jurisdição entre iguais, existe algum razão para haver norma jurídica? Não há na doutrina nenhuma negação da existência de normas morais e de *comitas gentium* nas relações internacionais. Porém, quando se faz o exame de amostras do campo normativo ético, restam normas que não cabem nos moldes morais e de cortesia. A juridicidade dessas normas residuais é objeto de intensa dúvida.

9.3. NORMAS RESIDUAIS

A idéia desenvolvida ao longo do estudo sobre as fontes normativas materiais e formais é a de que as normas, às quais se atribui juridicidade, podem ser geradas pelo poder social difuso ou pelo poder político organizado. As normas de cortesia, por sua vez, são geradas somente pelo poder social difuso. Do ponto de vista estrutural, as normas jurídicas e as de cortesia são semelhantes, pois são ambas intersubjetivas e atributivas. As normas que se tornam jurídicas são criadas diretamente pelo poder político para que sejam jurídicas, ou, quando oriundas do poder social difuso, são acolhidas pelo poder político. Em seguida faz-se a nomoferência, a passagem da norma pela fonte formal. Assim a norma ingressa num ambiente hierarquizado, sistêmico, preparado para vencer o fator caótico da antinomia. Com o desiderato de assegurar efetividade às normas jurídicas, o poder político se manifesta nos momentos em que é necessária a coerção para dar cumprimento aos preceitos normativos.

O poder político não age no vazio, até porque o vácuo não existe. Está condicionado pelas forças sociais menos organizadas que ele, ou até mesmo difusas e, se não estiver constituindo campo normativo *ab initio*, isto é, se estiver se manifestando em situação na qual haja normas pretéritas eficazes, estará também condicionado por elas.

O cenário das relações internacionais é radicalmente diferente das relações intra-estatais. No âmbito interno, o poder político se apresenta organizado. No externo, quase caótico, em sua expressão anterior à conjunção de vontades dirigidas ao fim da organização social. Assim, a contenção normativa mais potente da autonomia da vontade dos Estados, por meio de normas que liguem e limitem mais fortemente as pessoas que participam das relações, é tema de especial relevância. Giorgio Del Vecchio percebeu a singularidade da situação ao afirmar que: "... no campo do Direito Internacional, o problema torna-se mais árduo. Aí ocorre perguntar se há uma fonte de obrigações, acima da vontade dos entes políticos, singularmente considerados, análoga àquela que no campo das relações privadas é representada pelo Estado" (1979, p. 502).

Martin Wight diz que a "sociedade internacional é (...) diferente de qualquer outra, pois é a forma mais inclusiva na face da Terra" (2002, p. 98). Ele apresenta quatro peculiariedades da sociedade internacional: (a) é uma sociedade ímpar, composta por outras sociedades mais organizadas, os Estados; (b) é composta por poucos membros, tanto que a onda nacionalista pós guerra-fria, com a criação de muitos Estados, levou o número para perto de 200, apenas; (c) não há um membro padrão. É uma sociedade involuntária, o que a faz mais heterogênea do que uma sociedade de indivíduos, visto que estes podem escolher a sociedade que mais lhes agrada, até mesmo a estatal; (d) os membros da sociedade internacional são longevos. A quase imortalidade torna os Estados menos interdependentes que os mortais comuns. "Como demonstra a descrição do Olimpo por Homero, uma sociedade de imortais será mais frouxa do que uma de mortais" (Wight, 2002, p. 99).

A identificação da diferença ambiental é relevante. A nomogênese não é um passe de mágica, é um fenômeno social. O ambiente intra-estatal é distinto do interestatal. A concentração e a difusão do poder político são características nítidas em cada um deles. O poder político concentrado tende a monopolizar a produção normativa jurídica, deixando à consuetude popular espaço marginal para a nomogênese e, ainda assim, o poder político controla a nomoferência, o ingresso no ordenamento jurídico. A difusão do poder, a panarquia, é retratável nas fontes normativas internacionais. Essa diferença põe em dúvida a existência de normas jurídicas nas relações internacionais.

A dúvida sobre a juridicidade dessas normas que se está a denominar de residuais não é exclusiva de poucos. Mesmo os autores que não duvidam da existência de um campo normativo jurídico internacional sentem-se compelidos a versar sobre o tema, a exemplo de Hart:

> Além dos casos-padrão nítidos constituídos pelos sistemas jurídicos dos Estados modernos, os quais ninguém em seu em seu juízo duvida de que sejam sistemas jurídicos, existem também casos duvidosos, sobre cuja "qualidade jurídica" hesitam não só os homens comuns, como os próprios juristas? O direito primitivo e o direito internacional são os principais casos...
>
> O direito internacional não tem um poder legislativo, os Estados não podem ser levados perante os tribunais internacionais sem o seu consentimento prévio, e não há um sistema de sanções efetivas centralmente organizado (p. 8).

Na concepção de Herbert Hart, a dúvida sobre a juridicidade das normas do Direito Internacional ocorre pelo cotejo com as normas do direito interno. O primeiro ponto de questionamento está calcado na idéia de que as normas, para serem jurídicas, devem ser ordens acompanhadas de ameaças, o que não é possível sustentar diante das normas do Direito Internacional, que não são ordens, pois estabelecidas por iguais, para iguais, sem sanção organizada. O segundo ponto de indagação está nessa igualdade, pois os soberanos são criadores de obrigações e não sujeitos a obrigação (p. 232). Hart não chega a recusar ao Direito Internacional o *status* jurídico, contentando-se "em aceitar o ponto de vista de Bentham (...) segundo o qual as suas regras são 'suficientemente análogas' às leis internas para justificar o uso do termo" (Bull, 2002, p. 156).

Para dar andamento metódico ao estudo, as diversas posições serão apresentadas em dois grupos: negação da juridicidade e afirmação da juridicidade do Direito Internacional.[7] Algumas teses que negam a juridicidade já foram vistas por ocasião do estudo das fontes materiais, pois há idéias extremadas dentro da posição voluntarista, para as quais o único relacionamento possível entre soberanias é o belicoso, porque de outro modo a soberania se desnatura, deixa de ser absoluta, o que é da sua essência. No grupo dos doutrinadores que aceitam a existência de normas jurídicas nas relações internacionais há os que o fazem com reservas, dizendo, a exemplo de Carnelutti, que a conclusão "mais discreta, à qual, no fundo, aderem os mais experimentados cultores deste ramo da ciência, é que o direito internacional é menos direito que o direito interno" (2000, p. 221).

9.4. A NEGAÇÃO DA JURIDICIDADE

A exposição e crítica às teses negadoras da juridicidade do Direito Internacional acompanham o estudo feito por Truyol e, em alguns aspectos, são um desenvolvimento divergente das idéias do internacionalista espanhol, acentuadamente jusnaturalista. As teses negadoras da juridicidade serão apresentadas em seus argumentos e críticas, sem a pretensão de encontrar ou eleger uma tese vencedora, até porque não há contenda.

Os contratualistas soem afirmar que o cenário internacional é igual àquele que havia antes de os indivíduos ajustarem o seu contrato social, para sair da barbárie.[8] Assim, nessa situação de natureza, os Estados estão permanen-

7 Rol das teses negadoras e afirmadoras da juridicidade do Direito Internacional pode ser visto no Capítulo III da obra de Manuel Diez de Velasco, cuja referência bibliográfica está na parte final deste livro.

8 "... todos os príncipes e governantes de Estados independentes por toda a parte do mundo se encontram em um estado de natureza..." (Locke, 1983, p. 45).

temente em alerta, pois o ambiente é belicoso, já que cada um tem o seu instinto de conservação (*suum esse conservare*) e, para manter-se, não hesita em sacrificar outro Estado.[9]

Para autores que vêem no pacto social o único meio de superação da selvageria, só com a constituição da *civitas maxima*, o Estado Mundial, será possível haver relacionamento jurídico entre as unidades que formam a *communitas orbis* política.[10] Portanto, não há e não haverá direito internacional. Não há hoje porque a falta do contrato social mantém as relações internacionais no campo da força pura, sem as peias normativas e, quando houver a cidade universal, não existirá direito entre Estados, mas sobre Estados.

A vertente sociológica negadora do Direito Internacional pode ser denominada de darwinista, no sentido de que entende o direito como produto necessário dos confrontos ocorridos no campo social. Assim, o direito é sempre a expressão do mais forte, que faz imperar a sua vontade. O Estado serve para estabilizar o resultado das batalhas sociais, por meio da coerção. O cenário internacional é um campo de batalha, ainda sem vencedor para impor a sua vontade aos demais. Ainda não houve a seleção daquele que sobreviverá como Estado sobre todos os demais. O vencedor imporá o seu direito.

O idealismo de raiz hegeliana também pode ser colocado no endereço dos negadores da juridicidade do Direito Internacional, pois nega a possibilidade de qualquer vínculo que limite a soberania dos Estados. As relações entre os Estados podem ser pacíficas se a sua engenharia impedir o atrito. Caso contrário, os litígios serão resolvidos necessariamente pela guerra. Os tratados não têm valor normativo, mas tão só de arranjo das relações internacio-

9 "Isto pode perceber-se mais claramente considerando que duas cidades são naturalmente inimigas porque os homens no estado natural são inimigos. Aqueles que fora da cidade conservem o direito natural permanecem inimigos. Se, por conseguinte, uma cidade quer entrar em guerra com outra e recorrer a meios extremos para a colocar na sua dependência, tem o direito de o tentar, pois que, para declarar a guerra, basta querê-lo" (Spinoza, 1983, p. 316).

10 "Quando se faz um pacto em que ninguém cumpre imediatamente sua parte, e uns confiam nos outros, na condição de simples natureza (que é uma condição de guerra de todos os homens contra todos os homens), a menor suspeita razoável torna nulo esse pacto. Mas se houver um poder comum situado acima dos contratantes, com direito e força suficiente para impor seu cumprimento, ele não é nulo. Pois aquele que cumpre primeiro não tem qualquer garantia de que o outro também cumprirá depois, porque os vínculos das palavras são demasiado fracos para refrear a ambição, a avareza, a cólera e outras paixões dos homens, se não houver o medo de algum poder coercitivo" (Hobbes, 1983, p. 82).

nais para evitar o contato abrasivo entre as soberanias. Quando o Estado não submete todos com quem se relaciona, fragiliza sua soberania, que é, necessariamente absoluta.

Os pontos de união dessas três vertentes do pensamento são: (1) a equiparação entre o direito e a força; (2) a concepção de direito completamente ligada ao fenômeno Estado, com sua organização legislativa e judiciária; (3) a falta de poder coercitivo sobre as pessoas internacionais.

É de se começar pelo "direito" do mais forte. As aspas postas na palavra direito são jocosas, pois, acompanhando o pensamento de Rousseau, não existe direito do mais forte. O mais forte impõe-se por um fato, a derrota do mais fraco, e não porque este reconheça legitimidade na ordem emitida pelo mais forte. "A força é um poder físico; não imagino que moralidade possa resultar de seus efeitos. Ceder à força constitui ato de necessidade, não de vontade; quando muito, ato de prudência. Em que sentido poderá representar um dever?" (1983, p. 25.) Não há direito do mais forte porque não há dever do mais fraco. A força está no campo das coisas que são, não no campo deontológico.

Se as relações entre os Estados fossem pautadas exclusivamente pela fortaleza ou fraqueza, viver-se-ia a *bellum omnium contra omnes*. Por interesses egoístas ou altruístas, isto é irrelevante nesse momento, os Estados buscam o acordo político que lhes permita não estar em guerra contínua ou em permanente preparação para a guerra. Esse acordo é a decisão que medeia o caos e a ordem. Ele não é um contrato social nos moldes imaginados pelos doutrinadores contratualistas. Há o pacto *societatis*, mas não o pacto *subjectionis*.[11] Tem-se por fito sair da situação bruta de natureza em que cada um tem tanto quanto sua força assegura, mas não ocorre a cessão de parcela da liberdade a um ente superior que passa a deter o monopólio legítimo da força.

11 "Mas disso resulta claramente que o *pactum societatis* não institui uma sociedade apolítica, uma realidade qualitativamente diversa da sociedade política, mas apenas uma sociedade política imperfeita e deficiente; tanto é verdade que Pufendorf vê nessa associação simplesmente aquela que 'antecipa, por assim dizer, os primeiros e mais rudimentares elementos de um Estado'. Em suma, o objetivo do primeiro contrato continua a ser a criação da sociedade política, a *união das vontades* individuais e particulares na vontade única do corpo social; só que ele resta uma união puramente intencional enquanto faltar aquela *união das forças* que deve tornar eficaz a vontade comum. Portanto, do *pactum societatis*, enquanto distinto do *pactum subiectionis* e anterior a esse, decorre uma *societas* à qual falta o poder de se tornar efetiva" (Bobbio e Bovero, 1994, p. 145).

A soberania de cada um dos Estados não impede a existência de normas do Direito Internacional. Ao contrário, é pressuposto de sua existência. Se não houvesse unidades soberanas, não haveria nenhuma norma internacional. Heller, afirma que "... *la norma jurídica internacional positiva tiene como presupuesto inquebrantable la soberanía de los estados...*" (1995, p. 228). No conceito clássico de soberania – *suprema potestas superiorem non recognoscens* – está uma das chaves para refutar a negação hegeliana ao Direito Internacional. O Estado soberano não reconhece um superior, pois se o fizesse deixaria de ser soberano. Contudo, reconhece um igual e com ele estabelece relação. Reconhecer o outro como apto à assumpção de obrigações e direitos é parte da alteridade que marca o campo jurídico. É possível interagir moralmente com escravos, sendo caridoso, não violento. Não obstante, ao não considerar o escravo como pessoa, impossível a interação jurídica.

O equívoco do raciocínio de matriz hegeliana está na aplicação do mesmo conceito de soberania para ambientes diferentes, o interno e o externo ao Estado. Luigi Ferrajoli, ao examinar as aporias do conceito de soberania, traça as diferenças com clareza:

> Essa história corresponde a dois eventos paralelos e divergentes: aquele da soberania interna, que é a história de sua progressiva limitação e dissolução paralelamente à formação dos Estados constitucionais e democráticos de direito; e aquele da soberania externa, que é a história de sua progressiva absolutização, que alcançou seu ápice na primeira metade do século XX com as catástrofes das duas grandes guerras mundiais. Nem mesmo cronologicamente as duas histórias coincidem: a da soberania externa iniciou-se primeiro e, diferentemente daquela da soberania interna, ainda está longe de concluir-se e continua a mostrar-se como uma ameaça permanente de guerras e destruições para o futuro da humanidade. (2002, p. 3.)[12]

A soberania é um estorvo para o Direito Internacional se este for pensado com as mesmas características do Direito nacional moderno.[13] O uso do mesmo molde para matérias diferentes pode produzir resultados inadequados. É o que se vê quando a doutrina jurídica internacional verbera contra a soberania, como se ela fosse um mal em si. Ora, a autodeterminação dos povos é

12 Vide ainda, na mesma obra, as páginas 34 e 35, sobre a relação inversamente proporcional entre a limitação da soberania interna e a absolutização da soberania externa.

13 "... enquanto na política doméstica a luta pelo poder é governada e circunscrita pelo molde das leis e das instituições, na política internacional a lei e as instituições são governadas e circunscritas pela luta pelo poder" (Wight, 2002, p. 94).

uma decorrência da idéia de soberania e foi o pálio das lutas pelo fim do colonialismo. As discussões sobre a delicada questão da intervenção de um Estado em outro, por motivos humanitários, ocorrem porque se reconhece a cada povo o direito de organizar-se. A deferência à soberania alheia significa reconhecer que todos os povos são adultos e não precisam de tutela.

A questão de fundo a ser respondida em qualquer uma das três teorias examinadas é se o fenômeno jurídico é possível sem a verticalização do poder político. Para desenvolver a idéia é preciso fixar quão vertical pode se tornar o poder político. O ápice é o Estado na forma moderna, mas seria maniqueísmo afirmar que é o Estado ou nada. Houve e há formas mais simples de organização política, que estabelecem relações de autoridade entre pessoas. Voltando à metáfora do exórdio, pode-se dizer que o poder político organizado é para as normas o que o frio é para a água: a energia que aglutina, consolida e dá forma. A água, sem alguma força organizadora, espalha-se horizontalmente. As normas, sem tal energia, também ficam horizontalizadas. Não formam um conjunto normativo, pois são todas absolutamente iguais, sem nenhum critério apriorístico que torne possível afirmar quais são válidas, quais são vigentes. Não existem as regras de reconhecimento referidas por Hart ou a hierarquia normativa kelseniana que leva à validação de uma norma por outra, até atingir-se uma norma que é superior a todas as demais.

O fenômeno normativo pode ocorrer, e de fato ocorre, em ambiente sem organização do poder político. As normas morais e de cortesia são criadas, mantidas, modificadas e extintas de modo difuso. Porém, a resposta atinente ao específico fenômeno normativo jurídico há de ser negativa. Em ambiente de completa difusão da força política não há norma jurídica. Portanto, para aceitar a juridicidade das normas do Direito Internacional, insta primeiro aceitar que as relações internacionais não são completamente desorganizadas, apesar da igualdade entre os membros da sociedade. Não há verticalização completa do poder político do modo como ocorreu nas sociedades que erigiram Estados. Tal verticalização ocorreria se todos Estados do mundo se associassem e criassem um Estado federal sobre eles. A *civitas maxima* não é, por essência, um sonho bom. Pode ser a tirania máxima. Martin Wight, ao discorrer sobre a sociedade internacional, diz que:

> (...) se anarquia significa a desordem completa, então esta não é uma descrição verdadeira das relações internacionais. Nos assuntos internacionais há tanto cooperação quanto conflito; existe um sistema diplomático e o direito

> internacional e instituições internacionais que complicam ou modificam o andamento da política do poder; e existem até regras para limitar as guerras, que não deixam de ter influência. (2002, p. 97.)

Nas relações internacionais, o poder político é organizado em débil articulação horizontal. A juridicidade das normas do Direito Internacional retrata essa debilidade. Essa articulação horizontal diz respeito a três questões sensíveis: "aquelas relativas à limitação da violência, aos acordos entre os atores e à soberania ou independência dos estados" (Bull, 2002, p. 163).

A seguir serão examinadas algumas manifestações doutrinárias afirmadoras da juridicidade das normas do Direito Internacional.

9.5. A AFIRMAÇÃO DA JURIDICIDADE

A afirmação da juridicidade aparece em alguns autores sem que seja expendido nenhum argumento justificador da opção doutrinária, a exemplo de Nguyen Quoc Dhin, Hugo Grotius, Michel Virally, citados anteriormente. Outros, como Ian Brownlie, sequer versam sobre o tema, tomando a juridicidade como um dado pré-lógico, cujo questionamento é despiciendo.

Do ponto de vista dos operadores jurídicos internacionais, a discussão sobre a juridicidade do Direito Internacional é uma abertura de vísceras em praça pública. É um desvelamento aparentemente debilitador. A inteligente utilização do poder ideológico pode levá-lo a vencer o poder político e o que se afirma que é, embora não o seja, pode vir a ser. Mas a curiosidade leva algumas pessoas a não ter olhos para as convenções que apontam o que é "politicamente correto". A modernidade pode ser uma ilusão, um mundo virtual que existe só na mente dos que a propalam. No solo, há uma realidade de carestias materiais e morais que fazem a vida muito mais sofisticada do que os modismos fugazes. A *matrix* da ilusão da modernidade é o autoengodo com a crença de que os problemas são novos e as soluções, novíssimas.

Volvendo da digressão em direção à juridicidade do Direito Internacional, vê-se que ela é afirmada por autores que nem sempre clareiam o seu pensamento, indo direto ao fundamento das normas que reputam jurídicas, a exemplo dos jusnaturalistas, que vêem no *ius gentium* consuetudinário uma manifestação positiva do que é naturalmente jurídico. Outros examinam aspectos formais e fazem cotejo com o direito intra-estatal. Autores que fazem esta opção serão examinados, a exemplo de Carnelutti.

Carnelutti identifica a norma jurídica pela imperatividade, intersubjetividade e estatalidade. A norma jurídica é um comando entre duas pessoas, "sendo o Estado a instituição em que se exprime a totalidade ou a inteireza do direito" (2002, p. 218). No Direito Internacional, Carnelutti reconhece dois caracteres formais: a intersubjetividade e a imperatividade. Por isso, o direito internacional é menos direito que o estatal e recebe a denominação de direito por tradição, que tem por motivo de fundo a intenção de aumentar a sua força. "Trata-se, no fim das contas, de deixar supor que a espingarda apontada está carregada, mesmo quando não estiver" (2002, p. 222).

A intersubjetividade, para Carnelutti, por causa dos colossos que se relacionam – os Estados –, é evidente no Direito Internacional. A dúvida se apresenta razoável quanto à imperatividade. Segundo Carnelutti existe um autocomando perceptível nos tratados internacionais e as toscas formas de sanção, especialmente executadas na forma rudimentar da autotutela, que permitem supor a imperatividade das normas do Direito Internacional. A ausência de vontade soberana faz com que os tratados internacionais se dêem em ambiente de completa autonomia da vontade, sem heteronomia capaz de criar moldura político-jurídica à qual o tratado se refira para encontrar sua validade e garantia de cumprimento.

Vê-se, em Carnelutti, a afirmação da juridicidade com ressalvas. As normas do Direito Internacional são jurídicas, mas não com a mesma juridicidade que se verifica no âmbito intra-estatal.

Kelsen também se posiciona como afirmador da juridicidade do Direito Internacional. Para ele, o fenômeno jurídico tem um fio evolutivo, pois nos primórdios os indivíduos submetidos às normas participavam difusamente da criação e aplicação dos preceitos. A mesma especialização que ocorreu na atividade econômica se deu no campo normativo jurídico. Todavia, há uma nota distintiva, pois a centralização da aplicação das normas jurídicas precedeu a centralização da produção normativa. É desprovido de sentido haver legislador sem que haja juiz; é muito razoável que haja juiz sem a existência do legislador. Os juízes são mais antigos que os legisladores, porque a fonte normativa primacial de antanho era a consuetude popular e a judicial. Contudo, a aplicação da norma jurídica não se faz de modo monofásico: primeiro estabelecem-se os fatos; depois, faz-se a subsunção deles a uma norma geral para a extração da conseqüência jurídica para só então executar, ainda que coercitivamente, a sanção contra o responsável pela ilicitude.

As fases não se organizaram necessariamente ao mesmo tempo. O terceiro desinteressado na causa, mas chamado a dizer quem tinha razão, geralmente era figura religiosa e sua função se encerrava com a pronúncia da decisão. Legitimado pela decisão imparcial, o vencedor da querela tinha aprovação social para exigir, ainda que forçadamente, que o perdedor agisse em conformidade com o veredicto judicial. A falta de força social organizada para assumir, também como terceiro desinteressado, a tarefa de executar forçadamente a decisão do juiz foi superada com a organização gradual da força política. Só muito lentamente a execução da sanção foi subtraída das mãos dos interessados, porque "*para centralizar la ejecución de las sanciones establecidas por el orden jurídico, la comunidad jurídica necesita no solo tribunales, sino también una administración poderosa*" (Kelsen, 1996, p. 181).

Para Kelsen, o desenvolvimento do Direito Internacional tem as mesmas tendências que se manifestaram na situação pré-estatal e no Direito intraestatal. Assim, os primeiros órgãos centrais no cenário internacional foram tribunais instituídos por tratados. Essas Cortes apenas realizavam o silogismo jurídico, deixando às partes o cumprimento espontâneo ou forçado da decisão. A história demonstra a tendência a que uma judicatura internacional preceda a Administração e o Legislativo global, órgãos da Federação de Estados, da União Mundial. A tendência não é um fato da natureza, tanto que pode ser moldada pela vontade, todavia, segui-la é a via mais aberta para o fim colimado, que é a paz por meio do Direito. Tendo em conta que a história não dá saltos, Kelsen afirma ser impossível constituir diretamente a *civitas maxima*, mas razoável lograr grau médio, com a criação de Tribunal que tenha jurisdição sobre muitos, quiçá, todos os Estados.[14] Quanto ao carácter jurídico do Direito Internacional, Kelsen afirma que:

> *el Derecho Internacional será Derecho en el mismo sentido que lo es el Derecho nacional, si el material que aparece como sedicente Derecho Internacional pode-*

14 "Em outras palavras, uma paz de satisfação supõe que haja confiança generalizada; exige, portanto, uma revolução nas relações internacionais, revolução que poria fim à era da suspeita, inaugurando a era da segurança. A menos que haja conversão de espíritos, esta revolução afetará as instituições. Em outras palavras, a paz pela satisfação universal e a confiança mútua só me parecem possíveis se as unidades políticas encontrarem uma base para sua segurança que não seja a força. Esta base seria dada pelo império universal, ao suprimir a autonomia dos centros de decisão. O reino da lei, no sentido de Kant, o forneceria também, na medida em que os Estados se empenhassem em obedecer às decisões de um árbitro, um tribunal ou assembléia, e não tivessem qualquer dúvida de que tal engajamento fosse respeitado por todos. Contudo, como dissipar essa dúvida, se a comunidade internacional não tem meios para coagir os infratores das normas que estabelecesse de comum acordo?" (Aron, 2002, p. 232).

mos describirlo de tal manera que el empleo de la fuerza de un Estado contra otro sólo pueda interpretarse como delito o como sanción. (1996, p. 53.)

As indagações que se abrem são: existem delito e sanção no Direito Internacional Geral? Para não dar margem a dúvida, geral é o direito internacional que alcança todos as pessoas que participam das relações internacionais, pelo que, basicamente de fonte consuetudinária. Kelsen responde afirmativamente, dizendo que o esbulho de território de outro Estado, por exemplo, é um ato juridicamente ilícito para o qual o Direito Internacional preceitua uma medida coativa que é uma sanção. A medida coativa pode ser a guerra e, na hipótese em construção, ela será uma sanção, não um delito. Se a guerra se caracterizar como sanção, ter-se-á o conceito de *bellum justum*.

Falta a heterotutela ao Direito Internacional, por isso eventual guerra como sanção terá de ser feita pela vítima da ilicitude, em situação de autotutela. Porém, mesmo assim, quem pratica a autotutela age como órgão da comunidade, porque o ato coercitivo – guerra –, não constitui um ilícito, mas sim uma sanção, uma reação contra o ato antijurídico. Kelsen assevera que mesmo não estando centralizado o uso da força, ela é monopólio da comunidade internacional. Para ele, só existe defesa legítima porque este específico uso da força é permitido pela comunidade "unicamente como reação contra uma ilegalidade" (1996, p. 83). Por isso, a reação da vítima contra o ofensor é considerada um ato da comunidade. Dentro do princípio da divisão do trabalho, a vítima usa da força e executa a sanção.

Para Kelsen, a comunidade internacional monopoliza o uso da força da mesma maneira que a comunidade nacional e isto é um ponto decisivo para atribuir juridicidade ao Direito Internacional. O grau de centralização da produção e aplicação normativa não tem igual relevo. Não são diferenças essenciais que desnaturam o Direito Internacional.

Aron diz que o raciocínio kelseniano de que a guerra pode ser interpretada como uma sanção jurídica é uma ficção jurídica porque "os diplomatas e os guerreiros nunca se viram como oficiais de justiça, incumbidos da execução de sentenças de tribunais" (Aron, 2002, p. 864). Aron dá crédito a Kelsen porque este admite que "*no es un juicio científico, sino una decisión política, la que le da la preferencia a la teoria de la guerra justa*" (Kelsen, 1996, p. 78). Partindo dessa escolha, Kelsen constrói a tese da agressão como ilicitude e da resposta coativa como sanção.

A rigor, Kelsen trabalha com os conceitos de *bellum iustum* e *iniustum*, vendo a guerra como um instrumento do Direito. Os fatos parecem demonstrar que a guerra sói ser continuação da política por outros meios e não modo de execução de um preceito normativo.[15]

Do escorço da concepção kelseniana quedou perceptível a afirmação da juridicidade do Direito Internacional sem ressalvas no cotejo com o Direito Nacional.

A mesma linha de pensamento pode ser encontrada em James Brierly, ao afirmar que a base consuetudinária, a sujeição voluntária das partes às Cortes, a ausência de fontes formais e de mecanismos formais de execução dos preceitos, são características de todos os sistemas jurídicos primitivos. Contudo, o reconhecimento da rusticidade não é negação da juridicidade, porque as "únicas condições essenciais ao direito são a existência de uma comunidade política e o facto de os seus membros se reconhecerem como obrigados pelas normas estabelecidas, o Direito Internacional parece satisfazer no seu conjunto a essas condições" (1979, p. 70).

No curso do Século XX, houve proliferação de normas escritas, o que mudou um pouco a base consuetudinária do Direito Internacional. Todavia, se por base forem entendidas as normas fundantes do ordenamento, tem-se, ainda hoje, a consuetude como a marca distintiva do Direito Internacional. Essa característica tosca do Direito Internacional colide com a sofisticação das relações materiais entre os Estados. Há descompasso entre o campo social e o campo normativo, porque falta o elemento de conexão que é a decisão política.

9.6. PROTOJURIDICIDADE?

A ausência de força coercitiva superpartes é a idéia comum da argumentação dos doutrinadores que negam e dos que afirmam a juridicidade do Direito Internacional. Os negadores dizem que o Direito Internacional não existe ou, embora exista, não é jurídico, porque tem apenas a balança, carecendo da espada. A ausência da força é suficiente para negar a juridicidade. Os afirmadores da juridicidade reconhecem a ausência da espada, porém asseveram que mesmo assim é possível reconhecer em tais normas as características da juridicidade e que, apesar da debilidade, não são *flatus vocis*.[16]

15 "Vemos, pois, que a guerra não é somente um ato político, mas um verdadeiro instrumento político, uma continuação das relações políticas, uma realização destas por outros meios" (Clausewitz, 1996, p. 27).

16 "Ainda que desprovido, contudo, do apoio da força, o direito não fica privado de todo efeito, pois a justiça traz segurança à consciência, a injustiça produz torturas e estrago no peito dos tiranos, semelhantes aos que Platão descreve" (Grotius, 2004, p. 45).

A impotência para excluir a justiça pelas próprias mãos é o "problema principal que domina a controvérsia sobre a natureza do *ius gentium*" (Aron, 2002, p. 862). É possível que haja um equívoco de foco nessa afirmação da impotência do Direito Internacional. Até o pacto constitutivo da Sociedade das Nações, a guerra era considerada pelo Direito Internacional como uma alternativa extrema. No art. 12 do pacto constitutivo fixou-se um procedimento formal a ser seguido antes da eclosão do conflito.[17] Em 1928, no Pacto Briand-Kellog, os Estados centrais da sociedade internacional renunciaram à guerra como instrumento de política nacional.[18] A mesma idéia está na Carta da Organização das Nações Unidas. Significa dizer que a violência da guerra é ilícita, como regra, para o Direito Internacional. Todavia, nenhum ordenamento jurídico, nem mesmo aqueles produzidos e destinados a pequenos agrupamentos humanos, excluem completamente o uso privado da violência. A ampliação da escala do campo normativo até o máximo, *totus orbis,* amplia também a violência.

No âmbito interno dos Estados não são as normas jurídicas que obstam o uso arbitrário da violência. O que de fato inibe os violentos é a força máxima do Estado. Na ágora do mundo, cada um dos membros mantém a sua força e reserva para si a faculdade de julgar quando e de que modo ela deve ser usada. As normas jurídicas elevam o custo do uso da força na *societas leonina:*

> Supponhamos que o poderoso se allia com o fraco, e abstraiamos de todas as considerações que podem refrear-lhe o egoismo: é certo que elle há-de de organisar o seu pacto de modo a reservar para si a parte do leão (*societas leonina*). Tanto vale dizer que na sociedade civil a ordem social reflectirá sempre as forças relativas das diversas camadas ou classes que a compõem. O vencedor que recebe o vencido na sua sociedade política, há-de recusar-lhe uma situação egual á sua e mantel-o sempre em uma relação de dependencia. No proprio seio de uma nação una, o Estado, mais poderoso, há-de afirmar a preponderancia do seu poder nas instituições do direito. D'este modo as

17 Pacto da Sociedade das Nações – Art. 12 – "Todos os membros da Sociedade concordam em que, se entre eles surgir controvérsia susceptível de produzir ruptura, submeterão o caso seja ao processo de arbitragem ou à solução judiciária, seja ao exame do Conselho. Concordam também em que não deverão, em caso algum, recorrer à guerra antes da expiração do prazo de três meses após a decisão arbitral ou judiciária, ou o relatório do Conselho".

18 Art. 1º – "As altas partes contratantes declaram solenemente, em nome dos seus respectivos povos, que condenam o recurso à guerra para a resolução das divergências internacionais e que renunciam à guerra como instrumento de política nacional nas suas relações recíprocas".

> desegualdades do direito apparecem como um *modus vivendi* estabelecido entre o mais forte e o mais fraco, como condição da sua coexistencia pacífica. Emquanto se conservar esta situação das respectivas forças, o fraco tem o mais vivo desejo de não a abalar. Por paradoxal que este asserto pareça, o direito, mesmo o mais rigoroso, dictado pelo mais forte, é ainda um benefício relativo em comparação do que succederia se de todo em todo não existisse direito: é o benefício da carga *mesurada* comparada com a carga *desmesurada*. É certo que continúa a ser possível o arbítrio do mais forte; mas este só poderá empregal-o violando o direito, e já tivemos occasião de apreciar o valor d'este elemento moral, mesmo quando se trata da força physica. (Ihering, p. 365.)

O Direito Internacional não é primitivo, inferior ao Direito intra-estatal. A velha afirmação romana *ubi societas ibi jus* é prenhe de significados, pois se forem observadas as características da *societas* que é fonte material das normas, compreender-se-ão as nuances de cada conjunto normativo. A sociedade internacional não é igual à existente no âmbito interno dos Estados, por isso as fontes materiais são diferentes. Fontes diferentes, águas diferenciadas. Há normas nas relações internacionais que não são ubicáveis nas espécies normativas morais e de *comitas gentium*. Essas normas residuais são jurídicas embora não do mesmo modo que as encontráveis no interior dos Estados, mas guardam em comum a intersubjetividade e a atributividade. Paul Reuter apresenta características que propiciam o reconhecimento da juridicidade de uma norma:

> 1. O seu carácter *objectivo*: pode respeitar quer à precisão do enunciado da norma, quer à existência de condições que permitem assegurar uma aplicação razoável;
>
> 2. O seu carácter *geral* na aplicação e *recíproco* (se o seu objecto implicar esse carácter);
>
> 3. O seu carácter *compatível* com o conjunto de regras já admitidas no sistema; na falta deste, a norma apresenta um aspecto revolucionário e só se torna jurídica uma vez realizada a mutação do conjunto do sistema.

A norma jurídica internacional, identificada a partir desses critérios, enuncia uma obrigação jurídica que é distinta de uma obrigação política ou moral e deve-se pô-la em relação "às outras normas do DI no que diz respeito à sua validade, eficácia e sanção" (Reuter, 1981, p. 25).

A comparação entre as normas jurídicas intra-estatais e as interestatais não é correta se feita em termos de superioridade ou inferioridade. O cotejo deve ser feito tendo-se em conta as diferenças na nomogênese, na nomoferência e na relação entre o campo normativo e o campo das forças sociais. As características do ambiente político devem ser percebidas e consideradas para a definição da natureza do *ius gentium.*

A representação gráfica dessa idéia é exprimível na forma que se segue:

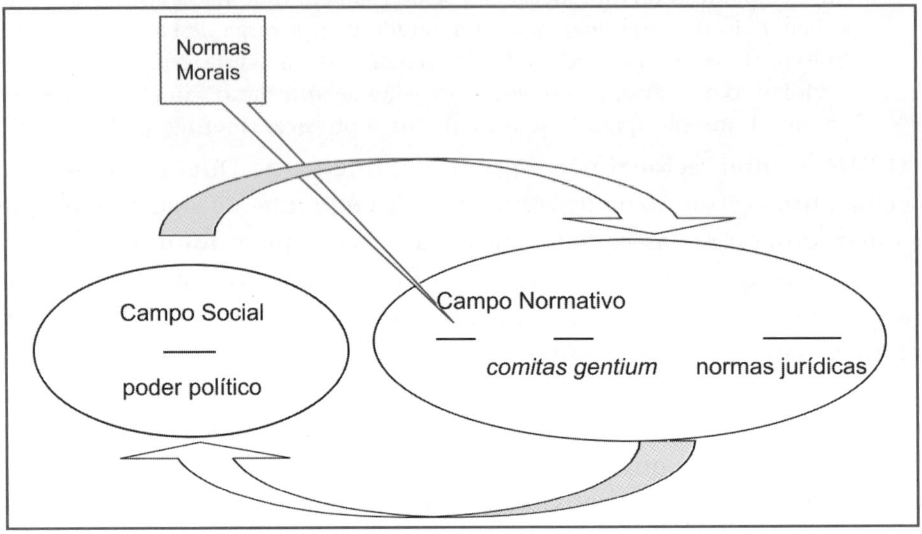

A afirmação absoluta da juridicidade do Direito Internacional colide com os fatos. A juridicidade, a característica de atribuir direitos e obrigações a pessoas que se relacionam, ocorre porque sem normas de tal jaez, "a sociedade política não poderia existir e não haveria nenhum direito" (Carr, 2001, p. 230). Contudo, a construção política se expressa na construção jurídica e uma não pode ser mais desenvolvida que a outra. Por isso, não é correto fazer cotejo entre a juridicidade das normas intra-estatais e das normas interestatais. A comparação direta entre um campo normativo jurídico e outro leva a resultados distorcidos. O modo menos susceptível a desvio no resultado da comparação é aquele que tem em consideração as conexões entre o campo social e o campo normativo no âmbito nacional e, de igual modo, no internacional.[19]

19 "Como todo o Direito é a expressão da vida social de uma dada sociedade, o Direito Internacional público é constituído pelo conjunto de regras que presidem à existência e ao desenvolvimento da Comunidade Internacional. Por este motivo, os aspectos gerais do Direito Internacional público devem ser expostos em função das estruturas fundamentais dessa Comunidade" (Reuter, 1981, p.11).

A percepção dessas diferenças entre o Direito intra-estatal e o interestatal aparece no

> modo como os povos se tratam mutuamente e o modo como tratam os seus próprios membros são coisas diferentes. Uma sociedade hierárquica decente honra um Direito dos Povos razoável e justo, embora não trate os seus membros razoável ou justamente como cidadãos livres e iguais, já que carece da idéia liberal de cidadania. (Rawls, 2001, p. 109.)

O exame das normas desde as fontes materiais até a sua aplicação por órgãos especializados ou pelas próprias partes interessadas oferece condições para encontrar a juridicidade peculiar do Direito Internacional.

A juridicidade de uma norma está diretamente relacionada a sua forma. A informalidade e a insegurança são diretamente proporcionais. Quando o poder político atinge alto grau de concentração e organização, as fontes formais das normas jurídicas alcançam sofisticação que propicia presunção de validade e publicidade das normas delas emanadas. A tosca organização da sociedade internacional é retratada nas fontes formais do Direito Internacional, que são rudimentares a ponto de dificultar a identificação da sua condição de fonte e, por vezes, não propiciar a presunção de validade e publicidade das normas delas dimanadas.

Jocosamente, mantendo a analogia exordial, pode-se dizer que a Fontana di Trevi está para as normas jurídicas nacionais assim como um olho d'água está para o Direito Internacional.

In extremis, as normas agrupadas no conjunto denominado Direito Internacional Público são jurídicas (não morais ou de cortesia) porque os membros da sociedade, à qual essas normas se destinam, atribuem-lhes relevância para a identificação e aceitação de obrigações e direitos.

Capítulo 10
Monismo e Dualismo

Völkerrecht und Landesrecht

A relação entre as normas jurídicas intra-estatais e interestatais é objeto de confrontos doutrinários. São duas ordens jurídicas distintas ou são a mesma coisa vista por ângulos diferentes? Se o Direito Internacional é um conjunto de normas jurídicas, qual a relação dessas normas com aquelas que têm por matéria os assuntos internos de cada Estado?

A posição de Kelsen é pelo monismo com prevalência do Direito Internacional, do qual o Direito nacional seria uma ordem delegada:

> A relação entre a ordem jurídica internacional e as ordens jurídicas nacionais é mais semelhante ainda àquela existente entre a ordem jurídica nacional e uma corporação (...) uma ordem jurídica nacional impõe deveres e confere direitos a uma corporação, impondo deveres e conferindo direitos a indivíduos determinados pelos estatutos que constituem a corporação. Os estatutos de uma corporação são uma ordem jurídica parcial dentro da ordem jurídica nacional que torna possível a organização da corporação determinando sob que condição podem ser estabelecidos estatutos. (1990, p. 340.)

Ao se limitar o fundamento de validade de uma norma a outra norma, dentro do Direito de um Estado chega-se a uma norma em relação à qual não há outra para fundamentá-la. É inevitável perguntar: se ela não se apóia numa outra norma, apóia-se em quê? Kelsen, por opção metodológica, recusa-se a apontar como fundamento da *grundnorm* qualquer coisa que não seja normativa. Em suma, recusa-se a fazer a conexão entre o campo do **ser** e do **dever ser.** Por isso, busca no Direito Internacional o fundamento de validade do Direito Nacional. Para ele, "a ordem jurídica internacional, por meio do princípio da eficácia, determina não apenas a esfera de validade, mas também o fundamento de validade das ordens jurídicas nacionais" (1990, p. 357). O princípio da eficácia é a obediência estável às normas. Assim, a expressão da norma de Direito Internacional que porte o princípio da eficácia pode ser: se as normas de um

Estado são perenemente obedecidas, *devem ser* consideradas válidas. Mas se essa norma é o fundamento de todo o ordenamento jurídico de um Estado, qual a norma fundamental do Direito Internacional?

A resposta de Kelsen parte da norma mais simples, de efeitos concretos e específicos, qual seja a decisão de um Tribunal Internacional, para regressivamente chegar à norma fundamental:

> Para encontrar a fonte da ordem jurídica internacional, temos de seguir um curso semelhante ao que nos conduziu à norma fundamental da ordem jurídica nacional. Precisamos começar a partir da norma mais baixa dentro do Direito internacional, isto é, da decisão de um tribunal internacional. Se perguntamos por que a norma criada por tal decisão tem validade, a resposta nos é fornecida pelo tratado internacional em conformidade com o qual o tribunal foi instituído. Se, novamente, perguntamos por que esse tratado tem validade, somos levados de volta à norma geral que obriga os Estados a se conduzir de acordo com os tratados por eles firmados, uma norma comumente manifestada pela expressão *pacta sunt servanda*. Essa é uma norma do Direito internacional geral, e o Direito internacional geral é criado pelo costume constituído pelos atos dos Estados. A norma fundamental do Direito internacional, portanto, deve ser uma norma que aprova o costume como fato criador de normas e que poderia ser formulada da seguinte maneira: "Os Estados devem se conduzir como têm se conduzido de costume". (1990, p. 359.)

O próprio Kelsen reconhece que a maioria dos teóricos não compartilha dessa visão monista e adotam visão dualista, para a qual o Direito Internacional e o Direito Nacional são "duas ordens jurídicas separadas, independentes, que regulam matérias muito diferentes e que possuem fontes bem diferentes" (1990, p. 353). Esse diferendo teórico não alcança a *realpolitik*, como registrado em acórdão do Supremo Tribunal Federal:

> É na Constituição da República – e não na controvérsia doutrinária que antagoniza monistas e dualistas – que se deve buscar a solução normativa para a questão da incorporação dos atos internacionais ao sistema de direito positivo interno brasileiro.[1]

Há um sentimento difuso na literatura e nos congressos científicos que lança a pecha de reacionarismo à concepção dualista. Todavia, o dualismo não é fruto de ideário obtuso professado por "nações bárbaras". Ele é a condição para a definição de lindes temporais e espaciais ao poder legislativo e jurisdicional de cada Estado. Jorge Fontoura traduz essa percepção:

1 ADI 1480 MC/DF – Medida Cautelar na ADC, Relator Min. Celso de Mello, julgamento 04/09/1997, publicação DJ 18/05/2001, p. 429.

> O dualismo parece coisa do século passado, mas nós nos construímos com o dualismo, assumimos nossas identidades nacionais a partir da idéia força da soberania, como contra-ponto [sic] necessário ao colonialismo e a todos os seus sub-produtos [sic]. E não devemos nos culpar. Afinal todos os países, de uma forma ou de outra, são dualistas a sua maneira. A União Européia inclusive. Quando a Comissão Européia assina tratados com outros blocos ou com outros Estados, são esses tratados incorporados por chancela legislativa, o que é ínsito do dualismo, numa das raras atuações efetivas do Parlamento Europeu. Logo, a Europa é monista internamente, porém, em relação ao resto do mundo extracomunitário, continua tão dualista como todos os que precisam de escudos. Quem não foi, ou quem não teve certo dualismo, em algum momento histórico, que atire a primeira pedra (2003).

O ideário até aqui desenvolvido permite supor que o dualismo é a opção doutrinária mais consentânea com os fatos. Quando o estudo jurídico procura observar os fatos, não significa que o estudioso tenha posição pela manutenção das coisas como estão. Identificar a dualidade de ordenamentos jurídicos não é posição conservadora, até porque é discutível se a existência de um único ordenamento é desejável do ponto de vista do progresso político institucional. A posição monista tem forte apelo ideológico, parecendo ser politicamente correta, remanescendo ao dualismo a adesão dos reacionários mais aferrados ao velho conceito de soberania. Todavia, "*definidme como queráis, pero no como romântico*" (Schmitt, 2001, p. 9).

O monismo kelseniano tem origem na negação da visão lata do fenômeno jurídico. Ao buscar a *grundnorm,* Kelsen sai do ordenamento de um Estado e a procura no Direito Internacional e, neste, chega à *pacta sunt servanda* e depois à afirmação de que o fundamento é que os Estados devem ser comportar como têm se comportado. Ou seja, a reiteração da conduta gera uma expectativa de que a conduta futura seja igual ou semelhante à passada. Num fato social – a reiteração da conduta dos Estados – estaria a norma fundante de todas as normas. O equívoco não é lógico, é metodológico. Ao optar por manter a visão puramente sobre o campo normativo, o estudioso não vê as conexões com o campo social e, dentro dele, especialmente com a força política organizada; não vê que o fundamento político entre as normas intraestatais e das interestatais é distinto e também não atina para os ambientes de ordem imposta e ordem negociada que provocam significativas distinções nas características das normas respectivas. A rigor, o jurisprudente torna-se impuro ao ir além das fronteiras do campo normativo e fundar sua teoria jurídica num evento do *sein.*

Outra postura monista é oriunda da concepção jusnaturalista que busca um fundamento único para todo o Direito. Ao versar sobre direitos naturais, afirma-se que eles são iguais para todos que tenham a mesma natureza. Assim, para todos os que têm natureza humana, há o mesmo Direito. Por conseqüência, o Direito é um só para o Mundo e as diferenças tópicas – os ordenamentos jurídicos de cada Povo – são acidentes hermenêuticos.[2] A idéia da unidade do fundamento natural é exposta por Fiore, ao citar Mackintosh (*Discours on the Law of nature and Nations*):

> *Los deberes de los hombres, de los ciudadanos, de los príncipes, de los legisladores, de los magistrados, de los Estados, son todos parte del mismo sistema de moralidad universal. Entre los más abstractas y elementales máximas de filosofia moral, y las más complicadas controversias de derecho civil ó público, existe siempre alguna conexión. Profundamente arraigado el princípio de justicia en la naturaleza é intereses del hombre, invade todo el sistema, y se descubre en todas sus partes, hasta en las más pequeñas ramificaciones, en una formalidad legal, ó en la redacción de un artículo de un tratado.* (1894, p. 155.)

Nas duas visões até aqui expostas, o ordenamento jurídico intra-estatal é hierarquicamente inferior ao Direito Internacional, dele recebendo limites materiais e formais.

A terceira posição monista entende que o Direito de um Povo é superior ao Direito dos Povos. Significa dizer que o Direito interno tem primazia sobre o Internacional. Truyol não discorre sobre as variantes desta corrente de pensamento, afirmando apenas que são "dificilmente sustentáveis na sua forma pura, e supõem um nacionalismo exclusivista de raiz hegeliana" (1952, p. 111). A exoticidade dessa forma de pensamento dá razão à opção do mestre espanhol. A mesma brevidade de tratamento deferido a esta linha de pensamento pode ser encontrada em Paul Reuter, que versa sobre o monismo hegeliano em poucas linhas (1981, p. 28).

Parece faltar aos monistas a percepção de que o político é o fundamento do jurídico. Ao ler as normas de uma sociedade extinta, é possível conhecer a sua organização política; ao estudar a sua atividade política, é possível inferir quais eram as suas normas jurídicas. Cada sociedade organizada em Estado tem ordenamento jurídico que retrata a sua política.

2 *"La ley natural, como ya he dicho, no tiene un origen visible. La inteligencia la comprende y después llega á ser convicción jurídica de los pueblos. Por lo tanto, ha podido ser entendida con más ó menos claridad y exactitud, según la mayor ó menor civilización de los pueblos y la erudición de los publicistas; y aun ha podido suceder que haya sido mal entendida y tal vez falseada"* (Fiore, 1894, p. 134).

Uma sociedade de pessoas que forma um Estado não tem, logicamente, ordenamento jurídico com o mesmo fundamento de validade de uma agregação de Estados que não se organizam, apenas convivem.

A doutrina dualista entende que existem dois ordenamentos jurídicos distintos e independentes: o intra-estatal e o internacional. Não há antinomia, porque são conjuntos normativos diferentes. Essa idéia foi desenvolvida por Heinrich Triepel ao final do século XIX, na obra *Völkerrecht und Landesrecht*, citada por Truyol como marco da discussão sobre o relacionamento entre as normas internacionais e as estatais (1952, p. 107).

Na concepção dualista as normas de Direito Internacional podem passar para o campo do ordenamento jurídico intra-estatal se superarem as barreiras das fontes formais. Na verdade, a norma internacional assemelha-se à fonte material quando tem força nomogenética; todavia necessita da formalização para adentrar ao campo jurídico organizado de um Estado. Mais que uma norma, ela é um fato que movimenta as forças políticas a fazerem a nomoferência.

Aos olhos da doutrina dualista uma norma jurídica internacional não gera, imediatamente, direitos e obrigações para os súditos de um Estado. É imprescindível a mediação das normas de reconhecimento do ordenamento jurídico estatal para que a norma internacional seja vista como hábil a produzir efeitos.

Esse *iter* não é horroroso. Ele é uma garantia do *due process of making law*. É parte dos direitos fundamentais ter a vida regrada por normas prenhas de legitimidade política. Qual a legitimidade do Conselho de Segurança da Organização das Nações Unidas para estabelecer cânones para a conduta de um súdito do Brasil?

O fato de um grande número de normas criadas nos foros internacionais ingressarem no campo normativo intra-estatal motiva a doutrina a desenvolver modelos teóricos híbridos, a exemplo da transnormatividade, segundo a qual:

> As regras internacionais passam ora por um processo de transnacionalização, atravessando fronteiras e emergindo nos ordenamentos nacionais, ora por um processo de modelação em foros internacionais, onde essas normas são reproduzidas pelos Estados, alterando, com isso, substancialmente, a relação do Direito Internacional com o Direito Interno. A relação deixa, portanto, de ser dualista ou distante para adquirir cada vez mais uma dimensão transnormativa. (Menezes, 2005, p. 201.)

Contudo, a quantidade e qualidade do trânsito normativo da seara internacional para a interna não muda a dualidade dos âmbitos normativos. Do ponto de vista interno as normas internacionais são emuladoras de uma decisão política (fonte material), centelha ígnea do processo de formalização (processo legislativo). Sem essa decisão política – ato de soberania – não há internalização e não se deve perder de vista que a legitimidade política é que torna a norma imperativa.

O questionamento sobre a juridicidade do Direito Internacional é irrelevante do ponto de vista do direito interno, sob a perspectiva dualista, pois as normas internacionais não estabelecem relacionamento normativo imediato com as normas internas. Aos olhos de um monista o tema é nodal, pois a negação da juridicidade do Direito Internacional faz ruir toda a construção conceitual do monismo.

10.1. RITO BRASILEIRO DE INTERNALIZAÇÃO E RATIFICAÇÃO DE TRATADOS

A simples existência de um rito de internalização é evidência cabal do dualismo. Esse rito, no sentido de procedimento, permite que uma norma gerada na relação entre Estados possa produzir efeitos para as pessoas dentro de um Estado.[3] Cada Estado tem o seu rito porque ele é um retrato da maior ou menor concentração de poder político. Assim, no Império do Brasil o monarca detinha o *ius representationis omnimodae;* significa dizer, o imperador concentrava de

3 "Nos termos do artigo 130 da Lei nº 6.815/80, foi firmado acordo entre o Governo da República Federativa do Brasil e o Governo da França, prevendo a dispensa do visto para o nacional francês, quando em visita ao Brasil, cujo teor foi publicado no D.O.U de 14/02/85, que entrou em vigor em março daquele ano. Considerando que o referido acordo internacional foi denunciado unilateralmente pelas autoridades francesas, sem que tenha se valido de qualquer instrumento legal internacionalmente aceito, as quais passaram a exigir vistos de passageiros de nacionalidade brasileira, as autoridades brasileiras, por força do princípio da reciprocidade, determinaram a suspensão daquele, voltando a exigir visto a partir de 24/09/86. Era de rigor que a companhia aérea controlada pela França, que ostenta pavilhão nacional francês, fosse especificamente comunicada dessa denúncia, que implicava responsabilidade em relação à implementação de uma das cinco liberdades criadas pela OACI – Organização da Aviação Civil Internacional – liberdade comercial de desembarque. Não havendo nos autos a prova no sentido de haver o Governo denunciante emitido nota de pré-aviso, e considerando *jure et de jure* que o Governo Francês tenha procedido à exata comunicação da denúncia do acordo, que passava a exigir o visto consular, não apenas de turistas brasileiros, mas ainda o visto de diplomatas, correta e jurídica a atitude do Governo Brasileiro na lavratura dos autos de infração" (TRF3, apelação cível 27694 – 2004).

tal modo o poder político que a sua assinatura num tratado bastava para gerar direitos e obrigações aos brasileiros no espaço interno da jurisdição.[4]

> *Nelle monarchie assolute di un tempo, nella persona del Re veniva personificata anche la nazione della quale era il rapresentante. Egli esercitava lo ius representationis omnimodae, per cui accettando personalmente l'accordo impegnava se stesso ed anche il suo regno come soggetto collettivo; ma oggi lo Stato costituzionale esplica la propria soggettività, i poteri e le funzioni ad essa inerenti, attraverso un insieme di organi distinti dalle persone fisiche che in un dato momento ne assolvono le cariche. I governanti, infatti, agiscono a nome e in rappresentanza dello Stato, non a nome e nell'esercizio di una potestà propria, personale* (Martin, [...]).

A República tem por núcleo uma outra idéia de titularização e distribuição do poder. Nenhuma governante age por poder próprio, gerindo o Estado de modo idêntico ao de um proprietário gerenciando uma fazenda, ainda que pública. Na República, os governantes agem como mandatários, representantes, dos titulares do poder da coisa pública, o povo. Esse conceito de obviedade acaciana deve ser exposto para lembrar que a garantia da legalidade inscrita no art. 5º, II, da Constituição Federal é uma das conseqüências do princípio republicano do exercício do poder político por representação oriunda de mandato. Na seara privada, não existe outorga completa e vitalícia dos poderes do outorgante; na pública, muito menos. Os governantes não têm, numa República, o direito de representação total do povo.

No regime presidencialista de governo, cada uma das funções públicas básicas – legislar, governar e julgar – é atribuída a órgãos distintos e independentes entre si que legitimam a sua atuação pelo mandato que recebem dos titulares do poder político, o povo. Se o Presidente da República, a quem é atribuída a representação internacional do Estado, pudesse gerar *ex novo* direitos e obrigações aos brasileiros sem o crivo do Congresso Nacional, romperia-se o sistema de freios e contrapesos destinado a evitar a concentração de poder, com a hipertrofia do Executivo e as conseqüências nefastas para a democracia.

4 Constituição do Império do Brasil - art. 102. O Imperador é o Chefe do Poder Executivo, e o exercita pelos seus Ministros de Estado. São suas principaes attribuições VII. Dirigir as Negociações Politicas com as Nações estrangeiras. VIII. Fazer Tratados de Alliança offensiva, e defensiva, de Subsidio, e Commercio, levando-os depois de concluidos ao conhecimento da Assembléa Geral, quando o interesse, e segurança do Estado permittirem. Se os Tratados concluidos em tempo de paz envolverem cessão, ou troca de Territorio do Imperio, ou de Possessões, a que o Imperio tenha direito, não serão ratificados, sem terem sido approvados pela Assembléa Geral.

Assim, numa República (no sentido de que o poder político é exercido por meio de legitimação de mandato necessariamente limitado *rationae temporis* e *materiae*) não é possível medrar a tese monista e sempre haverá um rito de passagem da norma que está no espaço normativo internacional para o espaço normativo intranacional.

O rito brasileiro, a toda evidência inexistente ao tempo do Império, desenvolveu-se com a República. A inspiração dos detalhes, como em relação às demais instituições que erigiram o regime republicano de Estado, veio dos Estados Unidos, com algumas adaptações às circunstâncias políticas locais e, curiosamente, até a Emenda Constitucional nº 45, de 2004, era completamente consuetudinário. Não custa dizer, embora não escrito, manteve-se intacto enquanto as constituições escritas, rígidas, destinadas a durar mil anos, cairam no todo ou em parte, ao sabor das injunções políticas. O rito consuetudinário brasileiro de internalização dos tratados apresenta, diferentemente do norte-americano, a bicameralismo e a aprovação ou rejeição *in totum,* o que propicia ao Executivo alguma vantagem política para obter a decisão que lhe interessa.

A expressão escrita desse processo legislativo costumeiro veio pela jurisprudência do Supremo Tribunal Federal:

> O exame da vigente Constituição Federal permite constatar que a execução dos tratados internacionais e a sua incorporação à ordem jurídica interna decorrem, no sistema adotado pelo Brasil, de um ato subjetivamente complexo, resultante da conjugação de duas vontades homogêneas: a do Congresso Nacional, que resolve, definitivamente, mediante decreto legislativo, sobre tratados, acordos ou atos internacionais (CF, art. 49, I) e a do Presidente da República, que, além de poder celebrar esses atos de direito internacional (CF, art. 84, VIII), também dispõe – enquanto Chefe de Estado que é – da competência para promulgá-los mediante decreto. O iter procedimental de incorporação dos tratados internacionais – superadas as fases prévias da celebração da convenção internacional, de sua aprovação congressional e da ratificação pelo Chefe de Estado – conclui-se com a expedição, pelo Presidente da República, de decreto, de cuja edição derivam três efeitos básicos que lhe são inerentes: (a) a promulgação do tratado internacional; (b) a publicação oficial de seu texto; e (c) a executoriedade do ato internacional, que passa, então, e somente então, a vincular e a obrigar no plano do direito positivo interno.[5]

5 ADI 1480 MC/DF 04.09.97 – DJ 1805.01.

Nesse acórdão está claro que a ratificação de um tratado (ato de direito internacional praticado pelo Presidente da República) e a internalização de suas normas são resultantes da somatória da vontade do Poder Executivo e do Legislativo, remanescendo ao Judiciário o poder de examinar a conformação da norma oriunda de tratado, já internalizada, à Constituição.

No Brasil o Presidente da República é o detentor exclusivo do *ius tractandi*, na forma do art. 84, VIII, da Constituição Federal. Por isso, incumbe ao Presidente, pessoalmente ou por meio de delegados, estabelecer negociações e celebrar (firmar) tratados. Esses atos são de Direito Internacional e sua regulação pode ser vista no art. 7º e seguintes da Convenção de Viena sobre Direito dos Tratados, da qual o Brasil é signatário, mas ainda não a ratificou. Uma vez firmado o tratado, abre-se um hiato até o segundo momento internacional que é o da ratificação. Esse lapso é destinado aos procedimentos internos do Estado para que o Chefe (Presidente, primeiro-ministro, Monarca Constitucional) receba autorização para ratificar.

Dentro do rito brasileiro, depois da assinatura o Poder Executivo encaminha cópia do instrumento ao Congresso Nacional que tem poder para resolver definitivamente sobre tratados, acordos ou atos internacionais que acarretem encargos ou compromissos gravosos ao patrimônio nacional, na forma do art. 49, I, da Constituição.

Dado o bicameralismo do Congresso, a casa receptora de qualquer iniciativa legislativa externa ao Parlamento é a Câmara dos Deputados, na forma do art. 64 da Constituição. Assim, o Poder Executivo encaminhará o instrumento do tratado ao Presidente da Câmara dos Deputados, para que ele dê início ao processo legislativo.

O tratado (ainda uma mera *lettera de intento*) percorrerá as Comissões Parlamentares determinadas pelo Regimento Interno da Câmara dos Deputados e, se for aprovado na seqüência de Comissões, chegará ao Plenário, onde será posto à deliberação na forma do art. 47 da Constituição.[6] A aprovação em Plenário será veiculada por meio de Decreto Legislativo da Câmara dos Deputados. Ao completar-se o *iter* da Câmara dos Deputados, inicia-se o do Senado Federal.

6 Art. 47 da CF: "Salvo disposição constitucional em contrário, as deliberações de cada Casa e de suas Comissões serão tomadas por maioria dos votos, presente a maioria absoluta de seus membros."

O Decreto Legislativo emitido pela Câmara será levado ao Presidente do Senado Federal, que dará início ao processo legislativo no Senado, com a passagem por todas as Comissões regimentalmente previstas. Se aprovado pelas Comissões, o tratado (já veiculado pela Decreto Legislativo da Câmara dos Deputados) será submetido a Plenário na forma do art. 47 da Constituição Federal. Caso obtenha aprovação, o Senado exarará Decreto Legislativo dando por aprovado o tratado.[7]

Após a aprovação do Congresso Nacional, o Poder Executivo está legitimado a praticar os atos conducentes à ratificação e à internalização do tratado. A ratificação é ato de Direito Internacional operado por comunicação entre os Estados partícipes do tratado e a partir dela as partes se vinculam juridicamente. Após a ratificação, o tratado deixa de ser uma carta de intenções e se torna um instrumento jurídico do qual brotam normas estabelecedoras de direitos e obrigações que devem moldar a conduta dos Estados Parte.[8]

A vigência interna no Brasil das normas oriundas de tratado, depois da aprovação pelo Congresso Nacional, ocorre por meio do Decreto de Promulgação, exarado pelo Presidente da República. Esse decreto é o veículo para dar vigência nacional às normas que tiveram origem no tratado. *Ad exempio,* o Pacto de San José da Costa Rica, cujo veículo das normas é o Decreto de Promulgação nº 678, de 1992.

Depois da vigência do decreto, as relações jurídicas produzidas dentro do Brasil estarão adstritas as normas por ele promulgadas, como se depreende da jurisprudência:

> A recepção dos tratados internacionais em geral e dos acordos celebrados pelo Brasil no âmbito do MERCOSUL depende, para efeito de sua ulterior execução no plano interno, de uma sucessão causal e ordenada de atos revestidos de caráter político-jurídico, assim definidos: (a) aprovação, pelo Congresso Nacional, mediante decreto legislativo, de tais convenções; (b) ratificação desses atos internacionais, pelo Chefe de Estado, mediante depósito do respectivo instrumento; (c) *promulgação de tais acordos ou tratados, pelo Presidente da República, mediante decreto, em ordem a viabilizar a produção dos seguintes efeitos básicos, essenciais à sua vigência doméstica: (1) publicação oficial do texto do tratado e (2) executoriedade do ato de direito internacional público, que passa,*

7 Por exemplo, vide o Decreto Legislativo nº 56, de 1975, que aprovou o texto do Tratado da Antártida e a adesão do Brasil ao referido ato jurídico internacional.

8 Convenção de Viena sobre Direito dos Tratados – art. 14 – O consentimento de um Estado em obrigar-se por um tratado manifesta-se pela ratificação.

> *então – e somente então – a vincular e a obrigar no plano do direito positivo interno.* A Constituição brasileira não consagrou, em tema de convenções internacionais ou de tratados de integração, nem o princípio do efeito direto, nem o postulado da aplicabilidade imediata. Isso significa, de jure constituto, que, enquanto não se concluir o ciclo de sua transposição, para o direito interno, os tratados internacionais e os acordos de integração, além de não poderem ser invocados, desde logo, pelos particulares, no que se refere aos direitos e obrigações neles fundados (princípio do efeito direto), também não poderão ser aplicados, imediatamente, no âmbito doméstico do Estado brasileiro (postulado da aplicabilidade imediata). – O princípio do efeito direto (aptidão de a norma internacional repercutir, desde logo, em matéria de direitos e obrigações, na esfera jurídica dos particulares) e o postulado da aplicabilidade imediata (que diz respeito à vigência automática da norma internacional na ordem jurídica interna) traduzem diretrizes que não se acham consagradas e nem positivadas no texto da Constituição da República, motivo pelo qual tais princípios não podem ser invocados para legitimar a incidência, no plano do ordenamento doméstico brasileiro, de qualquer convenção internacional, ainda que se cuide de tratado de integração, enquanto não se concluírem os diversos ciclos que compõem o seu processo de incorporação ao sistema de direito interno do Brasil. Magistério da doutrina. – Sob a égide do modelo constitucional brasileiro, mesmo cuidando-se de tratados de integração, ainda subsistem os clássicos mecanismos institucionais de recepção das convenções internacionais em geral, não bastando, para afastá-los, a existência da norma inscrita no art. 4º, parágrafo único, da Constituição da República, que possui conteúdo meramente programático e cujo sentido não torna dispensável a atuação dos instrumentos constitucionais de transposição, para a ordem jurídica doméstica, dos acordos, protocolos e convenções celebrados pelo Brasil no âmbito do MERCOSUL (STF, carta rogatória 8279/Argentina – DJ 10/08/2000 – itálico não original).

Outra discussão acerca da presença dos tratados no âmbito normativo interno do Brasil versa sobre o *status* hierárquico da norma internalizada. Na verdade nunca houve dúvida do legislador, que apresesentou nas sucessivas Constituições apenas o processo legislativo ordinário como canal para a internalização. Logo, se o Congresso Nacional aprova o tratado com *quorum* de lei ordinária, a norma internalizada não terá outra hierarquia que não a ordinária. Ocorre, essa obviedade do processo legislativo nunca foi bem recebida pela doutrina jusinternacionalista que, com olhar mimético e acrítico posto sobre várias experiências européias, pretendeu ares de modernidade com a afirmação peremptória da superioridade hierárquica da norma vinda de tratado em relação às normas autóctones.

A força da doutrina causou alguma confusão jurisprudencial e o Supremo Tribunal Federal apresentou decisões cambiantes, até o julgamento do Recurso Extraordinário nº 80.004, em 1977, quando se assentou que as normas oriundas de tratado têm *status* de lei ordinária, sendo passíveis de ab-rogação ou derrogação por lei ordinária posterior.[9]

Essa discussão voltou à tona depois que o Brasil aderiu ao Pacto de San José da Costa Rica, em 1992, por força do art. 7º, § 7º, do Tratado – ao qual não se opôs reserva – que preceitua a possibilidade de prisão civil exclusivamente para o devedor de alimentos. Ocorre, a Constituição Federal (art. 5º, LXVII) preceitua a prisão civil também ao depositário infiel. A internalização do tratado é posterior à vigência do texto constitucional pertinente. Com isso, em sede de *habeas corpus*, afirmou-se que a dicção do § 2º do art. 5º da Constituição atribuía ao Pacto de San José a hierarquia de norma constitucional, estando, portanto, derrogada a permissão constitucional para a prisão do devedor infiel.

Esse entendimento não foi acolhido pelo Supremo Tribunal Federal que manteve sua afirmação sobre a inferioridade hierárquica da norma oriunda de tratado em relação à Constituição:

> Parece-me irrecusável, no exame da questão concernente à primazia das normas de direito internacional público sobre a legislação interna ou doméstica do Estado brasileiro, que não cabe atribuir, por efeito do que prescreve o art. 5º, § 2º, da Carta Política, um inexistente grau hierárquico das convenções internacionais sobre o direito positivo interno vigente no Brasil, especialmente sobre as prescrições fundadas no texto constitucional, sob pena de essa interpretação inviabilizar, com manifesta ofensa à supremacia da Constituição – que expressamente autoriza a instituição da prisão civil do depositário infiel (CF, art. 5º, LXVII) –, o próprio exercício, pelo Congresso Nacional, de sua atividade político-jurídica consistente no desempenho da função de legislar (*Habeas Corpus* nº 72.131-1, de 23/11/1995).

9 "Convenção de Genebra, Lei Uniforme sobre Letras de Câmbio e Notas Promissórias, aval aposto a nota promissória não registrada no prazo legal, impossibilidade de ser o avalista acionado, mesmo pelas vias ordinárias, validade do Decreto-lei nº 427, de 22/01/1969, *embora a Convenção de Genebra que previu uma lei uniforme sobre letras de câmbio e notas promissórias tenha aplicabilidade no direito interno brasileiro, não se sobrepõe ela às leis do País, disso decorrento a constitucionalidade e conseqüente validade do Dec. Lei nº 427/69,* que institui o registro obrigatório da nota promissória em repartição fazendária, sob pena de nulidade do título, sendo o aval um instituto de direito cambiário, inexistente será ele se reconhecida a nulidade do título cambial a que foi aposto" (grifo do autor).

Com a sedimentação jurisprudencial o tema remanesceu buliçoso apenas na doutrina, com afirmações *de iure constituendo* sobre a necessidade política de atribuir superioridade às normas dos tratados para que o Brasil se iguale às "nações civilizadas".

Essa pressão ideológica da doutrina produziu resultado sobre o Congresso Nacional que, na reforma do Poder Judiciário (Emenda Constitucional nº 45), acrescentou o § 3º ao art. 5º:

> *Os tratados e convenções internacionais sobre direitos humanos que forem aprovados, em cada Casa do Congresso Nacional, em dois turnos, por três quintos dos votos dos respectivos membros, serão equivalentes às emendas constitucionais.*

Na verdade, a ode que se fez a essa regra de processo legislativo não tem razão de ser. O que está descrito nesse parágrafo do art. 5º é igual à dicção do art. 60, § 2º, da Constituição que versa sobre o rito das emendas constitucionais. Ou seja, houve um acréscimo redundante que contribui para o carácter enciclopédico da Constituição Federal sem que a questão política de fundo esteja culturalmente pensada e consolidada.

A questão de fundo é uma definição razoavelmente científica do conceito de direitos humanos, suficientemente poderosa para permitir a identificação das normas que compõem esse conjunto, bem como uma definição da titularidade das obrigações e dos compromissos de suportabilidade por parte do pólo passivo das relações jurídicas que envolvam normas dessa classe.

O discurso messiânico-militante (portanto, não científico) produz inutilidades como o § 3º do art. 5º da Constituição Federal que, ao invés de abrir senda, cerra a porta para o rito ordinário já assentado há mais de um século. A rigor, qualquer titular da iniciativa legislativa poderia apresentar emenda constitucional que tivesse por base material normas veiculadas por um tratado a ser internalizado, bastando o rito do art. 60. O titular da iniciativa, com base em critérios políticos, dada a ausência dos jurídicos, elegeria as normas de cunho humanitário e provocaria o início do processo de emenda constitucional.

A situação constitucional vigente imporá algumas questões preliminares que atrasarão intensamente a ratificação de tratados, tais como:

a) Os tratados soem ser compostos por normas de direito material, processual, administrativo e, por vezes, constitucional de um organismo internacional; todas essas normas serão transformadas em texto constitucional ou em anexos?

b) Se houver seleção das normas materiais atinentes a direitos humanos, quem fará a escolha e com base em quais critérios?
c) Se houver votação da parte material pelo rito de emenda constitucional a parte remanescente do tratado será votada pelo rito ordinário?
d) E se uma parte for aprovada e outra rejeitada, o Executivo poderá ratificar o tratado?
e) O rito será o de emenda constitucional, na forma do art. 60 da Constituição?
f) Qual será o encaminhamento se uma inovação normativa do tratado colidir com norma albergada pela cláusula pétrea?[10]
g) Será possível, no futuro, firmar tratado, cujas normas sejam reputadas de *jus cogens superveniens,*[11] colidente com aquele já convertido em norma constitucional, em face das cláusulas pétreas da Constituição Federal?

O excesso de normas transforma os seus destinatários em analfabetos funcionais que se vêem diante de um manual de conduta sem entender o conteúdo.

10 Art. 27 da Convenção de Viena sobre Direito dos Tratados: "Uma parte não pode invocar as disposições de seu direito interno para justificar o descumprimento de um tratado..."
11 Art. 64 da Convenção de Viena sobre Direito dos Tratados: "Se sobrevier uma nova norma imperativa de direito intenacional geral, qualquer tratado existente em conflito com essa norma torna-se nulo e extingue-se."

Capítulo 11
Pessoas

Um órgão não tem ontogenia jurídica, não é capaz de exercer direitos ou adimplir obrigações.[1]

Apenas um conjunto harmônico de órgãos, um organismo, constitui uma pessoa capaz de cumprir ou descumprir normas.

Pessoa, no sentido jurídico, é um centro de imputação de direitos e deveres, haja ou não suporte biológico. Nesse sentido, todas as pessoas são jurídicas.[2] A frigidez do conceito não significa que a vida biológica de uma pessoa seja irrelevante. A vida é o valor primordial que informa todo o processo gerativo e hermenêutico das normas. Sem vida não há poder, nem Direito.

Usar-se-ão ao longo deste livro, por facilidade operativa, os assentados conceitos de pessoa física e jurídica.

A distinção entre personalidade jurídica e capacidade de exercício de direito e assumpção de obrigações é despicienda para o Direito Internacional Público (DIP), visto que os seus sujeitos dotam-se de personalidade jurídica ao demonstrarem capacidade de exercício. Quem é representado ou assistido não é sujeito de DIP. Essa afirmação limita o rol aos Estados e outros sujeitos, que, sem ser Estados, *non sonno sogetti alla potesta di alcuno stato:* Organizações Internacionais, Comunidades Regionais de Estados e Entes Históricos (Heller, 1995, p. 261). Escolha adjetivável de antiquada, mas que na verdade é ceticismo diante da parcela da doutrina que atribui a condição de pessoa

---

1 "A ontogenia é a história de mudanças estruturais de uma unidade, sem que esta perca a sua organização" (Maturana, 2001, p. 86).

2 "A chamada pessoa física não é, portanto, um indivíduo, mas a unidade personificada das normas jurídicas que obrigam e conferem poderes a um e mesmo indivíduo. Não é uma realidade natural, mas uma construção jurídica criada pela ciência do Direito, um conceito auxiliar na descrição de fatos juridicamente relevantes. Neste sentido, a chamada pessoa física é uma pessoa jurídica" (Kelsen, 1987, p. 187).

internacional aos indivíduos e a pessoas jurídicas privadas, com fito lucrativo ou não.[3]

Os indivíduos não têm personalidade de direito público no âmbito intraestatal. Como a teriam no internacional? Qual a causa para esse câmbio de escala e de condição jurídica? Um pessoa física adquire personalidade de direito público pela condição de parte em liça judicial?[4]

Uma empresa de energia, uma montadora de aviões, tem empregados ou súditos? Um indivíduo avença tratado ou contrato com um Estado? As associações podem declarar guerra aos Estados? *Non pertinet ad personam privatam bellum movere; quia potest jus suum in iudicio superioris prosequi.*[5]

O idealismo que afirma a personalidade internacional do indivíduo físico tem em vista proteger vítimas de perseguição política em seus Estados patriais ou de residência. Para essa doutrina, o perseguido e o Estado litigam de igual para igual nos tribunais internacionais e isso atribui à pessoa a condição de sujeito internacional (Espada, 1995, p. 224). Na verdade, a pessoa física não é sujeito de Direito Internacional no sentido de que se iguala aos Estados e pode praticar atos jurídicos típicos do Estado. Ser titular de direitos oponíveis aos Estados e de obrigações cuja inadimplência pode ser penalmente sancionada por um Tribunal Internacional, faz a pessoa ser súdito internacional, um cidadão do Mundo, mas nem por isso sujeito de Direito Internacional Público, similarmente ao que ocorre no âmbito interno de um Estado.

O indivíduo, as empresas, as associações, são atores políticos no cenário internacional público, mas isso não os inclui como sujeitos no campo jurídico. A mediação entre a ação política e a jurídica é feita pelos Estados e organizações internacionais. Na afirmação de Rezek, esses atores permanecem como objeto das relações jurídicas de Direito Internacional Público (1998, p. 156).

Antes de estudar individualmente os sujeitos de Direito Internacional Público, é imperioso versar sobre a soberania, *anima* do Estado.

---

3 "A evolução da sociedade internacional, além de levar ao surgimento de instituições não apenas internacionais mas também globais, produziu um novo sujeito do direito internacional – o indivíduo (...) De fato, o indivíduo ganhou importância não apenas isoladamente, como detentor de direitos fundamentais, mas também coletivamente. O direito internacional passou a proteger valores que seriam de todos os indivíduos (...) a valorização da chamada 'comunidade internacional' (Mathias, 2005, p. 501).

4 *Réparation des dommages subis au service des Nations Unies, avis consultatif,* CIJ, *Recueil.,* 1949, p. 179.

5 *"No pertenece a la persona privada promover la guerra, puesto que puede defender su derecho ante el juicio del superior"* (Heller, 1995, p. 282).

11.1. SOBERANIA

Suprema potestas superiorem non recognoscens.

É parte da sabedoria hegemônica no momento em que se formula esta obra a afirmação de que a soberania está enfraquecida ou, para os radicais, não existe mais.[6] Os argumentos são numerosos: a velocidade com que os capitais sem pátria mudam de ninho, o entrelaçamento das economias, a formação de blocos econômicos, as intensas desigualdades econômicas e militares, as decisões da organizações internacionais, a prevalência dos Direitos Humanos e a possibilidade de intervenção humanitária.[7]

A sapiência *ad hoc* padece de um defeito epistemológico fundamental: o conceito de soberania é jurídico e não material. É verdade, a eficácia (*sein*) é condição de juridicidade (*sollen*) e uma estrutura de poder político que não consiga manter a ordem interna e obstar intromissões não é soberana. Quando se denota soberania, conota-se eficácia. Havendo o fato *eficácia*, haverá a conceituação jurídica *soberania*. A soberania é para o Estado o que a vida é para a pessoa física: *conditio sine qua* para a personalidade jurídica. A vida e a soberania propiciam um mundo de indivíduos, distinguíveis entitativamente.

Os indivíduos têm instinto de preservação da vida; as coletividades politicamente organizadas também pugnam para preservar a sua identidade.[8] A auto-extinção da identidade autêntica de uma coletividade pressupõe uma motivo político fortíssimo, mais intenso que a permanência do **nós** e os

6 "Este último decênio tem se assinalado por conquistas definitivas no domínio do internacionalismo, que vai dilatando dia a dia o âmbito da sua competência, à proporção que se restringe a liberdade dos Estados particulares. A cidadela da soberania nacional, de rendição em rendição, está na iminência de cair" (Martins, 1998, p. 50). Essa idéia foi anunciada faz mais de 60 anos! (N. A.)

7 "A denúncia do princípio da soberania pelas pessoas que percebem a conexão íntima entre esse princípio e a debilidade de um sistema descentralizado ocorre com muito mais freqüência do que uma tentativa séria de compreender a sua natureza e a função que ela desempenha para o sistema de Estados modernos" (Morgenthau, 2003, p. 567).

8 "Claro que somos 'soberanófilos' e 'estatólatras', porque a soberania sempre foi a forma pela qual os fracos se defenderam. Não é sem mais que o direito internacional público é muito desenvolvido na América Latina. Possuímos muitas instituições utilizadas em todo o mundo e que foram criadas e maturadas na América Latina. O asilo diplomático, as Cláusulas Calvo e Raul Fernandes são disso exemplos lapidares. E sempre no intuito de defender os Estados e a sua continuidade, porque, enfim, no processo histórico, não há culpados" (Fontoura, Jorge. *A participação dos particulares no processo de solução de controvérsias.*VIII Seminário Jurídico – *La Dimensión Jurídica de la Integración* – Rosário, Argentina, outubro de 2003. Disponível em: www.aladi.org/nsfaladi/reuniones.nsf. Acesso em: 5/01/2007.

outros.[9] Essa percepção é representada no brocardo latino *salus publica, suprema lex.*

Quando se fala na vida de um Estado ou de vida coletiva de Estados, deve-se estar atento ao uso da analogia entre o social e o biológico. As agregações humanas, por causa da linguagem, são feitas por liame cultural que permite a ampliação do horizonte individual, ou seja, o todo serve ao indivíduo em porção muito maior do que o indivíduo ao todo (Maturana, 2001, p. 221).

Pessoas físicas respeitam normas, estabelecem relações econômicas fortemente entrelaçadas, agregam-se por afinidade geográfica, cultural, agem sob o peso das relações com seus pares e são alvo constante de controle social horizontal. A vida – condição essencial para ser pessoa – não fica mitigada ou anulada porque as pessoas se auxiliam ou se agridem.[10] *Aedem* para os Estados.[11] A *"interdependencia social de los estados no suprime su independencia jurídica. En la realidad (...) el enlazamiento internacional ha coincidido constantemente con la individualización del estado nacional"* (Heller, 1995, p. 289).

Pessoas fortes, fracas, ricas, pobres, intensas, brandas, compõem a diversidade social. As fragilidades materiais não subtraem a condição de pessoa, exceto se houver morte. A subordinação é a morte de um Estado.

Quando se diz na testilha da Carta da ONU que ela está baseada no princípio da igualdade soberana de todos os seus membros, está-se a fazer uma ode à igualdade jurídica, à isonomia. Todos os Estados são pessoas iguais, sem distinção entre "nações civilizadas" e bárbaras.[12] Cada Estado é um cidadão na ágora do mundo.

O conceito de soberania democrática, para dentro e para fora do Estado, é desenvolvido por Comparato ao afirmar que um Estado só deveria ser membro da Organização das Nações Unidas se os seus órgãos governantes legiti-

9 "Ouvia De Gaulle falar em uma nova conferência de imprensa dos 'Areópagos internacionais' aos quais a França não poderia, sem abdicar, transmitir sua soberania" (Monnet, 1986, p. 413).

10 "... do ponto de vista da dinâmica interna de um organismo, o outro representa uma fonte de perturbações que são indistingüíveis das que provêm do meio 'inerte'. No entanto, é **possível** que essas interações entre organismos adquiram, ao longo de sua ontogenia, uma caráter **recorrente** e, portanto, que se estabeleça um acoplamento estrutural que permita a manutenção da individualidade de ambos, no prolongado devir de suas interações" (Maturana, 2001, p. 86).

11 *Protectio non involvit subjectionem* – A proteção não envolve sujeição (Heller, 1995, p.265).

12 Alusão ao art. 38 do Estatuto da Corte Internacional de Justiça que apresenta como fonte formal do DIP os princípios gerais do direito reconhecidos pelas nações civilizadas.

mamente representam o povo (2006, p. 681). Ocorre, e o próprio autor o reconhece, que a jurisprudência internacional (doutrina e decisões dos Tribunais), posiciona-se pela autonomia de cada povo quanto a sua constituição política, a exemplo da decisão da Corte Internacional de Justiça no caso *Atividades militares e paramilitares na Nicarágua:*

> (...) a adesão de um Estado a uma doutrina particular não constitui uma violação do direito internacional costumeiro; concluir diversamente seria privar de sentido o princípio fundamental da soberania dos Estados, sobre o qual repousa todo o direito internacional, bem como a liberdade que um Estado tem de escolher seu sistema político, social, econômico e cultural.[13]

Um exemplo significativo é o da China. Quando os revolucionários comunistas tomaram o poder em 1949, a resistência nacionalista manteve o poder na ilha de Formosa (Taiwan) e, até 1974, representou o povo chinês na ONU. Quem é legítimo? Quem é eficaz? As respostas são políticas e inexoravelmente imperfeitas. Adotar a eficácia do governo como critério para identificar a existência de um ente político soberano não é uma postura retrógrada; é uma deferência ao princípio da autodeterminação dos povos.

A defesa doutrinária da autodeterminação é uma opção ideológica entre várias alternativas e gradações de uma alternativa. Rawls acredita que o Direito Internacional deve estabelecer limites à autodeterminação:

> Assim, ao formular o Direito dos Povos, um governo, como organização política do seu povo, não é, por assim dizer, o autor de todos os seus poderes. Os poderes de guerra dos governos, quaisquer que possam ser, só são aceitáveis dentro de um Direito dos Povos razoável. Essas questões não ficam prejudicadas pela existência de um governo cujo povo é internamente organizado segundo instituições de justiça de fundo. Devemos reformular os poderes da soberania à luz de um Direito dos Povos razoável e negar aos Estados os direitos tradicionais à guerra e à autonomia interna irrestrita. (2001, p. 35.)

O que é Direito dos Povos razoável? Quais são os critérios para avaliar a razoabilidade? Quem decide sobre a presença ou ausência de razoabilidade? A questão de fundo é a legitimidade: como construir regras e aplicá-las coercitivamente e não como ato de força, ilegítimo? Para ser realisticamente utópica (Rawls, 2001, p. 162), a filosofia política deve ter compromisso com a razoabilidade dos meios, sob pena de projetar paraísos artificiais.

Passar-se-á ao exame dos sujeitos de Direito Internacional Público, começando-se pelo Estado, a pessoa internacional por excelência.

13 *Recueil des Arrêts de la Cour Internationale de Justice,* 1986, p. 133.

11.2. O ESTADO

> *(...) en muchos juristas, incapaces de sondear con el pensamiento los argumentos o las objeciones contrarias, el Estado entra en escena como a través de un cortocircuito de pensamiento, de la misma manera que algunos metafísicos, con fines idénticos, abusan del nombre de Dios.* (Schmitt, p. 57.)

O Estado não é *Deus ex machina* a ser estudado com o temor reverencial que açoita a alma do noviço diante dos mistérios da fé. O Estado é engenho humano e tão pleno de contradições quanto a humanidade. Nas palavras de Engels, "*la esencia del Estado, como la de la Religión, es el miedo de la humanidad a sí mesma*" (Schmitt, p. 71).

Iniciar-se-á o estudo com o apoio da Teoria do Estado, cujo objeto é apresentado por Carré de Malberg em duas perguntas: o que é **um** Estado? (*in concreto*) e o que é **o** Estado? (*in abstracto*). À primeira, responde:

> *Teniendo em cuenta esos diversos elementos suministrados por la observación de los hechos, podría definirse, pues, cada uno de los Estados in concreto como una comunidad de hombres fijada sobre un territorio proprio y que posee una organización de la que resulta para el grupo, considerado en sus relaciones con sus miembros, una potestad superior de acción, de mando y de coerción.*[14]

À definição jurídica do Estado, segunda indagação, Malberg assevera:

> *Este es el hecho jurídico primordial que debe tener em cuenta la ciencia del derecho, y no puede tenerlo en cuenta sino reconociendo desde luego al Estado, expresión de coletividad unificada, una individualidad global distinta de sus miembros particulares y transitorios, es decir, definiendo al Estado como persona jurídica.*[15]

O primeiro conceito está no campo da ciência social; o segundo, no da ciência normativa. Por óbvio, não é possível separar os dois conceitos na dinâmica das atividades políticas e jurídicas. Todavia, para fazer a morfologia e a fisiologia do Estado é preciso imobilizá-lo e separar a parte que se submete a relações causais da que se submete a relações normativas. É um estudo estático e atemporal do Estado tal como a fotografia de uma estrela examinada pelo astrônomo: no momento em que se estuda, o objeto já não é o mesmo. A dinâmica do Estado envolve tantos objetos em movimento que não é possível descrever, entender e correlacioná-los simultaneamente.

Uma multidão sobre um território delimitado, obediente a pessoas que ordenam, é fato que pode ser um Estado ou uma gigacoreografia. Para iden-

14 Malberg, R. Carré. *Teoría general del Estado.* México: Fondo de Cultura Económica. 2001, p.26.
15 *Ibid.* p. 28.

tificar a existência de um Estado é preciso que esse grande número de pessoas sustente-se sobre o território e que a obediência também se dilate no tempo.

Numa perspectiva minimalista, usando a navalha de Ockham[16] para cortar as explicações que demandam muitas alternativas e argumentos, pode-se afirmar que há Estado se um pequeno número de pessoas obtém, de modo estável, submissão de um grande número de pessoas que vivem sobre área delimitável de terra. A instrumentalização desse mando se dá pela constituição de força armada perene, apta a manter a obediência interna e impedir a ingerência externa.

No Direito intra-estatal, há regras sobre a criação de pessoas jurídicas de direito público e de direito privado. O DIP não regula a criação de um Estado. A epifania de um Estado é acontecimento político raro que produz efeitos jurídicos.

Igualmente, não há regras de DIP sobre como deve ser o governo, pois isso faz parte do poder de cada coletivo de pessoas (povo). O que tem relevância jurídica é a efetividade do governo, "a *capacidade real* de exercer todas as funções estatais, inclusive a manutenção da ordem e da segurança internas, e a execução dos compromissos externos" (Din, 1999, p. 381).

O Estado, como expressão máxima de estruturação vertical do poder político de um conjunto delimitado de pessoas sobre território com lindes marcados, não está em vias de descenso ou extinção por força da aceleração das relações internacionais públicas e privadas. O mundo não se torna plano, esmerilhado pela força homogeneizadora da globalização (Friedman, 2006).

> *(...) la era del Estado-nación no está en absoluto agotada. Si el Estado-nación territorial está en decadencia, se trata de un proceso desigual, particularmente restringido al poder y alcance de los Estados-nación dominantes del Oeste y Este. La sociedade global europea ejerció su máxima influencia a finales del siglo diecinueve y comienzos del veinte, y la hegemonía de los Estados Unidos fue el rasgo distintivo de las décadas que siguieron a la Segunda Guerra Mundial. La decadencia de estos sistemas de poder no se debería interpretar como la crisis del sistema de Estados...* (Held, 1997, p. 122.)

16 "É um princípio de metodologia racional que, se tudo o mais for igual, deve-se preferir a mais simples de duas hipóteses rivais. Esse princípio é às vezes denominado 'a navalha de Ockham' – referência ao filósofo medieval Guilherme de Ockham, que pela primeira vez enunciou – e pode ser expresso também da seguinte forma: "não se deve multiplicar entidades além do estritamente necessário para explicar os fenômenos" (Churchland, Paul M. *Matéria e consciência: uma introdução contemporânea à filosofia da mente.* São Paulo: Unesp, 2004, p. 42).

11.2.1. Reconhecimento do Estado

É da praxe internacional que Estados antigos reconheçam expressa ou tacitamente os Estados novos, recém-ingressados na sociedade mundial. Esse reconhecimento tem efeitos *ex tunc* ou *ex nunc*? A princípio, qualquer ato de reconhecimento tem conteúdo declaratório, não constitutivo. A declaração de reconhecimento é afirmação de que o Estado noviço tem capacidade jurídica e o Estado antigo decidiu demonstrar aos demais que esse fato está consolidado.

Uma parte da doutrina atribuía à declaração efeitos *ex nunc,* o que é de flagrante ilogicidade, pois esse efeito liga-se a atos constitutivos. É seguro que o Estado antigo não é o constituinte do novo Estado. Essa contradição lógica tem explicação política: as metrópoles lutaram para manter as colônias e, diante das independências, postaram-se como membros remidos do clube que decidem se aceitam um novo sócio.

Um Estado existe sem o reconhecimento de seus homólogos, a exemplo de Taiwan. Também pode ocorrer que a um povo em processo de autonomia política seja reconhecida a existência de Estado sem que de fato haja a possibilidade de impedir a ingerência externa mediante o uso da própria força, o que é o caso dos Palestinos.[17]

11.2.2. Transformação e Extinção do Estado

A distinção entre as várias possibilidades de transformação e a de extinção do Estado é relevante para que se possa definir com exatidão as responsabilidades sucessórias. Manutenção de direitos e obrigações internacionais, assunção de responsabilidades contratuais e aquilianas, temas que se aproximam daqueles estudados no âmbito da pessoa jurídica intraestatal, ainda que de

17 "A proclamação do *Estado da Palestina* pelo Conselho Nacional da OLP [Organização para a Libertação da Palestina] em Argel a 15 de Novembro de 1988 suscita igualmente problemas jurídicos difíceis no sentido de que, pode atribuir-se a esta entidade uma população, um território e poder político, mas as suas fronteiras permanecem indeterminadas e a efectividade do controlo das autoridades gerais da ONU 'registou' esta proclamação pela sua resolução 43/77, e substituiu a designação OLP pela de 'Palestina' no sistema das Nações Unidas mas sem modificar o seu estatuto jurídico e as tentativas da Palestina, membro de parte inteira das organizações internacionais árabes, para ser admitida no âmbito de certas organizacões universais (OMT, OMS, Unesco [Organização Mundial de Turismo, Organização Mundial de Saúde, Organização das Nações Unidas para a Educação, Ciência e Cultura]) malograram-se" (DHIN, 1999, p. 382).

direito privado. Usa-se a linguagem do Direito Civil e Comercial para a sucessão de pessoas físicas e jurídica para denotar que um Estado toma o lugar de outro no pólo ativo ou passivo das relações jurídicas internacionais. O novo Estado tem em seus gens (elementos constitutivos) alguma coisa do Estado fenecido ou seccionado, porém é uma nova realidade política, uma outra pessoa jurídica, composta por gente e terra que já integraram outro Estado, simplesmente porque esses elementos materiais são finitos.

A expressão sucessão de Estados está consolidada,

> apesar de sugerir de forma enganadora uma analogia com a figura do direito interno da continuidade da personalidade jurídica relativa ao patrimônio de uma pessoa que se transfere, como uma herança, e que envolve uma sucessão completa ou 'universal'. (Brownlie, 1997, p. 680.)

A mensuração dessa sucessão traz respostas quanto à titularização de direitos e obrigações. As indagações jurídicas surgem quando as pessoas não se entendem. Sucessões violentas ou mal negociadas, sem que se estabeleça a titularização do patrimônio, causam dúvidas que tendem a gerar dificuldades expressivas para o começo do empreendimento de autodeterminação. Uma dessas dúvidas intensas é a nacionalidade dos habitantes do território caso desapareça o velho Estado e o novo se recuse a conceder-lhes a sua, a exemplo do que ocorreu com os Palestinos quando o seu nascente Estado foi extinto, *de facto*, por ocasião da criação de Israel.

Adiante, ao estudar a nacionalidade, ver-se-á que ela atine pouco ao Direito Internacional Público, sendo matéria da própria constituição dos Estados.

Uma mudança de governo, ainda que radical, não caracteriza a sucessão de Estado. Este é instituição medularmente perene e aquele, transitória. O Estado continua e os governos passam. É possível, esticando o fio da história, dizer que os Estados passam e as nações continuam, mas isso é outra vertente do pensamento e seria entrópico seu *desarrollo*.

Incorporação

Um ou mais Estados entram no corpo de outro Estado e perdem a sua identidade soberana original, remanescendo apenas a soberania do Estado incorporador. O exemplo mais significativo, em razão do conteúdo emocional e ideológico, foi a incorporação, em duas estapas, da República Democrática Alemã à República Federal da Alemanha, em 1990. Por tratado de 18/05/1990 realizou-se uma união econômica, monetária e por tratado firmado em 31/08/1990, e efetivou-se a incorporação.

Fusão

Dois ou mais Estados decidem formar um novo Estado que assume os direitos e obrigações dos Estados que perderam a identidade com a fusão. Em 1990, a República Árabe do Iêmen e a República Democrática do Iêmen fundiram-se, em condições igualitárias, para formar a República do Iêmen.

Cisão

A Constituição da União Soviética, resultante da reforma de 1977, reconhecia, no art. 77, o direito de secessão aos Estados membros da federação. À asserção jurídica não correspondiam e não correspondem os fatos políticos, como se vê 30 anos depois com a guerra na Chechênia e a Rússia e os separatistas.

O exemplo do texto constitucional soviético é exceção, posto que a regra, mais realista e menos hipócrita, é a regra que veda a secessão, chegando-se à guerra para a manutenção da integridade territorial. *"El poder efectivo que la soberania confiere a um Estado está, en importante medida, conectado com los recursos a sua disposición"* (Held, 1997, p. 108.) A redução do território e, conseqüentemente, da população, é subtração de meios para o exercício do poder político. Vai contra a lógica egocêntrica do poder consentir sponte propria com a sua própria fragilização.

Os conflitos separatistas da província de Bengala, na passagem da década de 1960 para a de 1970, com o sucesso da secessão e formação de Bangladesh, aceito como membro da ONU em 1974, demonstram o apreço que o poder político tem por um de seus elementos constitutivos do Estado, o território.

A Iugoslávia, na década de 1990, transitou da secessão para a dissolução. Depois da violenta guerra civil, consumou-se a secessão da Croácia, da Eslovênia, da Bósnia-Herzegóvina e da Macedônia. A Sérvia, enquanto mantida a unidade com Montenegro, pretendia ser a continuadora da Federação. Com a declaração pacífica de independência feita por Montenegro em 2006, consumou-se a dissolução da República Socialista da Federação da Iugoslávia.

Dissolução

Desaparece o Estado original e nenhum dos sucessores porta, de modo evidente, os fardos sucessórios do Estado extinto. O paradigma moderno da dissolução de um Estado foi o fenecimento da União Soviética em 21/12/

1991. Por acordo firmado em Alma-Ata, os novos Estados reconheceram à Rússia o direito de suceder a União Soviética na ONU, com os mesmos direitos e deveres.

O fim da República Tcheca e Eslovaca, em 1992, seccionada em dois Estados soberanos, como apogeu da Revolução de Veludo, exemplifica a possibilidade de uma dissolução pacífica, negociada no acordo de Bratislava.

Os exemplos de secessão e de dissolução apontam para Estados originariamente federais, dentro dos quais os Estados membros mantinham alguma singularidade política, étnica, econômica, o que propiciou situação política menos delicada para a formação de novas soberanias.

11.3. IMUNIDADE DE JURISDIÇÃO

Par in parem non habet imperium.[18]

Jurisdicionar é ato de poder político, de império. Entre iguais, as relações são horizontais e a pressão jurídica é lateral, não vertical. Nas situações ordinárias das relações interestatais, o reconhecimento dos atores como homólogos tem a conseqüência de impedir que uma pessoa de direito internacional público submeta outra a julgamento. Não deferência caridosa, e sim resultado lógico do pressuposto da igualdade. Um príncipe não é *legibus solutos* de outro, por isso a imunidade *in personam* e *in rem*.

Um marco jurisprudencial da imunidade de um Estado à jurisdição de outro foi cravado por Marshall no caso de uma nau de guerra francesa que foi embargada ao aportar nos Estados Unidos:

> *Um soberano que en ningún sentido es responsable ante outro; y que está obligado por compromisos del carácter más alto a no degradar la dignidad de sua nación colocándose él o sus derechos soberanos dentro de la jurisdicción de otro, puede suponerse que entra en un territorio extranjero (...) con la confianza de que las inmunidades pertenecientes a su situación soberana independiente (...) quedan reservadas por implicación, y serán extendidas a él.* (Schooner Exchange vs. Mcfaddon; Sorensen, 2000, p. 414.)

A idéia da imunidade foi objeto de desenvolvimento na *praxis* e, com a aumento do número de Estados e a explosão de organizações internacionais no século XX, houve desdobramentos que serão examinados a seguir, observando-se que a

18 "Igual entre iguais não há império."

> ... imunidade de jurisdição compreende uma série de situações como a imunidade do Estado propriamente dito, dos Chefes de Estado, dos agentes consulares e dos organismos internacionais. No sentido amplo, compreende também a imunidade de execução (Durães, 2003, p. 18).

11.3.1. Estados e Organizações Internacionais

A imunidade de jurisdição transitou de uma concepção absoluta para a distinção entre atos de império (*acta iure imperii*) e atos de gestão (*acta iure gestionis*). Enquanto os Estados tinham parcas relações e pouco pessoal diplomático estrangeiro em seu território, as ocasionais rusgas (colisão de automóveis, inadimplência de aluguel, de mútuos feneratícios), não causavam danos com repercussão política interna capaz de mover governos. A criação de inúmeras organizações internacionais, seus milhares de funcionários e a presença de pessoal diplomático dos Estados membros, produziu um fato novo para os Estados sede, especialmente a Suíça e os Estados Unidos, anfitriões da sub-sede e sede da Organização das Nações Unidas, respectivamente.

Pessoas, independentemente da nacionalidade e da investidura de cargos públicos, têm vida cotidiana e produzem os percalços usuais. Para os citadinos da sede, esse grande número de estrangeiros dotados de imunidade à jurisdição local, é um estorvo de monta considerável. A partir desse desconforto adotou-se no Direito Internacional Público a distinção, fruto do Estado de Direito, entre os atos de império (imunes a jurisdição) e os atos de gestão.

O desenvolvimento da jurisprudência brasileira demonstra claramente esse *iter.* Em acórdão do Tribunal Regional do Trabalho de Pernambuco[19] acolheu-se reclamatória trabalhista contra a Organização das Nações Unidas; no voto condutor fez-se referência doutrinária que retrata a situação moderna do tema da imunidade:

> No que se refere à imunidade de jurisdição, verificou-se na jurisprudência dos tribunais brasileiros notável evolução. Essa evolução não se operou por força da CF de 1988, que – como já foi esclarecido – dispõe apenas sobre competência jurisdicional. Não foi o quadro interno que mudou, mas sim o internacional. O Brasil, que tradicionalmente prestigiara a imunidade de jurisdição em termos absolutos, passou a considerá-la restrita, podendo ser afastada em determinadas hipóteses, como no caso de ações trabalhistas e ações fundadas em responsabilidade civil, prevalecendo agora um entendimento restritivo

19 (01001-2004-011-06-00-4)

do privilégio, com base na distinção entre atos estatais *iure imperii* e *iure gestionis*. Só os primeiros estão cobertos pelo manto da imunidade absoluta.

O quadro, antes da mudança de orientação, era assim descrito por Francisco Rezek: 'No Brasil, até poucos anos, o Poder Judiciário – pela voz de sua cúpula – guardou inquebrantada fidelidade à regra *par in parem non habet judicium*, não obstante o constrangimento social trazido pela circunstância de que quase todos os postulantes da prestação jurisdicional, frustrados ante o reconhecimento da imunidade, eram ex-empregados de missões diplomáticas e consulares estrangeiras, desejosos de ver garantidos seus direitos trabalhistas à luz pertinente da CLT'.

No julgamento já citado, da AC 9.696-3/SP, 7 o STF decidiu ser chegada a hora de o Brasil adotar concepção restritiva da imunidade de jurisdição dos Estados estrangeiros, sendo firmada a tese de que 'não há imunidade de jurisdição para o Estado estrangeiro, em causa de natureza trabalhista' (da ementa do acórdão).

O aresto em foco salientou que a antiga e sólida regra costumeira de direito internacional público – a da imunidade absoluta – deixou de existir na década de setenta. Em seu voto, o Ministro Rezek lembrou que 'em 1972 celebrou-se uma convenção européia sobre imunidade do Estado à jurisdição doméstica dos demais Estados (*European Convention on State Immunity*, Basiléia, 16 de maio de 1972)'. A imunidade deveria comportar temperamentos. Essa convenção exclui do âmbito da imunidade as ações decorrentes de contratos celebrados e exeqüendos *in loco*.

'Textualmente, a Convenção Européia de 1972 diz que não opera a imunidade no caso de uma demanda trabalhista ajuizada por súdito local, ou pessoa residente no território local, contra representação diplomática estrangeira (art. 5); assim como não opera a imunidade no caso da ação indenizatória resultante do descumprimento de contrato comum (art. 4) (Cf. *International Legal Materials*, vol. XI, 1972, p. 470-472). Não bastasse a convenção européia, vem depois o legislador norte-americano e edita, em 21 de outubro de 1976, o *Foreing Sovereign Immunities Act*, lei minuciosa naquilo que dispõe, e que assume a mesma diretriz da convenção. Seu texto é também casuístico, e menciona expressamente, entre as causas não alcançadas pela imunidade, aquelas pertinentes à responsabilidade civil (§ 1.605, 2 e 5) (Cf. *International Legal Materials*, vol. XV, 1976, p. 1388,1389). Em 1978, no Reino Unido, promulga-se o *State Immunity Act*. Esse texto, inspirado ao legislador britânico pela Convenção Européia e pela norte-americana, diz, naquilo que operacionalmente nos interessa, a mesma coisa: a imunidade não é mais absoluta. Não são alcançados pela imunidade os desdobramentos de toda espécie de interação contratual, de natureza trabalhista, entre a missão diplomática ou consular e pessoas recrutadas *in loco*, bem assim as ações indenizatórias resultantes da responsabilidade civil (arts. 4 e 5) (Cf. *International Legal Materials*, vol. XVII, 1978, p. 1123-1125)'.

> Assim, não há como senão concluir pelo caráter restrito da imunidade de jurisdição: esta só alcança os atos estatais *iure imperii*. O único fundamento que amparava a imunidade absoluta do Estado estrangeiro desapareceu. Como esclarece o Ministro Rezek no voto proferido no citado julgamento, 'o que ruiu foi o nosso único suporte para afirmação da imunidade numa causa trabalhista contra Estado estrangeiro, em razão da insubsistência da regra costumeira que se dizia sólida e quando ela o era – e que assegurava imunidade em termos absolutos'.
>
> A imunidade só é reconhecida em favor do Estado estrangeiro quando ele pratica atos nessa qualidade, isto é, como ente soberano, e não quando ele os pratica como qualquer particular.

Ainda na seara das decisões judiciais, em mandado de segurança impetrado contra ato de Cônsul da Itália no Paraná, que determinou a não concessão da fé pública italiana às traduções feitas pelo impetrante, o Juízo Federal indeferiu a petição inicial, sob o fundamento de que, embora exarado no Brasil, se trata de ato de império destinado a produzir efeitos no território italiano.[20] Assim, como ato típico de Estado, a decisão do Cônsul não é susceptível à jurisdição brasileira.

11.3.2. Processo de Conhecimento e de Execução

A natureza do processo judicial é relevante quando se trata do tema da imunidade de jurisdição porque na execução surge firme a possibilidade de atos constritivos sobre bens (materiais e imateriais) do executado. Essa clivagem aparece na jurisprudência do Supremo Tribunal Federal:

> A imunidade de jurisdição, de um lado, e a imunidade de execução, de outro, constituem categorias autônomas, juridicamente inconfundíveis, pois – ainda que guardem estreitas relações entre si – traduzem realidades independentes e distintas, assim reconhecidas quer no plano conceitual, quer, ainda, no âmbito de desenvolvimento das próprias relações internacionais. A eventual impossibilidade jurídica de ulterior realização prática do título judicial condenatório, em decorrência da prerrogativa da imunidade de execução, não se revela suficiente para obstar, só por si, a instauração, perante Tribunais brasileiros, de processos de conhecimento contra Estados estrangeiros, notadamente quando se tratar de litígio de natureza trabalhista...[21]

20 MS 2004.70.00.013791-8 (PR)

21 RE-AgR 222368/PE – Publicação DJ 14-02-2003 PP-00070 EMENT Vol-02098-02 PP 00344.

Trânsita em julgado uma ação condenatória a indenização (um vaso caiu da janela da Embaixada e danificou um carro, por exemplo), exaurida a discussão na fase executória e não satisfeito o crédito, preceitua didaticamente o § 2º do art. 336 do Provimento nº 5/2003 da Corregedoria do Tribunal Regional Federal da 4ª Região:[22]

> não será ordenada a penhora, arresto ou outras medidas contra Estado estrangeiro, porque os bens situados no local da Missão, assim como os meios de transporte, não poderão ser objeto de busca, requisição, embargo ou medida de execução (Convenção de Viena Sobre Relações Diplomáticas, art. 33, item 3).

Se o Estado estrangeiro não cumprir o julgado, o conflito deverá ser solucionado pelas regras do Direito Internacional Público. Significa dizer que a pessoa prejudicada pode provocar o Estado prolator da decisão judicial e obter o endosso da sua causa. Pelo endosso a causa passa a ser entre Estados. Se o Estado prolator da decisão jurisdicional não cumprida resolver assumir a causa, torna-se *dominus litis* e pode transigir discricionariamente.

O Estado recalcitrante pratica um ato ilícito internacional, embora o prejuízo seja sofrido de modo privado pela pessoa protegida pela jurisdição do Estado prolator do julgado não cumprido. A responsabilidade internacional será examinada mais adiante.

O processo de execução contempla, por natureza, a possibilidade de atos *manu militari* se houver resistência. Entre Estados, atos desse jaez soariam como provocação bélica. Por isso, os atos de gestão de um Estado estrangeiro são passíveis de jurisdição até o ponto em que se mantém a cordialidade protocolar da rotina forense.

Ainda que óbvia a ressalva, insta dizer que a Embaixada ou o Consulado são órgãos da pessoa que é o Estado. Com isso, a reclamatória trabalhista, a ação cível, deve indicar como réu o Estado estrangeiro.

11.3.3. Caso Relevante

O Egito e a Síria fundiram-se em 1958, formando a República Árabe Unida (RAU). A sede da Missão Diplomática na cidade do Rio de Janeiro, então capital do Brasil, havia sido adquirida pela Síria antes da fusão. No período de 1958 a 1961, sucederam-se sírios e egípcios na representação diplomática da República Árabe Unida. Desfeita a União, o egípcio que representava a

22 Das ações contra Estado estrangeiro – Provimento *nº 5/2003 Corregedoria TRF4*

RAU manteve-se como representante do Egito e não permitiu que os representantes sírios tomassem a posse do prédio. A Síria foi ao Supremo Tribunal Federal afirmando ser proprietária esbulhada pelo Egito e pediu o despejo dos ocupantes do prédio.

Citado por via diplomática, o Egito invocou a imunidade de jurisdição, o que foi acolhido pelo STF sob o fundamento de que, embora só à autoridade judiciária brasileira compete conhecer das ações relativas a imóveis situados no Brasil (art. 90, I, Código Civil então vigente), havia questão antecedente, regida pelo Direito Internacional Público, atinente aos efeitos, entre o Egito e a Síria, da sua união e posterior separação. A *ratio decidendi* foi a de que a jurisdição brasileira não poderia decidir quais os efeitos da fusão e secessão e os impor ao Egito ou à Síria.[23]

A seguir, discorrer-se-á sobre a imunidade do pessoal diplomático e consular que é expressão *in personam* da imunidade de jurisdição entre Estados.

11.3.4. Pessoal Diplomático, Consular e Funcionários Internacionais

A imunidade diplomática sói ser apresentada como um atributo das pessoas que exercem a representação de um Estado junto a outro. Essa percepção é equivocada porque a imunidade é do Estado, servindo como proteção ao funcionário diplomático para exercer de modo independente as suas atribuições.[24] Tanto é assim que o Estado pode renunciar à imunidade e pôr ao alcance da Polícia, do Ministério Público, do Judiciário, o funcionário a quem se imputa alguma conduta ilícita.

Também é importante destacar que a imunidade consular é menos abrangente que a diplomática, sendo objeto de tratado distinto. Os funcionários das organizações internacionais fruem, via de regra, de imunidade similar à diplomática.

Definidos os pontos nodais do tema, é de relevo narrar, ainda que de modo breve, o desenvolvimento do conceito da imunidade do pessoal diplomático, para depois fazer as análises e desdobramentos no que tange ao pessoal consular e funcionários das organizações.

23 Ação Cível Originária 298/DF

24 "... a finalidade de tais privilégios e imunidades não é beneficiar indivíduos mas sim a de garantir o eficaz desempenho das funções das missões diplomáticas, em seu caráter de representantes dos Estados..." (Preâmbulo da Convenção de Viena sobre Relações Diplomáticas, promulgada no Brasil pelo Decreto nº 56.435/1965).

"Não mate o mensageiro." Essa máxima de todas as guerras tem por fundamento a mantença da possibilidade de acordo entre beligerantes e a integridade física do portador das comunicações constituir-se numa das condições para as conversações. A proteção ao mensageiro pela finalidade da sua função e não por deferência a sua pessoa. Os diplomatas são, em essência, os portadores das mensagens do Estados que eles representam, isto é, que tornam presente diante de outro Estado.

Até a Convenção de Viena realizada em 1815, que desenhou a Europa depois de Napoleão, as normas sobre a proteção dos diplomatas eram consuetudinárias. A partir de então, acentuaram-se os esforços para a compilação de textos com as normas. Contudo, somente em 1961, novamente em Viena, sob os auspícios da ONU, firmou-se a Convenção de Viena sobre Relações Diplomáticas que versa sobre o estabelecimento e ruptura de relações diplomáticas, as suas modalidades e sobre a imunidade diplomática. Na verdade, houve consolidação das normas já assentadas na *praxis* internacional. Com isso, o texto tornou-se praticamente universal.

A Convenção de Viena sobre Relações Diplomáticas denomina Estado acreditante aquele que envia a missão diplomática e Estado acreditado aquele que a recebe. Nos termos da Convenção, a missão diplomática é constituída por um chefe, comumente nominado de Embaixador, pessoal diplomático (adidos militares, culturais, econômicos, secretários) e serviçais domésticos (cozinheiros, jardineiros). Antes de enviar o chefe da missão, o Estado acreditante deve consultar o acreditado para saber se existe objeção. Se houver, o Estado acreditante pode declará-lo *persona non grata*, sem apresentar os motivos da negação do *agrément*.[25] Essa delicadeza da consulta prévia assenta-se no fato de que o estabelecimento e manutenção de relações diplomáticas depende

25 "Ao contrário do que pretende o recorrente, o *exequatur*, ainda quando se trate, como se trata, de *consul electus*, que entre nós tem a denominação de "cônsul honorário" e que não é, como o *consul missus*, funcionário do Estado que o nomeio, não é ato administrativo, mas ato de exercício de soberania por parte do Estado receptor que, pelo art. 12 da Convenção de Viena regularmente inserida em nosso ordenamento jurídico, pode negar a sua concessão sem estar obrigado a comunicar ao Estado que envia os motivos dessa recusa quer diga respeito a *consul missus* (que é funcionário do Estado que o envia), quer diga respeito a *consul electus* (que não é funcionário do Estado estrangeiro, mas por ele escolhido inclusive dentre nacionais do Estado receptor). É ato de soberania do Estado receptor em face do Estado que solicita o *exequatur*, no âmbito do direito internacional público, e não ato administrativo daquele Estado (o receptor) em relação a este, ou daquele em relação ao *consul missus* ou ao *consul electus*" (RMS 23760 / DF – Julgamento 20/11/2001 – Supremo Tribunal Federal).

de consentimento mútuo, embora a doutrina fale em "direito" de legação ativo e passivo.

O chefe da missão diplomática deve apresentar ao Estado receptor as suas credenciais de acordo com o cerimonial local. Recebidas, tem-se por reconhecida a investidura de poderes para representar o Estado acreditante.

Os agentes diplomáticos (embaixador, pessoal diplomático) e membros das famílias que residam no Estado receptor, fruem de imunidade diplomática. Os agentes diplomáticos são imunes à jurisdição penal e civil, bem como às autoridades administrativas. O agente diplomático não pode ser intimado a prestar depoimento como testemunha.

A imunidade a tributos diretos é absoluta. Para consolidar o raciocínio, basta pensar que tributo é homenagem que alguém presta a outrem considerado superior. Entre iguais não há tributo, a exemplo do que ocorre entre as três pessoas políticas (União, Estados e Municípios) no âmbito interno do Brasil.

O Estado receptor não pode penetrar nos locais da missão diplomática sem convite ou autorização. Os escritórios da missão, as residências dos agentes diplomáticos e outros locais avençados com o receptor são invioláveis. *Aedem* para a mala diplomática que não passa pelos procedimentos aduaneiros e não pode ser aberta pelo Estado receptor.

O fundamento da inviolabilidade não é a ficção da extraterritorialidade e sim a expectativa de reciprocidade entre iguais. Altruísmo recíproco destinado a assegurar um mínimo de civilidade nas relações interestatais. A *realpolitk* do fundamento da imunidade diplomática está cruamente exposta na idéia de não criar um precedente prejudicial a seus próprios diplomatas:

> *A state may be under pressure from its internal public opinion to limit the immunity of foreign diplomats, but it usually resists the pressure, because otherwise it would create a precedent which would be used against its own diplomats in foreign countries.* (Akehurst, 1982, p. 112.)

11.3.5. Asilo Diplomático

A inviolabilidade dos locais da missão diplomática deu ensejo à criação do instituto do asilo diplomático. A força da palavra asilo costuma escapar da percepção rotineira, mas tem o sentido profundo de proteção dado por um silo, um lugar que protege contra as intempéries. A perene instabilidade (oxímoro melancólico) da política latino-americana foi a tempestade que mais intensamente gerou persecussões e busca de refúgio nos locais das missões diplomáticas. A consolidação jurídica do instituto se deu com o caso Haya de la Torre, em 1949, que buscou asilo na Embaixada da Colômbia em Lima, depois do fracasso de um movimento político contra o governo do Peru. O Peru afirmou que se tratava de um criminoso comum, ao que a Colômbia asseverou caber a ela o exame da natureza política ou comum dos crimes imputados ao asilado. A decisão da Corte Internacional de Justiça não definiu claramente a questão e o asilado permaneceu cinco anos na Embaixada colombiana. O Peru e a Colômbia encetaram negociação direta e o salvo-conduto foi concedido a Haya de La Torre. A repercussão política e jurídica do caso desaguou na Convenção de Caracas sobre Asilo Diplomático em 1954,[26] propiciando os fundamentos para os Estados utilizarem a inviolabilidade de seus locais diplomáticos para assegurar direitos fundamentais de pessoas em situação política frágil.

Na América Latina, apenas Cuba não reconhece o direito de asilo a cubanos que o busquem nas embaixadas em Havana, tanto que até 1992 não concedeu salvo-conduto (a garantia de que o seu nacional asilado na Embaixada estrangeira poderá locomover-se para fora do país) e "*los sacó por la fuerza, entrando en las embajadas sin respetar la inviolabilidad de las sedes diplomáticas*" (Key-Sung, 1997, p. 128).

A concessão de asilo político é um dos princípios que rege as relações internacionais do Brasil.[27]

11.3.6. Imunidade Consular

A função consular é diferente da diplomática, sobretudo porque o Cônsul não representa o Estado estrangeiro para fins políticos e jurídicos, tanto que lhe falece legitimidade para receber citação judicial dirigida ao Estado estrangeiro.[28] Essencialmente a função consular é cartorial e assistencial: curia de documentos e das pessoas que são seus nacionais e emissão de documentos aos nacionais do Estado acreditado que desejam viajar ao Estado acreditante. Também é da função consular o fomento às relações econômicas, culturais, sociais, entre os Estados. O Cônsul se apresenta munido de uma carta-patente e será admitido no exercício de suas funções após o Estado receptor conceder *exequatur* a essa carta.

26 Promulgada no Brasil pelo Decreto nº 55.929/1965.

27 Constituição Federal, art. 4º, X.

28 Provimento nº 5/2003 Corregedoria TRF4, art. 334 – "Não será expedido mandado para citação de Estado estrangeiro na pessoa do Cônsul..."

Apenas em situações excepcionais, com aceitação expressa do Estado receptor, a Missão Consular pode exercer funções diplomáticas (art. 17 da Convenção). A Missão Diplomática pode exercer funções consulares, não só porque preceituado na Convenção de Viena sobre Relações Diplomáticas como porque é lógico que quem pode o mais, pode o menos.

A inferioridade de *status* funcional é refletida na escassa imunidade concedida pelo Estado receptor ao pessoal consular (o Cônsul, funcionários consulares) e membros da família que residam no Estado receptor. A imunidade alcança apenas os atos realizados no exercício estrito da função consular. O Cônsul pode ser preso provisoriamente (qualquer modalidade de prisão anterior ao trânsito em julgado da sentença condenatória), a exemplo do que decidiu o Supremo Tribunal Federal (STF) na imputação de pedofilia ao Cônsul de Israel no Rio de Janeiro em 2002:

> (...) inexistência de obstáculo à prisão preventiva, nos termos do que dispõe o art. 41 da Convenção de Viena sobre Relações Consulares. Atos imputados ao paciente que não guardam pertinência com o desempenho de funções consulares.[29]

A imunidade tributária dos funcionários consulares é igual àquela do pessoal diplomático, isto é, não podem ser alcançados por tributos diretos.

Os locais consulares são invioláveis apenas nas partes utilizadas exclusivamente para as necessidades de seu trabalho; a casa do Cônsul e do pessoal consular não está protegida contra a ação do Estado receptor da Missão Consular.

O cônsul honorário, que pode ter a nacionalidade do Estado receptor, é consul electi, enquanto o funcionário do Estado emissor é *consul missi*. O honorário frui de imunidade estreita não extensível aos membros da família. Os arquivos e documentos da repartição consular deverão estar separados dos demais documentos do Cônsul e são invioláveis pelo Estado receptor.

11.3.7. Agente Internacional

A Corte Internacional de Justiça definiu, em 1949, o conceito de agente internacional como

> aquele que, funcionário remunerado ou não, empregado a título permanente ou não, tenha sido encarregado por um órgão da organização de exercer ou ajudar a exercer uma das suas funções. Enfim, toda a pessoa por meio da qual a organização atua *(Reparação de danos sofridos ao serviço das Nações Unidas, Recueil, Corte Internacional de Justiça, 1949, p. 177).*

29 *Habeas corpus* 81158 / Rio de Janeiro – 14/05/2002.

Em sentido estrito, são funcionários internacionais aqueles que mantém vínculo exclusivo e perene com alguma organização internacional, de modo similar à distinção feita no Direito Administrativo entre agente público e funcionário público.

A organização internacional não tem soberania, território, população. A sua natureza acentua o carácter estritamente funcional da imunidade concedida a seus funcionários. O funcionário de uma organização internacional não representa uma soberania perante outra. No art. 105, item 2, da Carta da ONU preceitua-se que os seus funcionários gozarão da imunidade necessária ao exercício independente de suas funções.

As regras sobre relações diplomáticas e consulares sedimentaram-se ao longo de muito tempo. As organizações são um fenômeno no gerúndio, pois os problemas que surgem são novos e as soluções ainda não alcançaram o estado da arte em que se tornam tradicionais, isto é, as respostas aos problemas, por *traditio*, são apreendidas pelos pósteros. Situação delicada ocorre quando a organização internacional recebe legação diplomática de outro Estado ou de outra organização e o Estado sede tem objeção à presença das pessoas ou, até mesmo, não reconhece o Estado ou organização emissora. O chefe da missão diante da ONU ou outro organismo internacional não necessita solicitar o *agrément* (beneplácito), bastando apresentar a credencial ao executivo-chefe da Organização (Key-Sung, 1997, p. 123).

A situação de maior nitidez sobre a imunidade do funcionário internacional se dá quando ele representa a organização junto a um Estado membro. As condições e alcance da imunidade serão definidas pelo Estatuto da Organização ou por um tratado específico.

Em relação aos funcionários da ONU, existe a Convenção sobre Privilégios e Imunidades, adotada pela Assembléia Geral em 1946, que atribui ao alto pessoal (Secretário Geral, Adjuntos, Diretores gerais e respectivas famílias) as imunidades que se outorgam aos enviados diplomáticos de acordo com o Direito Internacional. Os funcionários das organizações especializadas estão cobertos pela Convenção sobre Privilégios e Imunidades das Instituições Especializadas, aprovada pela Assembléia Geral da ONU em 1947.[30]

30 Art. VIII, 4, Tratado da Organização Mundial do Comércio: "Os privilégios e imunidades a conceder por um Membro à OMC, aos seus funcionários e aos representantes dos seus Membros serão análogos aos privilégios e imunidades previstos na Convenção sobre Privilégios e Imunidades das Instituições Especializadas, aprovada pela Assembléia Geral das Nações Unidas em 21 de novembro de 1947."

11.4. RESPONSABILIDADE INTERNACIONAL AQUILIANA

Na percepção clássica, um sujeito de Direito Internacional Público responde por seus atos diante de uma ou mais pessoas do mesmo jaez vítimas diretas ou mediatas do dano. A novidade doutrinária é a possibilidade de o Estado responder a toda a sociedade, representada por uma organização internacional, por danos ambientais e por ofensa a direitos fundamentais de indivíduos singulares.

Inicialmente, o tema será tratado pelo enfoque tradicional, no qual a responsabilidade sói ser dividida em civil e penal. A regra na seara penal é a responsabilidade subjetiva, o que a limita a pessoas físicas. A responsabilidade penal objetiva é uma exoticidade dirigida a pessoas jurídicas, não integrando os assuntos do Direito Internacional Público. A responsabilidade penal internacional da pessoa física será versada na parte atinente aos Tribunais Internacionais, especialmente o Tribunal Penal Internacional.

A responsabilidade é constatada por subsunção do fato ao Direito Internacional Público. A eventual licitude da conduta (comissiva ou omissiva) no Direito Interno não poderá ser oposta como obstáculo à pretensão de indenização apresentada pelo Estado que sofreu o dano.

Limita-se a discussão por ora à responsabilidade civil, na qual se admite a responsabilidade objetiva, significa dizer, ainda que não haja culpa ou dolo, bastando dano, nexo causal e imputabilidade.

A indenização[31] é a *restitutio in integro,* o retorno ao *statu quo ante.* No caso da Fábrica Chorzow, julgado pela Corte Permanente de Justiça Internacional em 1928, assentou-se que "a reparação deve tanto quanto possível apagar todas as conseqüências do facto ilícito e restabelecer o estado que teria provavelmente existido se o dito acto não tivesse sido cometido" (Dhin, 1999, p. 715). Se não for possível fazer as coisas voltarem à situação anterior ao dano, haverá compensação e não, indenização. Por facilidade retórica discorrer-se-á sobre a responsabilidade falando-se em indenização.

A indenização não tem carácter sancionatório. Não é uma pena, uma expiação. O dever de indenizar se destina a impedir que a vítima padeça das conseqüências advindas da conduta ilícita de outrem.

31 Tornar indene, sem dano. (N. A.)

11.4.1. Dano Causado por uma Pessoa de Direito Internacional Público a outra Pessoa do mesmo Jaez

Entre monarcas absolutos (reis, tiranos, déspostas, caudilhos, ditadores,) o dano causado a outro monarca sempre foi uma preocupação e nunca se alegou que *le roi ne peut mal faire*. Na face interna da soberania, o absolutismo do poder se apresentava na total irresponsabilidade do Estado por seus atos (lícitos e ilícitos) lesivos aos súditos. Por isso, o instituto jurídico da responsabilidade do Estado por atos danosos teve evolução assimétrica no plano internacional e no intra-estatal.

Ao se reconhecerem como iguais, o corolário lógico é a admissão de um dever para quem causou e um direito para quem sofreu o dano. No cenário interno, a igualdade entre os indivíduos e o Estado se consolidou apenas no século XX, embora o ideário tenha conquistado o mundo com o Iluminismo, ainda no século XVIII. Nas relações interestatais, esse reconhecimento é fato remoto, mas a expressão jurídica da igualdade entre os Estados ocorreu de modo pronunciado em 1648 nos Tratados de Westphalia, que puseram fim às guerras religiosas iniciadas com a Reforma Protestante.[32]

A busca da reparação deve seguir caminhos pacíficos, da conversação direta até o socorro jurisdicional da Corte Internacional de Justiça. Esse *iter* da solução de conflitos internacionais será examinado em capítulo próprio.

11.4.2. Dano Causado por uma Pessoa de Direito Internacional Público a uma Pessoa de Direito Privado

A incidência das regras de Direito Internacional Público não ocorre se a indenização for resolvida na jurisdição interna de um Estado (seja ele o causador do dano ou não). O assunto passa ao âmbito do DIP se houver dano, nexo causal e imputabilidade, remanescendo aberta a indenização. Diante de tal situação, o Estado patrial ou que tenha algum liame com a vítima pode acionar os mecanismos de proteção diplomática para obter a indenização.

No caso Nottebohm, a Corte Internacional de Justiça afirmou que:

32 *"La negociación de la paz al terminar la guerra de los treinta años (1618–1648) tuvo lugar en el Congreso de Westfalia que se desarrolló en las ciudades de Münster y Osnabück, de Westfalia en 1648. Dos fueron los tratados de paz firmados en Westfalia: el* 'Instrumentum pacis' *osnabrugense, que fue firmado por Suecia y los alineados alemanes y el* 'Instrumentum pacis' *monasteriense que fue firmado entre Alemania y Francia. También Francia, España y Venecia firmaron ambos tratados"* (Key-Sung, 1997, p. 282).

> A proteção diplomática e a proteção pela via judicial internacional constituem uma medida de defesa dos direitos do Estado. Como já foi dito e repetido pelo TPJI, ao tomar a defesa de um dos seus, ao pôr em movimento em seu favor a ação diplomática ou a ação judicial internacional, este Estado faz, na verdade, valer o seu próprio direito, o direito que ele tem de fazer respeitar, na pessoa dos seus nacionais, o direito internacional.[33]

Vê-se, ocorre mutação dos pólos e da natureza da lide: sai a pessoa privada do pólo ativo, entra um Estado e o litígio passa a ser regido pelas regras de Direito Internacional Público. Desse ponto em diante está-se na presença de situação similar àquela que se examinou na responsabilidade por dano que um Estado causa a pessoa da mesma natureza. Ressalva se apresenta quanto às condições da proteção diplomática: nacionalidade da pessoa protegida e o esgotamento dos recursos locais.

A nacionalidade é assunto regido pelas normas internas de cada Estado.[34] Diante de uma situação de proteção diplomática, é possível que haja recusa, por parte do Estado, a quem se imputa a responsabilidade pelo dano, se ela não for efetiva. O que se intenta evitar são as nacionalidades de aluguel.

A nacionalidade das pessoas jurídicas é definida pelas normas de cada Estado. Contudo, a diversidade de tratamento jurídico do assunto aumenta a possibilidade de que o Estado reclamado se recuse a aceitar a proteção diplomática concedida por um Estado a uma empresa. O rol de critérios para caracterizar a nacionalidade de uma pessoa jurídica só pode ser apresentado em *numerus apertus:*

> *(...) el lugar de constitución, el lugar de explotación, el del domicílio social y el del país que autoriza la constitución. Existen, incluso, otros criterios, como el de la nacionalidad de los socios, el lugar donde se ha suscrito el capital social y aún aquel que tiene en cuenta la nacionalidad de aquellas personas que tengan la dirección efectiva o la mayoría del capital social...* (Velasco, 1976, p. 343, Tomo I.)

No caso "Barcelona Traction Light and Power Co.", o tema foi central para o julgamento proferido pela Corte Internacional de Justiça em 1970. A pessoa jurídica de nacionalidade canadense, formada por sócios de nacionalidade belga, exauriu a jurisdição interna da Espanha numa discussão sobre expropriação de bens da empresa ocorrida em 1935, na guerra civil espanhola. A Bélgica acionou a Espanha na CIJ para obter indenização destinada aos

33 CIJ, questão Nottebohm, 6/05/55, p. 24, *apud* Reuter, p. 150.

34 Convenção sobre Nacionalidade, Haia, 1930. Promulgada no Brasil pelo Decreto nº 21.798/1932.

acionistas, seus nacionais. A Corte afirmou que caberia ao Canadá o exercício da proteção diplomática diretamente à pessoa jurídica, fazendo opção pelos critérios de local de constituição e sede da pessoa jurídica, além de não a desconsiderar para permitir a ação imediata dos sócios.

A definição da nacionalidade das empresas multinacionais apta a ensejar proteção diplomática é questão sem resposta conclusiva na doutrina e jurisprudência. Dhin propõe a "criação de um corpo de normas internacionais equilibradas" destinado a resolver o problema a longo prazo, tanto para as empresas quanto para as associações sem fins econômicos (Dhin, 1999, p. 626). A idéia encontra ressonância na Comissão das Sociedades Transnacionais do Conselho Econômico e Social da ONU, que desenvolve estudos para a regulação da atividade das empresas de âmbito mundial, privadas, mistas ou públicas.

Destaca-se agora a regra de que o particular deve esgotar os recursos existentes no Estado a quem se atribui a responsabilidade antes de buscar o socorro de seu Estado patrial por meio da proteção diplomática. A idéia fundante regra assemelha-se à questão da supressão de instância: não se devem usar os meios extraordinários sem passar pelos ordinários. A Organização dos Estados Americanos (OEA) auspiciou o Tratado Interamericano de Soluções Pacíficas de Litígios (promulgado no Brasil pelo Decreto nº 5.785/1966), cujo art. VII preceitua:

> As Altas Partes Contratantes se obrigam a não intentar reclamação diplomática para proteger seus nacionais, nem a iniciar com este fim litígio ante a jurisdição internacional, quando ditos nacionais tenham meios eficazes de recorrer aos tribunais domésticos competentes do Estado respectivo.

A proteção diplomática está se tornando excepcional porque os Estados construíram sistemas jurídicos completos e operacionais. Com isso, o custo político da proteção aumentou muito, pois implica negar a qualidade civilizacional do Estado contra quem se litiga. Se antes a proteção diplomática (com as belonaves no horizonte) era um meio de a civilização prevalecer sobre a barbárie, a situação moderna a faz parecer um ato bárbaro contra um ambiente civilizado. O sistema de solução de litígios da Organização Mundial do Comércio (OMC) admite legitimidade *ad causam* apenas aos Estados e isso os leva a endossar os interesses de suas empresas, a exemplo da atitude do Brasil no Caso Embraer–Bombardier, discutido em vários processos na OMC entre 1999 e 2002.

Se o dano decorre de inadimplemento de contrato entre o Estado e o particular é possível que o Estado patrial do prejudicado ofereça a proteção diplomática? Os Estados patriais dos bancos que emprestavam dinheiro aos Estados da América Latina endossavam as reclamações contra as moratórias e isso gerou conflitos políticos de expressiva monta, a ponto de se desenvolver na Argentina, por sugestão de Carlos Calvo, a denominada cláusula Calvo nos contratos de mútuo feneratício com bancos estrangeiros, pela qual o cedente se comprometia a não recorrer à proteção diplomática. Por óbvio, a proteção diplomática é decisão do Estado que não fica submetido à cláusula contratual firmada entre um nacional seu e outro Estado.

Houve, no século XIX e início do XX, ação militar de Estados patriais de bancos contra os Estados inadimplentes a exemplo do bloqueio naval da Venezuela realizado em 1902 pela Alemanha, Inglaterra e Itália. Em 1907, na Convenção de Haia, aprovou-se proposição dos Estados Unidos, originária da tese do Chanceler argentino Luis Maria Drago, limitando-se o uso da força para a cobrança de dívidas. Essa deliberação ficou conhecida como Doutrina Porter. A *Lex Poetelia Papiria* do Direito Internacional Público veio, com 2.400 anos de atraso, no art. 2º da Carta da ONU, que determinou aos Estados membros o dever de evitar o uso da força contra a independência política ou a integridade territorial de outros Estados.

11.4.3. Dano Causado por uma Pessoa de Direito Internacional a Sociedade Internacional

Entra-se aqui em seara nova, na qual os interesses ou direitos são transindividuais, de natureza indivisível, titularizados por pessoas indeterminadas, ligadas entre si pela circunstância de padecerem as conseqüências dos danos.[35] Em casos extremos, as vítimas podem ser todas as pessoas do mundo, como nos danos ambientais de grande monta. Sem um Estado diretamente legitimado para exigir indenização, quem tem legitimidade para reclamar em nome de vítimas difusas?

As dificuldades jurídicas podem ser contornadas se um Estado exigir reparação do Estado a quem se imputa a responsabilidade pelo dano, mas essa atitude tem um custo político que nem sempre os governos decidem assumir, pois a reclamação face a face é mais desconfortável que aquela formulada por um órgão especializado e politicamente neutro, como o Ministério Público.

35 Conceito de interesse e direito difusos extraído do art. 81 do Código de Defesa do Consumidor, Lei nº 8.078/1990.

No art. 235, 1, da Convenção de Montego Bay, preceitua-se a responsabilidade dos Estados pela proteção do ambiente marinho e que serão responsabilizados, em caso de dano, em conformidade com o direito internacional.[36]

11.5. ORGANIZAÇÕES INTERNACIONAIS

Nada é possível sem os homens, nada é permanente sem as instituições.[37]

Os Estados são as pessoas internacionais originárias; as organizações são derivadas da vontade dos Estados, como se percebe na definição apresentada por Ricardo Seitenfus:

> (...) associação voluntária entre Estados, constituída através de um tratado que prevê um aparelhamento institucional permanente e uma personalidade jurídica distinta dos Estados que a compõem, com o objetivo de buscas interesses comuns, através da cooperação entre seus membros. (Seitenfus, 2000, p. 27.)

Ao tomarem a decisão política de criar uma organização internacional, os Estados a realizam por meio de tratado constitutivo de uma pessoa jurídica de direito público que não será soberana, mas autônoma em relação a vontade de um ou alguns dos Estados membros.[38] Essa capacidade de formar volição própria independente da vontade singular dos associados, é que denota a personalidade de uma pessoa jurídica. Quando há essa possibilidade de formação autônoma de vontade, está-se diante de um organismo e não de um órgão.

11.5.1. Personalidade Jurídica

Assim como é possível no direito interno a constituição de uma pessoa jurídica por meio de associação de outras pessoas jurídicas, os Estados, pessoas jurídicas de direito público internacional, constituem uma pessoa jurídica de igual jaez.

36 "Os Estados devem zelar pelo cumprimento das suas obrigações internacionais relativas à proteção e preservação do meio marinho. Serão responsáveis de conformidade com o direito internacional" (Art. 35, 1, Convenção das Nações Unidas sobre o Direito do Mar – Convenção de Montego Bay, 1982).

37 Monnet, 1986, p. 269.

38 Convenção de Viena sobre Direito dos Tratados Entre Estados e Organizações Internacionais e entre Organizações Internacionais, art. 2º, I, *i*: "Por 'organização internacional' entende-se uma organização intergovernamental".

À organização internacional falecem os elementos materiais do Estado: território, população e estruturação política autônoma. Essa peculiaridade provocou litígio sobre a sua condição de pessoa de direito público internacional apta a relacionar-se com todos os Estados, praticando atos jurídicos criadores de direitos e obrigações.

A dúvida jurídica esvaeceu em parecer da Corte Internacional de Justiça exarado a pedido da Assembléia Geral da Organização das Nações Unidas. O recém-criado Estado de Israel negava-se a reconhecer a legitimidade ativa da ONU que estava a exigir indenização pela morte do diplomata sueco Folke Bernadotte, quando atuava em nome das Nações Unidas como mediador entre palestinos e israelenses. A Corte asseverou que "... a ONU possui personalidade jurídica internacional, pois constitui atualmente 'o tipo mais elevado de organização internacional e não poderia corresponder às intenções de seus fundadores caso ela fosse desprovida da personalidade jurídica...'" (Seitenfus, 2000, p. 52).

Pode-se sintetizar os critérios utilizados pela CIJ para a constatação da personalidade jurídica das organizações internacionais em três pontos: (a) associação permanente de Estados, que persegue fins lícitos, dotada de órgãos próprios; (b) distinção, em termos de poderes e fins jurídicos, entre a organização e os seus Estados membros; (c) existência de poderes jurídicos que possam ser exercidos no plano internacional, e não unicamente no âmbito dos sistemas nacionais de um ou mais Estados (Brownlie, 1997, p. 710).

Após esse parecer de 1949, a mantença de dúvida não encontrou mais respaldo jurídico e a negativa da personalidade jurídica às organizações internacionais quedou restrita a discursos de resistência política. Atualmente esse tema está pacificado, a ponto de existir o Tratado de Viena sobre o Direito dos Tratados, firmado em 1986, que reconhece às organizações internacionais o poder de celebrar tratados entre si e com os Estados.[39]

A capacidade para a prática de atos jurídicos (celebrar tratados) põe a organização internacional na condição de pessoa plena, não apenas detentora de personalidade jurídica, isto é, titular de direitos e obrigações, mas na condição de pessoa *sui iuris*, que age sem a representação ou assistência de outra

39 Convenção sobre o Direito dos Tratados entre Estados e Organizações Internacionais ou entre Organizações Internacionais. Vide também Constituição da República Federativa do Brasil, art. 21, I, no qual se atribui à União a competência federativa para participar de organizações internacionais, o que se faz por meio de tratados.

pessoa. O art. 6º da Convenção de Viena preceitua que a capacidade para celebrar tratados será regida pelo estatuto da organização. Uma vez constituída com o poder de praticar atos jurídicos dessa envergadura, a organização não depende da opinião ou da benemerência dos Estados para agir no espaço jurídico internacional.

11.5.2. Domicílio

As organizações internacionais firmam tratado de sede com um Estado anfitrião e, nesse território, estabelecem seu domicílio, a exemplo do que fez a ONU com os Estados Unidos da América.

No Estado de domicílio, a organização internacional edifica sede e instala o seu pessoal. As edificações da organização são invioláveis pelo Estado de domicílio, similarmente ao que ocorre com as sedes das representações diplomáticas de outros Estados. O pessoal da organização internacional frui de privilégios e imunidades semelhantes aos deferidos aos diplomatas de Estados estrangeiros.

11.5.3. Estatuto dos Funcionários Internacionais

É um conjunto de normas que preceituam garantias em relação a pessoa jurídica pública à qual os funcionários servem para assegurar a independência funcional, bem como as normas que prescrevem suas obrigações e direitos de labor e previdência.

A diversidade de tratamento jurídico que os Estados atribuem a seus funcionários é retratada na dificuldade de estabelecer uma padrão uniforme para os funcionários internacionais. Ora se ressalta a natureza contratual do vínculo, ora a natureza estatutária. Velasco diz que a

> *(...) relación contractualista la encontramos em aquellas Organizaciones en que o Director o Secretario General fueron originariamente británicos. La S. de N. y la O.I.T. son buen ejemplo de ellas, y así en el Estatuto de personal de esta última se define en su art. 4, núm. 7, el Contrato de trabajo como "una oferta de nombramiento" firma por el Director General o un representante autorizado del mismo y "una declaración de aceptación firmada por el funcionario".* (Velasco, 1976, vol. II, p. 62.)

A *praxis* tem conduzido a um modelo misto, predominando a concepção contratualista, com tendência a incorporar elementos de Direito Administrativo. Os conflitos entre os funcionários e a organização podem ser resolvidos em Tribunais Administrativos, como o existente na Organização

Internacional do Trabalho ou o Tribunal Administrativo das Nações Unidas. Segundo Seitenfus (2000, p. 77), em 1991 havia aproximadamente 75 mil funcionários internacionais em atividade.

11.5.4. Responsabilidade por Danos

As organizações internacionais são análogas aos Estados no que tange a sua responsabilidade pelos atos que danificam alguém. No âmbito interno de um Estado seus atos de gestão estão susceptíveis à jurisdição, porém eventuais constrições de natureza executória não podem ser realizadas contra seus bens.

Certamente o conceito de *acta iure imperii* deve ser entendido de modo mais plástico para a clivagem dos atos de uma organização internacional, dada a ausência de soberania. Mas ainda assim, os atos estritamente funcionais devem ser entendidos como a salvo da jurisdição de um Estado.

11.5.5. Custeio das Organizações Internacionais

Os Estados membros arcam com os custos das organizações. É dinheiro público destinado a entes públicos. Essa afirmação do óbvio tem o sentido de reforçar a idéia de que as organizações são dispendiosas e a gerência dos seus recursos deve ser feita de modo completamente transparente tendo em consideração a sua natureza pública.

A repartição dos custos varia conforme a avença constitutiva da organização. O critério usual é o da capacidade contributiva de cada Estado membro e, normalmente, o *quantum* de aporte em dinheiro não se retrata em diferenças no poder decisório dentro da organização. Porém, em algumas delas, o voto é censitário, isto é, seu peso está relacionado ao rateio dos custos e formação de fundos da entidade.

O tratado constitutivo da Organização dos Estados Americanos preceitua que cada Estado membro tem direito a um voto (art. 55) e que deve custear a entidade tendo em consideração a sua capacidade contributiva (art. 54).

11.5.6. Sucessão de Organizações Internacionais

Não há regras aprioristicamente definidas e cogentes sobre a sucessão das organizações internacionais, como de resto não as há no Direito Internacional Público. Assim, depende da deliberação formulada na entidade que se secciona ou extingue e aquela que recebe o patrimônio (direitos e obrigações).

O exemplo de maior envergadura foi a extinção da Liga das Nações com transmissão do patrimônio à ONU. A receptora deliberou aceitar a resolução da transmitente.

11.5.7. Classificação das Organizações Internacionais

Entre as várias possibilidades classificatórias a doutrina costuma apresentar a divisão por amplitude geográfica e temática (Velasco, 1976, vol. II, p. 34). A maioria das organizações tem restrição geográfica ou temática, como se verá a seguir. Aproveitar-se-á a referência exemplificativa a várias organizações para apresentar breve escorço de cada uma delas.

A descrição desses objetos é enfadonha, mas imprescindível. A narrativa histórica das causas políticas e dos arranjos normativos é condição para o exame analítico. Contudo, seguindo a lição de Bobbio (2002, p. 198), "não narrar os fatos individuais, o que cabe à historiografia, mas conseguir, pela observação dos fatos oferecidos pela historiografia, tendências ou leis gerais". Todavia, antes do escorço exemplificativo, é de relevo discorrer sobre os efeitos políticos e jurídicos da atribuição de competência *rationae loci* e *rationae materiae* às organizações internacionais.

Quanto mais estreita a competência *rationae materiae*, maior a eficácia das resoluções de conteúdo normativo exaradas pela organização internacional. Essa relação inversamente proporcional ocorre também no sentido oposto: quanto maior a competência *rationae materiae*, menor a eficácia. Esse paradoxo é facilmente explicável pela maior ou menor cooperação dos Estados diante das decisões das organizações internacionais. Quando o assunto tem baixo teor político, isto é, apresenta características técnicas, a resistência ao poder da organização é pequena ou nula, a exemplo do que ocorre com os temas ligados à saúde. Para chegar à decisão de cooperar nos assuntos de saúde pública, os Estados passaram por catástrofes como a gripe espanhola em 1920, nas quais se consolidou a certeza de que a ação soberana isolada é ineficiente para que se cumpram os compromissos internos de mantença da higidez da população.

A cooperação nesses assuntos técnicos se dá por cômputo do custo e benefício e não em razão de progresso moral. Ocorre comportamento altruísta com a expectativa de reciprocidade. Altruísmo recíproco, com o oxímoro que a expressão encerra. Um jogo perpétuo que ora têm lances simultâneos, ora sucessivos, e no qual os partícipes aprendem que o ganho imediato obtido por meio de algum lance desleal é anulado por custos futuros aumentados pela falta de confiança. O atingimento de um equilíbrio cooperativo produz resultados positivos crescentes a todos os Estados ao longo do tempo, a exemplo do aumento mundial da expectativa de vida.

Nos assuntos de alta sensibilidade política, a possibilidade de cooperação se reduz muito, porque a tendência é que os dissensos ocorram sobre bens que não admitem fruição compartilhada, ou que se acredite nessa impossibilidade, ainda que ela não seja íntrinseca à coisa. O exercício de poder sobre uma área de solo, o domínio de armas não convencionais, são situações nas quais a tendência é de um jogo com soma zero, isto é, um perde tudo e o outro ganha tudo.

É verdade que o resultado de uma guerra nem sempre é totalmente negativo para uma parte e totalmente positivo para a outra, com soma zero. Mas o jogo é de competição pura, sem cooperação, embora o resultado seja, em graus diferentes, maléfico para as duas partes.

Quando a matéria em dissídio leva os Estados a competirem, as organizações internacionais se tornam mais débeis e sua decisões aproximam-se da ineficácia. Isso ocorre freqüentemente com o Conselho de Segurança da ONU, como no caso da agressão norte-americana ao Iraque em 2003.

11.5.8. Alcance Mundial e Competência Ampla

Larga amplitude geográfica e temática é conjunção rara, até porque não há sentido político numa superposição de organizações destinadas a tudo em todos os lugares. Na verdade, a mais ampla é a Organização das Nações Unidas e quanto maior a competência (poder para decidir sobre determinadas matérias, em determinado lugar, num determinado tempo), menor a eficácia nas situações particulares.

11.6. ORGANIZAÇÃO DAS NAÇÕES UNIDAS

A criação da ONU repousa no horror à destruição causada pelas duas guerras mundiais. A sua história deve ser relatada a partir da Sociedade das Nações (ou Liga das Nações), pois a ONU é resultado de um acordo político destinado a superar deficiências da arquitetura institucional da Liga que facilitaram a eclosão da Segunda Guerra Mundial. As idéias que engendraram a ONU foram gestadas desde a antiguidade, mas só encontraram ressonância política no século XX.

A finalidade amplíssima da Organização das Nações Unidas é manter a paz no mundo. O nome da ONU soa estranho ao considerar-se que nenhuma nação pode ser membro da organização. Apenas Estados são admitidos (Capítulo II da Carta das Nações Unidas). Porém, politicamente soaria mais estranho se o nome fosse Organização dos Estados Unidos. A imprecisão técnica destina-se a contornar um constrangimento político.

11.6.1. Arcabouço Teórico

O projeto de construir uma *Foedus Pacificum* habitou a imaginação de muitos filósofos. O abade de Saint-Pierre publicou em 1728 o seu projeto para a paz perpétua na Europa, que ganhou projeção ao ser comentado por Jean Jacques Rousseau em 1761 (Saint-Pierre, 2003). Rousseau afirma que a humanidade demorou muito para entrar no estado civil em relação aos concidadãos, tomando todas as precauções para evitar a guerra privada, mas, em contrapartida, ainda se encontrava uma situação de natureza nas relações entre os grupos humanos, com incentivo às guerras entre as nações, muito mais terríveis. Essa contradição perigosa podia ser superada por um governo federativo "que una as nações com vínculos semelhantes aos que já unem os seus membros individuais, colocando ambos sob a autoridade da Lei" (Rousseau, 2003, p. 72).

Kant, em 1796 apresentou um artigo denominado "A Paz Perpétua – Um Projeto Filosófico", no qual expôs a idéia de que a paz que se deseja não é a dos cemitérios, mas a paz na dinâmica da convivência civil:

> O estado de paz entre os homens que vivem juntos não é um estado de natureza (*status naturalis*), o qual é antes um estado de guerra, isto é, um estado em que, embora não existe sempre uma explosão de hostilidades, há sempre, no entanto, uma ameaça constante. Deve, portanto, *instaurar-se* o estado de paz; pois a omissão de hostilidades não é ainda a garantia da paz e se um vizinho não proporciona segurança a outro (o que só pode acontecer num estado *legal*), cada um pode considerar como inimigo a quem lhe exigiu tal segurança. (Kant, p. 126.)

Na mesma linha de Rousseau, Kant diz que deve existir "uma federação de tipo especial, a que se pode dar o nome de federação da paz (*foedus pacificum*), que se distinguiria do pacto de paz (*pactum pacis*), uma vez que este procuraria acabar com uma guerra, ao passo que aquele procuraria pôr fim a todas as guerras e para sempre" (Kant, p. 135).

A tese mais radical de Kant aponta para um Estado de povos, uma *civitas maxima*, na qual a civilidade viria da entrega que cada Estado faria de sua liberdade selvagem a uma organização política central. Embora essa tese seja logicamente correta, Kant reconhece que os Estados a rejeitariam e, então, "a *torrente* da propensão para a injustiça e a inimizade só poderá ser detida, não pela idéia positiva de uma *república mundial* (...) mas pelo sucedâneo *negativo* de uma *federação* antagônica à guerra, permanente e em contínua expansão, embora com o perigo constante de sua irrupção" (Kant, p. 136).

Essa federação não submeteria os Estados ao seu poder, destinando-se a manter a paz ainda que desprovida de poder coercitivo.

A criação da *magna civitas* é apresentada por Comparato como um devir inexorável: "Caminhamos, indubitavelmente, para a construção daquela sociedade universal do gênero humano, de que falou Cícero há 22 séculos"(Comparato, 2006, p. 681). A irrefragabilidade do Estado Mundial é tema demasiadamente complexo para os estreitos lindes de um resumo; por isso fica em aberto, retomando-se a narrativa da constituição da Organização das Nações Unidas.

11.6.2. A Liga das Nações

Ao fim da Primeira Guerra Mundial, os Estados Unidos da América despontaram no cenário político internacional, subtraindo o protagonismo da Europa. Woodrow Wilson, o Presidente Filósofo, apresentou um plano de paz que incluía, dentre 14 pontos, a criação de uma organização internacional destinada a manter a paz:

> Uma associação geral de nações deve ser formada sob pactos específicos com o propósito de fornecer garantias mútuas de independência política e integridade territorial para grandes e pequenos Estados indistintamente. (Garcia, 2000, p. 36.)

Depois de um longo processo de negociações encetadas em Paris, a Liga das Nações foi constituída em abril de 1919 como *tertius* que emprestou elementos de duas concepções diferentes sobre a sua natureza; a primeira, uma grande aliança permanente dos Estados; a segunda, um ente supranacional, dotado de órgãos deliberativos, executivos e judiciais, secundados por força armada própria.

> *(...) la Société des Nations constitue un organisme politique et une personne juridique internationale. Sa mission est non seulement de garantir le maintien de la paix dans le monde, à l'aide de mesures appropiées, mais encore de faire régner la justice, d'assurer le respect des traités, d'exercer une tutelle sur les populations non encore capables de se gouverner elles-mêmes, de prendre sous sa protection certaines questions*

> *d'intérêt primordial, enfin d'exécuter les nombreuses missions qui lui sont confiées par le traité de Versailles.* (Foignet, 1926, p. 161.)

O Senado norte-americano não aprovou o ingresso do país na Liga. O Brasil foi o único Estado da América que participou da composição originária e, junto com a Bélgica, Espanha e Grécia, foi membro temporário do Conselho Executivo, cuja competência alcançava todos os assuntos da Liga e da paz no mundo. O Brasil lutou para conquistar a condição de membro permanente do Conselho e, ante o insucesso, o Presidente Artur Bernardes decidiu, em 1926, sair da Liga.

As deliberações do Conselho, conforme o art. 5º do Estatuto, eram tomadas por unanimidade.[40] Esse foi o *leitmotiv* para a *débâcle* da Liga, pois paralisou completamente a capacidade decisória diante dos problemas que surgiram entre os Estados, membros ou não da Liga. A imobilidade política da Liga, somada às dificuldades inerentes da sua posição entre os conflitos dos Estados, a esvaziaram do *élan* inicial.

Em abril de 1946, na sede em Genebra, sob a direção do irlandês Sean Lester, Secretário Geral eleito em 1940, a Liga realizou assembléia de extinção e seu patrimônio foi transmitido à ONU.

11.6.3. A Criação da Organização das Nações Unidas

Ainda no curso da Segunda Guerra Mundial, a China, os Estados Unidos, a Inglaterra e a Rússia entabularam conversações para a criação de uma organização internacional mais apta a cumprir a função de restauração e manutenção da paz. Assim, além da modernização do projeto da Liga das Nações, modificaram o núcleo da organização, estabelecendo o critério de votação por maioria para a tomada de decisões pelo Conselho de Segurança, e atribuíram aos membros permanentes, os quatro fundadores mais a França, o poder de vetar resoluções.

Quando se consolidou a guerra fria entre os Estados Unidos e a Rússia em 1949, a ONU praticamente foi imobilizada pelos vetos de um ou outro. Somente com o reposicionamento ideológico ocorrido nos anos 1990 a organização alcançou a capacidade decisória imaginada pelos idealizadores do modelo.

O Tratado constitutivo, aprovado em junho de 1945 na Conferência de São Francisco, denominado Carta das Nações Unidas, apresenta um número

40 A decisão por unanimidade permite que a minoria tenha tanto poder quanto a maioria. A rigor, propicia o poder de veto a todos os membros de uma coletividade. (N. A.)

anormalmente grande de dificuldades interpretativas, resultantes das dificuldades políticas de construção de uma organização com tal envergadura. Além disso o texto original foi escrito em inglês e francês e só depois traduzido para o chinês, espanhol e russo. Akehurst (1982, p. 164) diz que há diferenças até mesmo entre os textos originais, lembrando que nem o inglês e nem o francês "*was the native language of the majority of the delegates at San Francisco, so imprecise drafting was inevitable*".

A organização tem desenho institucional semelhante ao idealizado por Montesquieu, com órgãos para a função legislativa, executiva e judiciária: Assembléia Geral, Secretaria Geral e Corte Internacional de Justiça. À estrutura básica adicionam-se Conselhos consultivos e deliberativos.

11.6.4. Conselho de Segurança

O centro de poder da ONU é o Conselho de Segurança, que pode agir em nome dos membros da organização, cabendo a ele (art. 39) constatar a existência de ameaça ou ruptura da paz e ato de agressão, podendo mobilizar e empregar força armada para restabelecer a paz (art. 42).

Insta ressaltar que a Carta da ONU não preceitua o direito de veto aos membros permanentes do Conselho de Segurança. Há uma sinuosidade semântica (linguagem politicamente correta) no art. 27 que, ao falar do *quorum* de maioria absoluta para decisões de mérito, diz necessários os votos afirmativos dos membros permanentes. A abstenção ou ausência não é computada como voto negativo (veto).

O Conselho de Segurança é composto por 15 membros. Os cinco permanentes são: China, Estados Unidos, França, Inglaterra e Rússia. A Assembléia Geral elege os demais membros temporários a cada dois anos (art. 23).

11.6.5. Assembléia Geral

A sessão ordinária da Assembléia Geral começa na terceira terça-feira de setembro e termina em meados de dezembro. Sessões especiais ou de urgência podem ser convocadas. Desde a 4ª Sessão Ordinária da Assembléia Geral o discurso de abertura dos trabalhos é feito pelo Brasil, que tem um momento privilegiado para expor a sua análise da conjuntura internacional.

Na Assembléia Geral, cada Estado membro tem direito a um voto e as deliberações são tomadas por maioria de dois terços dos membros presentes e votantes (art. 18). As questões de encaminhamento, ordem, definição de pauta, por maioria simples dos membros presentes.

11.6.6. Secretaria Geral

O Secretaria Geral é unipessoal e a eleição é feita pela Assembléia Geral. O Secretário Geral é o principal funcionário da Organização (art. 97). Ele, bem como os demais funcionários da ONU, não solicita nem recebe instruções de qualquer Governo ou autoridade estranha à Organização (art. 100). Com isso, deseja-se manter hígido o carácter exclusivamente internacional de suas atribuições. O Secretário pode instar o Conselho de Segurança a pôr em pauta "qualquer assunto que em sua opinião possa ameaçar a manutenção da paz e da segurança internacionais" (art. 99).

Por razões políticas os Secretários Gerais soem ser eleitos entre nacionais de Estados que não integram o Conselho de Segurança e estão na borda da ribalta internacional.

11.6.7. Corte Internacional de Justiça

A Corte Internacional de Justiça (CIJ) é o principal órgão judiciário das Nações Unidas. O seu estatuto é um anexo à Carta da ONU, vez que o órgão judiciário da Liga das Nações, a Corte Permanente Internacional de Justiça, sediada em Haia, passou a ser órgão da ONU, com alteração da denominação e leves modificações no Estatuto constitutivo (art. 92). A CIJ será estudada de modo minudente no capítulo destinado aos Tribunais Internacionais.

11.6.8. Conselhos

O Conselho Econômico e Social é composto por 54 Estados eleitos pela Assembléia Geral e se destina a estudos e informes sobre assuntos econômicos, sociais, culturais, de saúde pública, e outros assuntos conexos, fazendo recomendações à Assembléia Geral, diretamente aos Estados membros e às organizações internacionais especializadas. As deliberações são feitas por maioria dos membros presentes e votantes (art. 67).

Várias organizações mantém relação próxima com a ONU, instrumentalizada por meio de acordos, via de regra celebrados pelo Conselho Econômico e Social (art. 63), formando um sistema das Nações Unidas, apto a coordenar as atividades políticas e técnicas:

- Organização Internacional do Trabalho;
- Organização das Nações Unidas para a Agricultura e a Alimentação;
- Organização das Nações Unidas para a Educação, a Ciência e a Cultura;

- Organização Mundial da Saúde;
- Banco Mundial;
- Fundo Monetário Internacional;
- União Postal Universal;
- União Internacional de Telecomunicações;
- Organização Meteorológica Mundial;
- Organização Marítima Internacional;
- Organização Mundial de Patrimônio Internacional;
- Tribunal Penal Internacional (TPI – *acréscimo dos autores*).

Essas organizações são autárquicas em relação à ONU, todavia mantém vínculo que varia desde contribuição econômica da ONU para o custeio da Organização até decisões políticas profundas, como a possibilidade do Conselho de Segurança da ONU suspender processo em curso no Tribunal Penal Internacional.

11.6.9. Conselho de Direitos Humanos

Impende, antes de descrever o novel Conselho de Direitos Humanos da ONU, fazer delimitação mínima dessa categoria de direitos, haja vista a passionalidade, a profissão de fé, de muitos doutrinadores e ativistas que brandem documentos jurídicos (listas de direitos) como se fossem fruto de revelação divina. A fé cega é faca amolada, adversária da ciência.

O tema é emprenhado de mal-entendidos, imprecisões vernaculares, conceitos apriorísticos, resultando em desconforto para quem pretende tratá-lo sob o prisma do ceticismo científico. Esse ceticismo é método científico e não uma postura ideológica propelidora do cinismo político. Quem faz ciência não deseja esticar ou encolher o rol de direitos, não se compraz com o sofrimento; almeja, isto sim, estruturar o pensamento para erigir instituições aptas a inibir o *homo lupus*. A tal desiderato, imprescindível expor a crueza dos objetos em estudo, sem retocá-los antes da apresentação ao público, denotando claramente a extensão jurídica existente:

> Alguns pensam nos direitos humanos como mais ou menos os mesmos direitos que os cidadãos possuem em um regime democrático constitucional razoável; essa visão simplesmente expande a classe dos direitos humanos para que inclua todos os direitos que os governos liberais garantem. Os direitos humanos no Direito dos Povos, por contraste, expressam um classe especial de direitos urgentes, tais como a liberdade que impede a escravidão ou servidão, a liberdade (mas não a igualdade) de consciência e a segurança de grupos étnicos contra o assassinato em massa e o genocídio. (Rawls, 2001, p. 103.)

Com o rol de direitos fundamentais do Direito dos Povos adstrito às condições básicas para o devir individual e coletivo, pode-se examinar de modo realista a criação, em 2006, do Conselho de Direitos Humanos, com *status* político e burocrático igual ao do Conselho de Desenvolvimento Econômico e Social.

Volvendo à descrição, o tema dos Direitos Humanos é objeto de uma Comissão subordinada ao Conselho de Desenvolvimento Econômico e Social. Koffi Anan, então Secretário Geral da ONU, mobilizou energia política e obteve 170 votos da Assembléia Geral para a transformação da Comissão em Conselho, com as conseqüências administrativas pertinentes e, sobretudo, para sinalizar a importância do tema nas atividades da organização.

A composição do Conselho ficou assim preceituada:

a) os 47 Estados-membros serão eleitos por maioria absoluta da Assembléia Geral, em votação direta e individual para mandato de três anos;
b) os Estados-membros deverão ser exemplares na proteção interna aos Direitos Humanos e, ao aceitarem a condição de membro do Conselho, autorizam visita de inspetores internacionais e se submetem a revisões periódicas de sua atuação nessa área;
c) a Assembléia Geral poderá suspender, por dois terços de votos de sua composição, o Estado-membro do Conselho que viole direitos fundamentais;
d) o Conselho se reunirá, no mínimo, três vezes por anos.

Na composição inicial do Conselho, estão presentes alguns Estados cuja trajetória não registra a prática interna da democracia em sua expressão basal de liberdade de opinião política, religiosa, sexual. O Conselho tem competência para examinar denúncias sobre atentados a direitos fundamentais praticados por agentes estatais ou sob o pálio do algum Estado, porém, sobretudo, foi-lhe atribuída a incumbência de promover as condições para o respeito aos direitos fundamentais.

11.6.10. Reformas da ONU

O Conselho de Direitos Humanos é fruto de uma reforma do desenho instituticional da ONU levada a cabo, em 2006, pela tenacidade do Secretário Geral. Essa reforma não tocou no *inner circle*, não alterou o núcleo da distribuição de poder entre os Estados associados e, de fato, mudança de tal jaez não virá de dentro para fora. As relações de poder entre os Estados mudarão ao longo de décadas e surgirá uma tensão entre a composição e poder dos membros do Conselho de Segurança e os futuros detentores reais de poder. A rigor, essa demanda por reformas é conversa antiga e, de certa forma, uma reiteração farsesca porque apresentada sob a máscara da modernidade quando na verdade é apenas contenda por poder, uma novidade senecta no museu da atividade política.

> *Qué resistencia eficaz podía hacerse por una ni otra parte contra las cinco grandes potencias reunidas?*
> *Ya hemos combatido las pretensiones de las grandes potencias para tratar y decidir las cuestiones en que los Esatdos menores están interessados, como sí fuesen sus superiores legítimos, y hemos demontrado que tales pretensiones deben considerarse como una violación de la igualdad jurídica de los Estados que se deriva del derecho natural.*
> *Puede admitir-se que ciertas cuestiones deban someterse a la decisión de las grandes potencias; pero no puede considerarse como derecho exclusivo de las misma el de discutir y decidir acerca de las cuestiones internacionales. Es, pues, necesaria una **reforma** en la organización de los Congresos.* (Fiore, 1894, p. 287 – negrito do autor.)

O texto se refere aos Congressos Europeus convocados pelas cinco potências que conduziram o Congresso de Viena em 1815. O texto de Pasquale Fiori pode ser transcrito para uso moderno praticamente sem adaptações e já tem mais de cem anos. Uma certa contenção, moderação, não significa ter o arcaísmo como projeto (Fragoso e Florentino, 2001), sim a percepção de alguma estabilidade da natureza humana, sem condenar o passado como algo provisório, um mero veículo para que se possa "edificar já o reino dos céus sobre a Terra" (Jonas, 2006, p. 55, Tomo 3).

11.7. ALCANCE MUNDIAL E COMPETÊNCIA RESTRITA

São organizações que lidam com assuntos de menor agudeza ideológica. Algumas, como a Organização Mundial da Saúde, tem rol de competência largo, mas em torno da sanidade pública. As estruturas institucionais (*modus decidendi, operandi*) guardam especificidades pertinentes à competência material da cada uma delas.

A UIT e a OIT foram escolhidas para exemplificar essa classe de organização.

11.7.1. União Internacional das Telecomunicações

Ao lado da União Postal Universal é a organização internacional mais antiga em funcionamento, embora na sua constituição, em 1865 em Paris, tenha recebido a designação de União Telegráfica Internacional. Em 1932, na Convenção de Madri, recebeu o nome moderno e seu estatuto foi objeto de modificações até a consolidação na Convenção de Málaga-Torremolinos, em 1973. Desde 1949, a organização funciona como organismo especializado do sistema da ONU.

A finalidade básica, nos termos do art. 4º do Tratado Constitutivo, é ampliar a cooperação internacional para o melhoramento e emprego racional dos meios de telecomunicações, bem como efetuar a distribuição de freqüências do espectro radioelétrico a fim de evitar as interferências. Além disso, visa fomentar a colaboração entre os Estados para o estabelecimento de tarifas que garantam amplo acesso ao uso e, ao mesmo tempo, assegurem a boa qualidade do serviço.

A UIT é composta por Estados, membros ou não da ONU, que passam por um procedimento de admissão. Dos órgãos da UIT destaca-se a Junta Internacional de Registro de Freqüências, que tem como atribuição o registro das freqüências consignadas a cada Estado, bem como das posições aos satélites geoestacionários (órbita Clark).

11.7.2. Organização Internacional do Trabalho

Criada em 1919 como autarquia associada à Liga das Nações, teve reformulação estatutária em 1946, ocasião em que foi reconhecida pela ONU como organismo especializado.

A Declaração da Filadélfia, proferida em 1944, retrata o ideário da OIT que pode ser sintetizado na afirmação de que o trabalho não é mercadoria. Partindo dessa assertiva capital abre-se um leque de atividades da organização que atua tanto na proteção ao trabalhador individual quanto ao fomento à organização dos trabalhadores por meio de sindicatos. Também está na atenção da OIT o trabalho informal, escravo, degradante.

Os Estados podem ser membros da OIT depois de um procedimento admissional. A Conferência Geral reúne quatro representantes de cada Estado membro, sendo dois delegados do Governo, um dos trabalhadores e um dos empreendedores. Os delegados votam individualmente, conforme a sua orientação política. Certamente, a legitimidade dos representantes do capital e do trabalho é tema árduo na política interna de cada Estado.

A Conferência Geral, além do carácter normativo e de controle dos resultados, tem o poder de adotar convenções internacionais de trabalho e de proferir recomendações. As deliberações são tomadas por maioria de dois terços dos delegados presentes.

As Convenções da OIT não têm efeito direto na ordem jurídica interna de cada Estado membro, mas estes comprometeram-se a apresentar, no prazo máximo de 18 meses, as Convenções para o processo de internalização, transformando-as em lei ou outro veículo normativo.

As recomendações da OIT dirigidas a um Estado não o obriga quanto ao conteúdo, mas ele deve informar à organização os motivos da sua inconformidade. Na prática, as recomendações funcionam como estímulo político aos debates internos sobre as condições dos trabalhadores.

11.8. ALCANCE REGIONAL E COMPETÊNCIA AMPLA

Nesta classe apresentam-se poucas entidades, tendo em conta alguma superposição com a ONU e a natureza política da competência. Na verdade, destaca-se aqui a experiência da América que, desde o século XIX, envidou esforços para criar uma organização perene entre os Estados.

11.8.1. Organização dos Estados Americanos

Ao apresentar as condicionantes do processo político de articulação dos Estados Americanos, Ricardo Seitenfus, além de destacar a forte assimetria causada pelas características econômicas, militares e políticas dos Estados Unidos, diz que "a matriz européia de ocupação do Novo Mundo e a coincidência temporal (início do século XIX) dos processos que levaram a maioria das colônias latinas a tornarem-se Estados independentes, não constituem elementos suficientes para fomentar uma política de cooperação" (Seitenfus, 2000, p. 190).

Em que pesem as condicionantes, a identidade hispanófona sempre funcionou como instigadora do esforço para a consecução da unidade política. É verdade que muitas tentativas quiméricas (altruístas ou egoístas em demasia) desfizeram-se diante dos olhos atônitos dos Quixotes da América hispânica, sobretudo porque os povos de língua inglesa e portuguesa conseguiram unidade política sobre grandes extensões territoriais.

Por outro lado, lusófonos e hispanófonos, a América Católica, partilharam a mesma sina de pobreza política e econômica.

Movido por um caleidoscópio de realismo e idealismo, o pan-americanismo expressou-se na Primeira Conferência Internacional das Américas em 1889, até que em 1948, impulsionado pelo temor norte-americano de perder espaço para a União Soviética "no quintal de sua casa", foi criada a Organização dos Estados Americanos, com sede na cidade de Washington.[41]

O finalidade da Organização é a manutenção da paz no Continente, prevenindo o surgimento de litígios entre os Estados americanos e propiciando segurança coletiva no caso de agressão vinda de outro Continente, expressa na Carta de Bogotá (tratado constitutivo da OEA), art. 3º, alínea *g*, "a agressão a um Estado americano constitui uma agressão a todos os demais Estados americanos".

A Organização tem uma opção ideológica muito clara ao arrolar entre seus propósitos essenciais a promoção e consolidação da democracia representativa (art. 2º, alínea *b*). A leitura atual, desconectada da *occasio legis,* não revela que essa asserção era a antítese do partido único, da ditadura do proletariado, então dominante na extinta União Soviética. O pan-americanismo de moinhos de vento cedeu passo à *realpolitik* na qual digladiavam-se os condutores do mundo pós-guerra.

A Assembléia Geral anualmente delibera sobre os assuntos da Organização. As decisões são tomadas por maioria absoluta dos membros. Na estrutura da OEA não existem duas classes de Estados como na ONU – aqueles que têm o poder de veto e os que não o têm. Os membros participam de todas as deliberações em igualdade jurídica.

Das Comissões da OEA destaca-se a Comissão Interamericana de Direitos Humanos, sediada em San José da Costa Rica. No mesmo local foi firmada a Convenção Interamericana sobre Direitos Humanos – *Pacto de San José da Costa Rica* – promulgada no Brasil pelo Decreto nº 678/1992.

11.8.2. Organização da Unidade Africana

A imensa diversidade geográfica, lingüística e cultural da África, atuaram como condicionantes poderosas contra o desenvolvimento endógeno da articulação política continental. A demorada presença alienígena também dificultou a auto-organização. No curso da descolonização, iniciada na metade do século XX, produziu-se esforço para a criação de uma entidade regional

41 "A OEA se origina da União Internacional das Repúblicas Americanas, criada em 1890, por iniciativa dos Estados Unidos da América, para dar ao continente 'voz autorizada diante de uma Europa colonialista e reincidente'" (Rangel, 1997, p. 87).

com função de manutenção da paz, afirmação da soberania dos nascentes Estados e desenvolvimento econômico. Em Adis-Abeba, em 1963, constituiu-se a Organização da Unidade Africana, com a participação de 30 Estados.

Anualmente ocorre a Conferência dos Chefes de Estado e de Governo, competente para examinar e decidir todos os assuntos da OUA. Cada Estado tem direito a um voto e as deliberações de mérito são tomadas por dois terços dos membros da Organização. Os temas de natureza procedimental são deliberados por maioria simples.

O Secretário Geral é eleito pela Conferência e tem função marcadamente administrativa, respondendo pela rotina de comunicações, orçamento e gerência dos projetos definidos pela Conferência.

As guerras civis de cunho ideológico, étnico, religioso, que lanharam a África impediram o florescimento das idéias e efeitos da cooperação entre as muitas nações que lá habitam e a OUA tem se mantido mais como idéia do que fato politicamente relevante.

11.9. ALCANCE REGIONAL E COMPETÊNCIA RESTRITA

Organizações dessa natureza existem em grande número. O rol de um cento pode ser insuficiente. Para apresentar exemplos, optou-se por uma provecta e outra que surgiu na neurastenia da guerra fria e hoje está diante de crise existencial.

11.9.1. Organização Panamericana de Saúde

Centenária, a Organização sediada em Washington é uma entidade especializada do sistema da Organização dos Estados Americanos com finalidade técnica de atender aos interesses de saúde pública do todos os Estados da América.

A Organização está estruturada em Conferência Panamericana de Saúde que é o órgão máximo, Conselho Diretor, Comitê Executivo e Diretor Geral. A Conferência delibera sobre todos os assuntos da competência da Organização, elege os membros que cumprirão as funções executivas, inclusive o Diretor, determina aos órgãos inferiores as políticas e metas a serem alcançadas.

Cada Estado tem direito a um voto na Conferência que ocorre qüinqüenalmente em local definido pelo Diretor Geral, após consultar o Comitê Executivo. O Conselho Diretor se reúne no intermédio do qüinquênio para examinar a condução das atividades da Organização e suas deliberações são tomadas por maioria do presentes. Cada Estado tem direito a um membro no Conselho Diretor. O Comitê Executivo é composto por nove membros e se reúne anualmente.

O estatuto vigente é resultado da Conferência realizada em Buenos Aires, em 1997.

11.9.2. Organização do Tratado do Atlântico Norte

Em situação oposta ao isolacionismo que marcou a política externa dos Estados Unidos no primeiro pós guerra, a ascensão da União Soviética provocou a presença norte-americana em muitas frentes de cooperação militar no segundo pós guerra. A idéia era formar anéis de contenção do projeto expansionista soviético.

A criação da Organização do Tratado do Atlântico Norte (Otan) em 1949, com sede em Bruxelas, se insere nesse contexto de defesa de uma posição ideológica colidente com a soviética. A Europa ocidental, o Canadá, os Estados Unidos e Grécia e a Turquia (ambas a partir de 1951), integram a Organização. A França se comportou como membro rebelde até que, em 1966, retirou-se da OTAN para desenvolver o seu próprio projeto de armamento nuclear.

Com o fim do sistema político internacional binário, a *ratio essendi* da OTAN pareceu ter deixado de existir; todavia as lutas nacionalistas no Leste Europeu e nos Balcãs recrudesceram, levando a Organização a usar, sem assentimento da ONU, a sua força armada na Bósnia e no Kosovo.

11.10. COMUNIDADES REGIONAIS DE ESTADOS

No intróito do estudo é relevante delimitar o sentido atribuído à palavra comunidade, com o apoio da sapiência de Ricardo Seitenfus:

> Convém anotar que a denominação de *sociedade internacional* não reflete com exatidão o que pretendemos descrever. Trata-se do *meio internacional* ou *sistema internacional*. Todavia, optando-se por outra designação, utilizada com freqüência pela literatura, qual seja a expressão *comunidade internacional,* estaríamos nos distanciando mais ainda das características objetivas que marcam as relações internacionais. Com efeito, **a expressão comunidade implica a existência de uma comunhão de interesses e a vontade de viver de forma congraçada**. Ora, as relações internacionais demonstram que o congraçamento não consiste no maior de seus traços. Portanto, adotamos a expressão *sociedade internacional* no seu sentido sociológico, a demonstrar a existência de um mínimo de vontade convivência· (Seitenfus, 2000, p. 23 – negrito do autor.)

A personalidade jurídica de Direito Internacional Público das Comunidades Regionais de Estados é um fenômeno ainda em concepção. De certa forma, é hiperbólico arrolá-las junto aos Estados e organizações internacionais. Todavia, a União Européia e o Mercosul apresentam-se diante de seus Estados membros e dos demais Estados como entes aptos ao exercício de direitos e à assumpção de obrigações.

A extinta Comunidade de Estados Independentes, sucessora da também extinta União das Repúblicas Socialistas Soviéticas, foi acontecimento fugaz destinado a propiciar a desintegração soviética sem risco de confronto bélico entre as Repúblicas que se separavam, especialmente no que tocava à partilha do armamento convencional e nuclear. A sua personalidade jurídica não adquiriu contornos suficientemente nítidos para servir de objeto de estudo jurídico.

Hee Moon Jo apresenta distinção entre a Comunidade Regional de Estados e a Organização Internacional, dizendo que esta procura a *cooperação funcional* em uma área determinada, mantendo-se o estatuto do Estado independente e aquela visa a *integração substancial* entre os Estados-partes, com limitação voluntária da própria soberania, a exemplo do que ocorre na União Européia e no Mercosul. Para Hee, a união marca a Comunidade Regional de Estados e a cooperação, a Organização Internacional (Jo, 2000, p. 267).

Apesar do aporte doutrinário, a figura da Comunidade Regional de Estados é objeto de difícil classificação jurídica porque não se amolda aos conceitos de Confederação e Federação de Estados. Aquela, uma união laxa que tem por pressuposto o direito de secessão; esta, uma união firme, na qual a secessão é motivo de guerra.[42] O modelo comunitário em desenvolvimento na Europa mantém a relação direta de cada um dos Estados com o Direito Internacional e, nessa medida,

> aproxima-se ainda de uma *confederação* cujos Estados membros, embora renunciando a importantes prerrogativas da soberania – nas suas relações mútuas mas também nas relações com países terceiros –, conservam a sua personalidade jurídica própria, portanto permanecem submetidos directa ou imediatamente ao direito internacional. (Dhin, 1999, p. 386.)

Não há conceito assentado sobre o que seja uma Comunidade Regional de Estados e, por causa dessa carência, faz-se estudo indutivo, partindo-se dos exemplos particulares para a tentativa de teorização de regras gerais.

42 Constituição Federal, art. 34, I – A União não intervirá nos Estados nem no Distrito Federal, exceto para manter a integridade nacional.

Examinar-se-ão a União Européia e o Mercosul, Comunidades Regionais de Estados dotadas de personalidade jurídica de Direito Internacional Público por força de afirmação expressa em seus tratados constitutivos.

11.10.1. União Européia

Nenhuma utopia alcançará sucesso a menos que se origine da realidade política.[43] Os projetos utópicos sem aderência à realidade política vicejaram na literatura européia, apresentando-se como libelos passionais diante do sofrimento provocado pelas guerras. Porém, numa deferência à realidade, Keynes – membro rebelde da delegação inglesa que participou das negociações que produziram a Liga das Nações em 1919 – fez análise aguda das mazelas causadas pela cupidez patriótica reinante nas relações entre os Estados Europeus.

> Ao lado de outros aspectos da transação, acredito que a campanha para obter da Alemanha a reposição integral do custo da guerra foi um dos atos mais sérios de imprudência política cometido pelos nossos estadistas. A Europa poderia esperar um futuro diferente se Lloyd Geroge e o Presidente Wilson tivessem percebido que o mais grave dos problemas diante deles não era político ou territorial, mas econômico e financeiro; que as ameaças enfrentadas pela Europa não tinham a ver com as fronteiras ou as soberanias, mas com o alimento, o carvão e o transporte. Nenhum dos dois deu suficiente atenção a esses problemas, em nenhuma fase da Conferência. E o clima para que fossem considerados com prudência e de forma razoável foi comprometido pela posição assumida pela delegação britânica a respeito das indenizações a cobrar pela Alemanha. As esperanças estimuladas pelo Primeiro Ministro o obrigaram não só a advogar uma base econômica injusta e irrealista para o Tratado de Paz como o fizeram divergir de Wilson e, por outro lado, dos interesses da França e da Bélgica. Quanto mais evidente se tornava que pouco era possível esperar da Alemanha, mais necessária se tornava uma posição de cupidez patriótica e de 'egoísmo sagrado', para proteger a substância das reivindicações mais justas e mais necessárias da França, como das expectativas bem fundamentadas da Bélgica. Contudo, os problemas financeiros da Europa não podiam ser resolvidos com essa atitude de cupidez, e na verdade só podiam ser tratados com uma atitude magnânima.
>
> Para sobreviver a esses problemas, a Europa vai precisar da magnanimidade da América que ela própria precisa começar a praticá-la. É inútil que os aliados, depois de saquear-se mutuamente e de extorquir a Alemanha, se voltem

43 Carr, 2001, p. 14.

> para os Estados Unidos à espera de ajuda para que os Estados europeus, inclusive a Alemanha, voltem a caminhar com seus próprios pés. Se as eleições britânicas de dezembro de 1918 tivessem sido disputadas em termos de prudente generosidade e não de uma cobiça idiota, a perspectiva financeira da Europa seria hoje muito melhor. (Keynes, 2002, p. 100.)

Essa *eurofagia*, "quando o interesse econômico de um povo se chocava com a soberania de um outro, procurava-se obstinadamente uma solução de força" (Monnet, 1986, p. 81), era o substrato de realidade, a exigir arquitetura política completamente nova que mudasse o alinhamento dos interesses econômicos de opostos a convergentes. As alianças, modo tradicional de cooperação, que pontuaram a história européia tinham algum apelo popular, mas demonstraram-se ineficientes para a superação dos conflitos que pareciam inevitáveis, como fatos naturais.

Protagonistas e testemunhas da história moderna da Europa quedaram perplexos quando, mal havia terminado a mobilização provocada pela Primeira Guerra, assistiu-se a reconstituição de

> sistemas políticos que eram apenas o prosseguimento, uma vez fechado o parêntese da guerra, das regras e dos costumes das antigas democracias parlamentares (...) custava a imaginar que as ideologias e os interesses contraditórios que conduziram a Europa à guerra retomassem inteiramente o lugar que foram obrigados a ceder, diante do perigo, à cooperação organizada. (Monnet, 1986, p. 69.)

A Sociedade das Nações destinava-se a assegurar uma paz organizada, ainda que não fosse dotada de poderes para impor uma solução. A sua amplitude mundial não permitiu o desenvolvimento de um projeto europeu que implicasse delegação de matérias susceptíveis a decisões soberanas.

Nos dias turbulentos que antecederam a rendição da França no verão de 1940, houve esforço de políticos e intelectuais britânicos e franceses para alcançar a constituição da União Franco-Britânica, com organização comum para a defesa, política externa, economia, nacionalidade franco-britânica (Monnet, 1986, p. 23). Essa união iria além dos limites da coordenação de soberanias, método policêntrico que não resulta em decisão, capacidade de enfrentar perigos conjunturais e modificação da distribuição de poder entre os Estados engajados na senda da *foedus pacificum*.[44]

44 Disponível em: www.noticias.uol.com.br/midiaglobal/fintimes/2007/01/16/ult579u2053.jhtm. Acesso em: 16/01/2007.

A decisão do gabinete do Marechal Pétain de assinar armistício com os alemães obstou o progresso da idéia de formar união. No pós guerra, ela voltou a lume para contrapor-se à tendência de repetição das formas arcaicas, com o risco de "reconstituir uma Europa de Estados soberanos tentados pelas facilidades do protecionismo" (Monnet, 1986, p. 197).

A açodada rendição francesa impediu o lançamento de uma união franco-britânica, porém propiciou a percepção de que seu destino estava ligado ao da Alemanha e o desenho desse devir está na traço de Monnet:

> Não haverá a paz na Europa, se os Estados se reconstituírem sobre uma base de soberania nacional, com o que isto ocasiona de política de ostentação e de proteção econômica. Se os países da Europa voltarem a proteger-se uns contra os outros, a constituição de grandes forças armadas será novamente necessária. Alguns países, em nome do tratado de paz futuro, poderão fazê-lo; a outros, será proibido. Fizemos a experiência dessa discriminação em 1919 e sabemos quais foram as suas conseqüências. Entre os países europeus serão concluídas alianças cujo valor conhecemos. As reformas sociais serão impedidas ou retardadas pelo peso dos orçamentos militares. Mais uma vez, a Europa será recriada no receio.
>
> Os países da Europa são muito limitados para assegurar a seus povos a prosperidade que as condições tornam possível e, em conseqüência, necessária. Precisam de mercados mais amplos... Essa prosperidade e os desenvolvimentos sociais indispensáveis supõem que os Estados da Europa constituam uma federação, ou uma 'entidade européia' que estabeleça sua unidade econômica comum. Os outros, ingleses, americanos, russos, têm seus próprios mundos aos quais podem temporariamente se retirar. A França está ligada à Europa. Não pode escapar disso... (1986, p. 197).

Em 1950, inspirado na tese de união franco-britânica esboçada uma década antes, o primeiro-ministro alemão, Konrad Adenauer, sugeriu a união completa entre a França e a Alemanha, com a fusão das economias, Parlamentos, nacionalidades. O próprio Monnet, mentor em 1940, "via que a proposta não era a mais adequada no momento", porque não havia um perigo iminente. Além disso, uma proposta muito ampla sem que haja domínio sobre o método de implementação, não vai além da boa intenção, pois não há meios de materializar uma idéia amplíssima para solucionar uma dificuldade tópica. "Era preciso partir da dificuldade, apoiar-se nela para criar um início de solução geral. A união seria provocada progressivamene pela dinâmica de uma primeira realização" (Monnet, 1986, p. 253).

O ponto fulcral a ser atacado era o receio francês à dominação industrial alemã, causado tanto pela carência de carvão quanto pela obsolescência do parque industrial.

> Uma solução que colocaria a indústria francesa na mesma base de partida que a indústria alemã, e ao mesmo tempo liberando esta das discriminações surgidas da derrota, restabeleceria as condições econômicas e políticas de um entendimento indispensável à Europa (...) se o problema da soberania fosse abordado sem espírito de vingança nem de dominação, se ao contrário vencedores e vencidos chegassem a um acordo para exercê-la em comum sobre uma parte de sua riqueza conjunta (...) Ora, o carvão e o aço eram ao mesmo tempo a chave da potência econômica e a do arsenal onde se forjavam as armas de guerra (...) Fundi-los acima das fronteiras seria retirar-lhes o prestígio maléfico e os transformaria, ao contrário, em garantia da paz. (Monnet, 1986, p. 259, 260.)

Todavia, mecanismos institucionais de coordenação já haviam se relevado impotentes para propiciar decisões e funcionalidade capaz de evitar graves diferendos entre as partes associadas, a exemplo da Liga das Nações. O encontro de Jean Monnet com o professor Paul Reuter resultou no esboço do projeto de criação de uma Autoridade Internacional sob cujo poder ficaria toda a produção franco-alemã de carvão e aço.[45]

O Reino Unido, ainda na fase de definição dos fundamentos políticos, recusou-se formalmente a assumir o compromisso (*commitment*) de delegar poderes da soberania a uma autoridade ultra-estatal competente para decidir sobre produção e comércio de carvão e aço. A tese britânica fixou-se na forma tradicional de coordenação de soberanias e não da formação de um soberania nova,

45 "'A paz mundial não poderia ser salvaguardada sem esforços criadores à altura dos perigos que a ameaçam. A contribuição que uma Europa organizada e viva pode dar à civilização é indispensável para a manutenção das relações pacíficas'. Essa introdução subsistirá a todas as versões sucessivas. Quanto ao restante, haverá nos dias seguintes muitas variantes cuja exegese mostraria a progressão de nossa busca. Mas tudo já estava lá: 'A Europa deve ser organizada em uma base federal. Uma união franco-alemã constitui um elemento essencial, e o governo francês está decidido a empreendê-la (...) Os obstáculos acumulados impedem a realização imediata dessa estreita associação que o governo francês se fixa como objetivo. Mas desde agora o estabelecimento de bases comuns de desenvolvimento econômico deve ser a primeira etapa da união franco-alemã. *O governo francês propõe colocar o conjunto da produção franco-alemã de aço e de carvão sob uma Autoridade Internacional aberta à participação dos outros países da Europa.* Esta teria a tarefa de unificar as condições de base da produção e de permitir assim a extensão gradual aos demais domínios de uma cooperação efetiva para fins pacíficos'" (Monnet,. 1986, p. 261).

não nacional, com competência material delimitada. Os demais membros da negociação para criar Comunidade Européia do Carvão e do Aço (Ceca) não aceitaram a oferta britânica de discutir em outras bases e, por fim, o pedido de adesão do Reino Unido deu-se no verão de 1952, quando foi instalada em Luxemburgo a primeira diretoria da Ceca, presidida por Jean Monnet.[46] A criação da Comunidade Européia do Carvão e do Aço abriu, nas muralhas da soberania, uma fenda que permitiu a visão da alteridade e iluminou o caminho da paz. Mutação infra-estrutural que repercutiu na superestrutura.[47]

Os Estados Unidos reconheceram, no dia da instalação do corpo diretivo, a personalidade jurídica de Direito Internacional da Ceca enviando missão diplomática para atuar junto a ela. A União Soviética não reconheceu a personalidade jurídica da Comunidade.[48]

O projeto pan-europeu não se limitava a questões econômicas e estabelecimento da paz; havia um objetivo político intenso: recuperar a hegemonia da Europa sobre o mundo. "A Europa reencontrará (...) o papel eminente que ela desempenhava no mundo e que suas divisões fizeram-na perder. Sua unidade não atingirá sua diversidade (...) que é sua riqueza, beneficiará toda a civilização, influirá na evolução de potências, como a própria América" (Monnet, 1986, p. 273).

---

46 "Recebemos seu memorando. Deve ficar bem claro que se o governo francês tiver a intenção de insistir em um compromisso de reunir os recursos e de instituir uma Alta Autoridade com poderes soberanos, isso como pré-requisito para uma participação nas conversações, o governo britânico lamentavelmente não poderá aceitar semelhante condição" (Monnet, 1986, p. 275). "O governo de Sua Majestade saúda efusivamente a instituição da Alta Autoridade. Já teve oportunidade de manifestar seu apoio aos objetivos da Comunidade e sua intenção de estabelecer com ela a associação mais estreita possível a partir do momento em que a Alta Autoridade fosse criada. Está disposto a iniciar a qualquer momento conversações com o presidente da Alta Autoridade, tendo em vista suas relações recíprocas" (Monnet, 1986, p. 332).

47 "Minhas investigações me conduziram ao seguinte resultado: as relações jurídicas, bem como as formas do Estado, não podem ser explicadas por si mesmas, nem pela chamada evolução geral do espírito humano; estas relações têm, ao contrário, suas raízes nas condições materiais de existência, em seu conjunto, condições estas que Hegel, a exemplo dos ingleses e dos franceses do século XVIII, compreendia sob o nome de 'sociedade civil'" (Marx, 1965, p. 102).

48 "Mas estava claro tanto para mim quanto para todos os membros do Comitê de Ação que a forma e o conteúdo da discussão entre a Comunidade e os países do Leste, que aliás não reconheciam nossas instituições, não podiam ser organizados da mesma maneira que os Estados Unidos – pelo menos, enquanto esses países não conduzissem sua vida pública segundo os princípios de liberdade em que se baseiam as nossas democracias" (Monnet, 1986, p. 419).

O horizonte sempre foi o da formação dos Estados Unidos da Europa.[49]

O Estado-nação é uma invenção européia, e hoje a Europa tenta dar passos no sentido da criação de um Estado plurinacional. A prervação das identidades, a xenofobia, a diferença da valoração da religião como opção individual ou imperativo coletivo, são temas tão relevantes quanto a questões geopolíticas (energia, água, armas) e econômicas (equilíbrio fiscal, inflação, emprego, tecnologia). O agudeza desses problemas é, de modo simultâneo, um limitante e um estimulante à união, não havendo a certeza de que a integração até agora obtida seja irreversível.

> A União Européia apresenta-se como modelo alternativo de desenvolvimento moderno, com o potencial de rivalizar com os Estados Unidos. Mas o projeto de transformar a União numa economia única é uma tentativa de imitar o livre mercado de amplidão continental dos EUA. Além de comprometer as virtudes distintivas do capitalismo europeu, este é um projeto cujo fracasso está predeterminado pela história da Europa. (Gray, 2004, p. 27.)

Hoje a Europa se apresenta como menos que uma federação e mais que uma organização internacional:

> A União Européia (UE) não é uma federação como os Estados Unidos da América, nem é uma mera organização de cooperação entre governos como as Nações Unidas. Possui, de facto, um carácter único. Os países que pertencem à UE (os seus "Estados membros") continuam a ser nações soberanas e independentes, mas congregaram as suas soberanias em algumas áreas para ganharem uma força e uma influência no mundo que não poderiam obter isoladamente.[50]

Feito o escorço histórico e apresentada a fugidia natureza jurídica da União Européia, é relevante lembrar que a engenharia política de uma geração não é condição bastante para que o futuro seja moldado conforme as suas crenças, por mais generosas e democráticas que sejam.

> A união da Europa não pode basear-se unicamente na boa vontade. São necessárias regras. Os acontecimentos trágicos que vivemos no passado, aqueles a que assistimos talvez nos tornaram mais sensatos. Mas os homens passam, virão outros que nos substituirão. O que poderemos deixar-lhes não será nossa

49 "Nossos países tornaram-se muito pequenos para o mundo atual, na escala dos meios técnicos modernos, em relação à América e à Rússia de hoje, à China e à Índia de amanhã. A unidade dos povos europeus reunidos nos Estados Unidos da Europa é o meio de levantar seu nível de vida e de manter a paz" (Monnet, 1986, p. 351).

50 Disponível em: www.europa.eu/institutions/index pr.htm. Acesso em: 12/01/2007.

> experiência pessoal que desaparecerá conosco; o que podemos deixar-lhes são instituições. A vida das instituições é mais longa que a dos homens, e assim as instituições podem, se forem bem construídas, acumular e transmitir o bom-senso das gerações sucessivas. (Monnet, 1986, p. 337.)

Sobre essas instituicões é que se versará a partir de agora, pois são a modelagem jurídica das decisões políticas constitutivas da pessoa de Direito Internacional Público. Para facilitar a compreensão, os órgãos da União serão inicialmente classificados em políticos e administrativos, conforme a sua proximidade com a fonte do poder dentro da União: os Estados e os Povos da Europa.

Antes de avançar, deve-se observar que a União Européia ainda não é um Estado Federal porque a sua fonte de poder (e legitimidade) não provém diretamente dos europeus, havendo a mediação dos Estados soberanos.

Os órgãos de natureza política são:

a) o Parlamento Europeu, cujos membros são eleitos diretamente pelos cidadãos da União;
b) o Conselho da União Européia, cujos membros representam os Estados membros;
c) a Comissão Européia, cujos membros são indicados pelos Estados e submetidos à aprovação do Parlamento Europeu. A Comissão tem função executiva;
d) o Tribunal de Justiça, competente para se pronunciar sobre os litígios entre EstadosMembros, instituições da UE, bem como pessoas singulares e coletivas, cujos membros são indicados pelos Estados.

Parlamento Europeu

De modo tosco pode-se aproximar o Parlamento Europeu e o Conselho da União Européia do modelo de Poder Legislativo bicameral, com uma câmara de deputados representando a população e um senado representando os Estados membros de uma Federação. A analogia é correta se mantida em linhas muito rudimentares, porque, na verdade, na distribuição de poder dentro da União Européia encontra sempre a âncora da soberania dos Estados membros, e o Parlamento Europeu tem função mais simbólica e menos de foro de exercício de poder político. Assim, *de facto*, o centro do poder da União Européia está no Conselho da União.

Deve-se ter em consideração que o representante de um Estado membro no Conselho da União não goza, como um senador no modelo federal brasileiro, de liberdade de ação e opinião política em relação aos representados, pois o seu mandato é imperativo, circunscrito aos interesses ditados por seu Estado.

A bicameralidade do Legislativo Europeu é denominada de processo de co-decisão e coloca em igualdade o Parlamento e o Conselho que adotam regras de processo legislativo para a produção de atos normativos (leis, *lato sensu*). Essas regras determinam a condição de casa iniciadora, revisora, *quorum* de sessão, de deliberação. Há matérias de competência unicameral. Salienta-se a ausência do poder de iniciativa legislativa, reservado à Comissão Européia.

O Parlamento tem a seu encargo resolver sobre as nomeações dos membros da Comissão Européia, bem como sobre a censura a toda a Comissão. Também é de sua atribuição deliberar sobre as contas da União, ao conhecer o parecer do Tribunal de Contas.

Desde 1979 as eleições para o Parlamento Europeu são diretas para um mandato de cinco anos. No tratado da Constituição da União consignou-se que o tamanho máximo do Parlamento será de 750 deputados, sendo que na eleição realizada em 2004 foram eleitos 732 deputados.

Conselho da União

Com as cautelas de estilo, pode-se fazer analogia entre o Conselho da União e o Senado de uma Federação, visto que ambos representam os Estados membros. A semelhança estanca nesse ponto. O Conselho é composto por um Ministro do Governo de cada Estado membro. Conforme o *tema decidendum*, apresentam-se os Ministros com atribuição pertinente no Estado membro. Por isso, há nove configurações do Conselho:

a) Assuntos Gerais e Relações Externas;
b) Assuntos Econômicos e Financeiros;
c) Emprego, Política Social, Saúde e Proteção dos Consumidores;
d) Competitividade;
e) Transportes, Telecomunicações e Energia;
f) Agricultura e Pesca;
g) Ambiente;
h) Educação, Cultura e Juventude.

O voto do Ministro no Conselho da União vincula o Estado que ele representa. A cada trimestre os Chefes de Governo reúnem-se diretamente no

Conselho para deliberar os assuntos não resolvidos nas sessões ordinárias das quais participam apenas os Ministros.

É da competência do Conselho da União:

a) legiferar em conjunto com o Parlamento Europeu ou de modo isolado, conforme as regras sobre competência material e processo legislativo;
b) coordenar as políticas econômicas dos Estados membros;
c) celebrar tratados entre a União e entes externos;
d) resolver, em conjunto com o Parlamento, sobre o orçamento da União;
e) articular a política externa e de segurança de cada um dos Estados membros da União;
f) gerir a cooperação entre os tribunais e as polícias dos Estados membros em matéria penal;

As duas últimas atribuições estão no campo das matérias que os Estados membros reservaram para si, limitando-se o Conselho a gerenciar a cooperação, sem capacidade decisória impositiva. Nas demais competências o Conselho da União delibera de modo imperativo.

Algumas delirações no Conselho são tomadas por maioria qualificada, a aprovação da maioria dos Estados membros e, em alguns casos, dois terços. O voto de cada Estado é ponderado conforme a sua população, havendo um mecanismo de balanceamento para ressalvar a posição dos Estados com poucos habitantes. Em matérias julgadas sensíveis o Conselho só pode deliberar se houver unanimidade.

Comissão Européia

A Comissão Européia aproxima-se do conceito de Poder Executivo no regime parlamentar de governo, pois seus membros podem sofrer moção de censura do Parlamento. As suas principais atribuições são:

a) apresentar propostas legislativas ao Parlamento e ao Conselho;
b) executar as políticas da União;
c) garantir a aplicação do direito comunitário;
d) representar a União perante outros Estados.

A iniciativa legislativa é exclusiva da Comissão que se orienta pelo princípio da subsidiariedade, isto é, apenas quando a matéria, objeto da normatização, não possa ser tratada no âmbito dos Estados haverá legislação da União.

O princípio da subsidiariedade é inerente à federação por agregação, pois parte-se da idéia de que o Estados membros têm capacidade para zelar por todos os assuntos públicos, cabendo à União, residualmente, cuidar daqueles que o tratamento em perspectiva local não produz o melhor resultado para o conjunto.

A Comissão controla a concorrência na Europa, tendo poderes para decidir sobre atos de concentração econômica, subsídios a empresas, interesse dos consumidores. Gerencia a política agrícola da União, programas de educação, formação de arranjos produtivos regionais transfronteiriços, incentivos às regiões menos desenvolvidas, transportes, telecomunicações.

A Comissão vela pela aplicação dos Tratados e, se constatar alguma infração por parte algum Estado, após esgotar um *iter* administrativo, pode provocar o Tribunal de Justiça, para decisão de natureza jurisdicional.

Por fim, a representação internacional é feita pela Comissão, cujo Presidente, eleito para mandato de cinco anos, personifica a União Européia diante de outros Estados, tendo poderes para firmar tratados e delegar poderes para que representantes da União se apresentem em missão permanente ou temporária diante de Estados e Organizações Internacionais, como a ONU e a Organização Mundial do Comércio.

Tribunal de Justiça

O Tribunal de Justiça da União Européia, sediado em Luxemburgo, foi criado no mesmo processo político que resultou na Comunidade Européia do Carvão e do Aço. Depois, funcionou também como Tribunal da Euratom e do Mercado Comum. Portanto, seu nome inicial, Tribunal de Justiça das Comunidades Européias, revelava a origem e a condição de *pivot* das várias entidades setoriais que foram construídas a caminho da unidade.

A finalidade do Tribunal é assegurar a uniformidade da interpretação e aplicação das normas da União em todos os Estados membros. Tem competência para decidir litígios entre os Estados membros, entidades autárquicas da União, bem como lides nas quais sejam partes pessoas singulares ou coletivas. Compõem-se de um juiz vindo de cada Estado membro (27 em 2007). Funciona em pleno, em seção composta por 13 juízes e secções de três ou cinco juízes.

Dentre as ações paras quais o Tribunal de Justiça é competente, chamam a atenção:

a) o recurso de anulação que se assemelha à declaração de inconstitucionalidade existente no Brasil, pois caso o Tribunal decida pela incompatibilidade entre a norma impugnada e os Tratados constitutivos, pode decretar a invalidade da norma dando primazia ao Direito Comunitário;

b) o reenvio prejudicial por meio do qual os juízes nacionais provocam o Tribunal de Justiça para que decida controvérsia sobre a interpretação do Direito Comunitário ou sobre a compatibilidade entre a legislação local e a Comunitária. A decisão do Tribunal de Justiça da União vincula o Judiciário do Estado que suscitou o questionamento. Ainda que a lide ocorra entre partes privadas ante a jurisdição de um Estado, a controvérsia pode, observado o rito processual, chegar ao exame do Tribunal de Justiça da União.

Tribunal de Primeira Instância e Tribunal da Função Pública

Em 1989 foi criado o Tribunal de Primeira Instância, competente para decidir ações instauradas por pessoas físicas e jurídicas privadas ou públicas, quando afetadas diretamente por atos omissivos ou comissivos de órgãos da União, além de matéria concorrencial e de propriedade industrial. *Mutatis mutandis,* aproxima-se da competência da Justiça Federal do Brasil.

Há, para a matéria ligada ao estatuto dos funcionários, o Tribunal da Função Pública da União Européia.

Teorização

A narrativa da atividade judiciária da União não revela a magnitude da relevância do Tribunal para a consolidação política do projeto pan-europeu. Na descrição da competência do Tribunal transparece a aplicação direta do Direito Comunitário no interior das jurisdições nacionais, sem a mediação do Estado membro, havendo a possibilidade de um indivíduo questionar a validade de uma norma nacional em cotejo com a Comunitária. Essa característica do Direito Comunitário e a vinculatividade das decisões do Tribunal de Justiça da União, são praticamente idênticas àquelas encontradas nos Estados federais. Das três funções básicas de um Estado (legislar, administrar, julgar), os europeus conseguiram constituir um Judiciário federal, muito mais poderoso que os demais órgãos destinados à produção de normas e à condução administrativa.

Essa hipertrofia do Judiciário em relação às demais funções é explicada por Kelsen ao discutir as deficiências da Liga das Nações e, *de lege ferenda*, apresentar o esboço de um organização internacional dotada de maior eficácia para assegurar a paz, quando indaga: "*Administracion internacional o Tribunal internacional?*" (1996, p. 177). A resposta é desenvolvida em torno da idéia de que só a deliberação pelo método majoritário, e não pela unanimidade, como se fazia na Assembléia Geral e no Conselho da Liga das Nações, propicia capacidade decisória a uma organização. Ocorre que os Estados se opõem à deliberação por maioria por verem nesse método uma limitação da sua capacidade de autodeterminação, uma ofensa à soberania, já que os minoritários estariam comprometidos a cumprir a decisão da maioria, ainda que contrária aos interesses diretos dos vencidos na votação. Assim,

> *(...) en la esfera de las relaciones internacionales el principio mayoritario carece de aplicación, salvo una excepción. Sin embargo, esta excepción tiene gran importancia y significación: es el procedimiento de los tribunales internacionales. En éste, y tanto sólo en éste, es donde generalmente se acepta el princípio mayoritario. Si dos o más Estados someten sus disputas a la decisión de un tribunal de arbitraje presuponen como cosa natural que se pueda pronunciar el fallo por mayoria de votos. El someterse al voto mayoritario de un tribunal internacional no se considera incompatible com la llamada soberanía de un Estado (...) Sobre este punto, la actitud de los Estados respecto de los tribunales internacionales es, en realidad, por completo distinta de su actitud respecto de todos los demás órganos internacionales.* (Kelsen, 1996, p. 185.)

A legitimidade decisória dos tribunais, considerando-se a deliberação por voto majoritário, não sói ser questionada porque existe a confiança de que a *ratio decidendi* não guarda relação com os interesses imediatos das partes e que o rito processual permite algum grau de racionalidade para decidir. A presunção de imparcialidade e de racionalidade redunda em admissão menos belicosa, quase pacífica, de eventual indeferimento do que foi requerido. Na verdade, tem-se a sensação de que os membros de uma Câmara Legislativa devem representar a vontade daqueles que estarão submetidos às normas. O juiz, ou um colegiado de juízes, não é representante político dos jurisdicionados. Do julgador espera-se imparcialidade, desinteresse pelo resultado da causa. De um deputado deseja-se a parcialidade, luta feroz pelos interesses dos representados.[51]

51 *"En efecto, por paradójico que parezca a primera vista, un grupo de hombres independientes, experimentados, concienzudos, que están en contacto con el Derecho por profesión, y que no se hallan interesados en el conflicto, están a veces mejor capacitados que el legislador, quien siempre está más o menos politicamente comprometido para decidir esta cuestión; sobre todo, teniendo en cuenta que la decisión del tribunal se limita fundamentalmente al caso concreto y puede, por tanto, tomar cuenta su carácter especial"* (Kelsen, Hans. *Ibid.*, p. 199).

Quando um Estado membro acata decisão desfavorável do Tribunal de Justiça da União, o faz sem arcar com o ônus político da submissão a uma "soberania alienígena", justamente por causa da mítica ideológica de eqüidistância das decisões judiciais. Essa Pedra de Roseta ajuda a decifrar a postura dos Estados diante de uma Assembléia composta por homólogos e diante de um Tribunal, e não escapou ao tirocínio dos idealizadores do projeto de construção da Europa que colocaram, com discrição, o Tribunal no centro do sistema decisório.

Atribui-se a ele a responsabilidade pelo sucesso do projeto de integração da Europa. Por certo, a uniformização hermenêutica do Direito Comunitário e sua aplicação direta, dentro dos Estados agregados, produziu efeitos políticos importantes que deram direção às forças envolvidas. Todavia, se a engenharia política que o precedeu fosse inadequada, as sentenças nada poderiam em ambiente hostil, porque um Tribunal opera com a coação transformada em coerção, com a força domada. Quando o juiz atua, a força está a serviço do Direito. Para que a força fique dócil é imprescindível prévia decisão política.

O campo político cria o campo jurídico como ferramenta para se legitimar e estabilizar. O Direito e os Tribunais são criaturas cuja atividade remolda o criador. Redefinida a infra-estrutura, a Europa estabeleceu as normas e o Tribunal encarregado de velar por elas. No devir das atividades integrativas, o Tribunal serviu para garantir que as partes se mantivessem consonantes às regras. A infra-estrutura e a superestrutura dialetizaram.

A supranacionalidade de alguns aspectos do processo de integração européia é parte da engenharia política que modificou a distribuição e exercício do poder entre os Estados envolvidos. O Tribunal de Justiça é componente deste engenho e se destina a tomar decisões politicamente neutras, ou de baixa controvérsia política, que mantenham a estabilidade do sistema político.

A democracia é o ambiente da construção da União Européia. O Tribunal de Justiça medrou em solo politicamente adequado. Os juízes não se impuseram a autocracias, até porque não têm fuzis.[52] A democracia política é que buscou na rotina forense os meios civilizados para a solução dos litígios.

52 "Sem força e sem vontade, apenas lhe compete juízo; e este só deve a sua eficácia ao socorro do Poder Executivo" (Hamilton, 1973, p. 168).

Banco Central Europeu

Além da ser a autoridade monetária independente dos 12 Estados que aderiram ao euro e formam o Euro-sistema, o BCE trabalha em conjunto com o Sistema Europeu de Bancos Centrais. A função nodal do BCE é manter o valor da moeda e para isso acompanha os preços, para obter sinais de inflação, e controla a massa de dinheiro em circulação manejando a taxa de juros.

Constituição da União Européia

In varietat concordia[53]

O tratado constitutivo da Comunidade Econômica Européia foi assinado em Roma, em 1957, pela Itália, França, Bélgica, Alemanha, Luxemburgo e Holanda. Seguiram-se vários outros tratados de natureza constitutiva da entidade, *pari passu* com o aumento do número de Estados membros. O tratado da Constituição Européia foi assinado em Roma, em 2004, por representantes de 25 Estados membros. Esse tratado visa a substituir os principais tratados vigentes.

A natureza jurídica da Constituição é a de tratado firmado entre Estados soberanos e, por isso, susceptível aos respectivos ritos internos para alcançar-se a ratificação. Em alguns Estados o processo de aprovação do tratado, preliminar à ratificação, exige consulta pública, na modalidade de *referendum*. Na França e Holanda o voto popular foi contrário à ratificação. O prazo inicialmente previsto de vigência do tratado constitucional era 1/11/2006. A negativa francesa e holandesa provocaram adiamento *sine die*.

De jure, não há união, no sentido estrito de um ente dotado de personalidade jurídica internacional que titulariza uma federação de Estados. Contudo, a doutrina, a jurisprudência, a imprensa, acompanhando a retórica política, referem-se à União como um fato concreto. Na verdade, não pousam os olhos sobre a situação presente, mas sobre o que desejam para o futuro. As utopias podem criar realidades políticas.

11.10.2. Mercosul

O sucesso do projeto de construção modular da União Européia reacendeu a flama do pan-americanismo. É certo, numa versão mais modesta, sem o intento de alcançar de Bering a Beagle. Nessa utopia realizável, pensou-se tam-

53 *Unidade na diversidade.*

bém numa construção por módulos (matérias) e com poucos parceiros, até para acentuar uma vantagem da América Ibérica que é a grande semelhança cultural e de devir histórico. No momento de declive das ditaduras da década de 1970 e ascenção das democracias e a abertura comercial, os governos da Argentina e do Brasil puseram em curso o projeto de construção do Mercado Comum do Sul.

A toda evidência, o conjunto do projeto não se limitava aos aspectos econômicos da integração, embora seja um móbil poderoso o interesse da ampliação da escala da produção e consumo sob tratamento jurídico uniforme, para reduzir os custos de transação provocados pela burocracia e insegurança jurídica. Porém, ainda que os interesses dos detentores do poder econômico sejam pela formação do mercado ampliado, o poder político, *summa potestas*, é determinante dos acontecimentos e o ritmo do processo de integração vai ao passo sinuoso da conjuntura política.

O sentimento de inferioridade, de incapacidade de produzir um engenho político e jurídico da magnitude da União Européia não tem razão de ser, mesmo diante de uma imagem do Mercosul na qual não se consegue divisar o que é construção e o que é ruína. A rigor, o Mercosul e a União Européia são dois objetos de natureza distinta e insusceptíveis a cotejo. Ao forçar uma comparação haverá sempre assimetria, pois o projeto sul-americano não foi concebido como um meio para impedir o retorno a uma situação belicosa; na sua concepção está a idéia de que o crescimento econômico e a distribuição de renda não dependem de boa vontade, mas de eficiência institucional para estimular investimentos e geração de riqueza em ambiente democrático.[54]

A natureza do Mercosul foi agudamente exposta por Deisy Ventura:

> Ao contrário do que ocorre na União Européia, cuja complexidade orgânica continua suscitando vivos debates, a identificação da natureza jurídica do Mercosul não traz dificuldades. Enquanto a União excede largamente os limites intrínsecos às organizações internacionais clássicas, sem com isso atingir o estatuto jurídico de uma federação de Estados, o Mercosul esposa estreitamente os contornos das organizações internacionais de vocação regional. (2003, p. 5.)

54 "Considerando que a ampliação das atuais dimensões de seus mercados nacionais, através da integração, constitui condição fundamental para acelerar seus processos de desenvolvimento econômico com justiça social; entendendo que esse objetivo deve ser alcançado mediante o aproveitamento mais eficaz dos recursos disponíveis..." (Preâmbulo do Tratado para a constituição do Mercosul, firmado em Assunção em 1990).

Ao examinar uma organização internacional não cabe falar em supranacionalidade, visto que os prefixos *inter* e *supra* portam significados distinguíveis por meio de atividade mental rudimentar. Não há nenhum órgão do Mercosul com poder sobre os Estados membros. De igual modo, não há decisão judicial que vincule o Judiciário dos Estados membros, e não existe a possibilidade de uma pessoa, física ou jurídica, argüir a invalidade de uma norma interna por causa de desconformidade com as normas do Mercosul.

Essas características não são uma *capitis diminutio* dos sul-americanos diante dos europeus; elas são pertinentes a um projeto político que não tem como horizonte último a formação dos Estados Unidos da América do Sul. A rigor, os brasileiros conseguiram fazer no século XIX a obra de unidade política e jurídica sobre um imenso território que os europeus se esfalfam para fazer no século XXI. Os argentinos, ainda que sobre um território menor, superaram intensos dissensos separatistas no processo de independência dos Vice-reinados em relação à Espanha.

Com a distensão que acompanhou o fim das ditaduras militares na Argentina e no Brasil, houve aproximação dos governos civis nos anos 1980, o que resultou numa plataforma de tratados de cooperação em assuntos de comércio, tecnologia, meio ambiente, cultura, agricultura, indústria.[55] Nesse período, as economias internas da Argentina e do Brasil depararam-se com a hiperinflação, enfrentada por meio de planos econômicos do tipo tudo ou nada: plano Austral, plano Cruzado, plano Cavallo, plano Collor. Ainda assim, o

> processo de integração é *alargado*, na medida em que são compreendidos o Uruguai e o Paraguai. *Aprofunda-se,* eis que a cooperação pontual dá lugar à constituição futura de um *mercado comum* regional. Enfim, *acelera-se,* pois são definidos metas e prazos, através de um acordo internacional, o Tratado de Assunção (Seitenfus, 2000, p. 223).

Tratado de Assunção

O tratado é aberto com o estabelecimento do *réveillon* de 1995 como início do Mercado Comum do Sul, com livre circulação de bens, serviços e fatores produtivos, alcançada por meio da eliminação de barreiras tributárias e não-tributárias, além do estabelecimento de tributação comum sobre transa-

55 Especialmente o Tratado de Integração, Cooperação e Desenvolvimento Econômico, firmado entre o Brasil e a Argentina em 1988, cujo objetivo era a criação, no prazo de dez anos, de um espaço econômico comum. Promulgado pelo Decreto nº 98.177/1989.

ções comerciais exteriores ao bloco. Também adotar-se-iam políticas macroeconômicas convergentes para assegurar simetria e igual capacidade concorrencial dentro do Mercosul. Nesse intróito do art. 1º do Tratado apresentam-se mescladas características de zona de livre comércio (eliminação de barreiras tributárias e não-tributárias), de união aduaneira (tarifa externa comum) e de mercado comum, qual seja, a livre circulação dos fatores produtivos e da riqueza produzida.

O art. 1º do Tratado de Assunção preconiza a adoção das quatro liberdades que caracterizam a integração econômica: circulação livre de capitais, bens, serviços e pessoas, a exemplo do que foi alcançado paulatinamente na Europa.

No art. 5º do Tratado preceituaram-se as regras de transição da situação existente em Assunção e o momento em que o Mercado Comum entraria em atividade. Essencialmente, a transição seria feita por meio de reduções progressivas, lineares e automáticas dos tributos sobre o comércio regional, acompanhada da redução de óbices não tributários, para chegar ao fim de 1994, com alíquota zero. Idealizou-se também, para o período de transição, a "adoção de acordos setoriais, com o fim de otimizar a utilização e mobilidade dos fatores de produção e alcançar escalas operativas eficientes".[56]

A dimensão macroscópica do projeto de Mercado Comum contraposta à exigüidade do tempo – quatro anos – criou uma situação de dificuldade política para atender ao prazo. Em julho de 2006, na cidade de Córdoba, na XXX reunião do Conselho do Mercado Comum, o Presidente do Brasil declarou: "Respeitados nossos ritmos e tempos, estamos dando passos decididos para aperfeiçoar nossa União Aduaneira, que deve continuar sendo um objetivo maior do bloco, no caminho da construção do Mercado Comum".[57] Ajustando o ritmo, vieram tratados posteriores ao de Assunção, dos quais serão destacados os contornos institucionais do Mercosul.

O Protocolo de Ouro Preto, adicional ao Tratado de Assunção, versou sobre a estrutura institucional do Mercosul, estabelecendo os seguintes órgãos que deliberam por consenso:

a) Conselho do Mercado Comum, composto por Ministros da Economia e Relações Exteriores nas reuniões ordinárias e por Chefes de Estado nas reuniões semestrais, competente para decidir a direção política da integração.

56 Art. 5º, *d*, Tratado de Constituição do Mercosul.

57 Disponível em: www.mercosul.gov.br. Acesso em 15/01/2007.

b) Grupo Mercado Comum, composto por quatro representantes do Governo de cada Estado, especialmente ligados às Relações Exteriores, Economia e Banco Central, competente para decidir sobre a condução das atividades executórias e administrativas.
c) Comissão de Comércio do Mercosul, composta por quatro representantes de cada Estado, coordenada pelos Ministérios de Relações Exteriores, competente para velar pela aplicação da política comercial comum.
d) Comissão Parlamentar Conjunta, integrada paritariamente por parlamentares dos Estados membros designados pelos respectivos Parlamentos, tem a atribuição de acelerar os procedimentos de internalização das normas emanadas do Mercosul.
e) Foro Consultivo Econômico-Social, composto por representação paritária da sociedade civil de cada Estado membro, tem a atribuição de representar os interesses dos segmentos sociais na integração.
f) Secretaria Administrativa do Mercosul, composta por um Diretor, eleito pelo Grupo Mercado Comum, órgão de cúspide, para mandato de dois anos, competente para todas as atividades logísticas, operacionais, burocráticas, informacionais da entidade. O orçamento da Secretaria é financiado *pro rata* pelos Estados membros.

Além de estruturar as instâncias decisórias, consultivas, executivas e de secretaria, o Protocolo de Ouro Preto atribuiu personalidade jurídica de Direito Internacional ao Mercosul, propiciando condições para, no uso de suas atribuições, "praticar todos os atos necessários à realização de seus objetivos, em especial contratar adquirir ou alienar bens móveis e imóveis, comparecer em juízo, conservar fundos e fazer transferências (...) além de celebrar acordos de sede".[58]

O Protocolo de Ouro Preto definiu as fontes jurídicas do Mercosul, apontando o Tratado de Assunção como a fonte básica, seguido pelos tratados adicionais (nominados de protocolos) e as decisões das instâncias deliberativas.

Para a solução de controvérsias sobre a interpretação, aplicação ou descumprimento de normas do Mercosul, o Protocolo de Ouro Preto ratificou os procedimentos estabelecidos no Protocolo de Brasília, de 1991, cujo eixo temático é a solução de controvérsias. Nesse tratado, denominado Protocolo de Brasília, indicou-se a negociação direta como modo preferencial

58 Arts. 34 a 36 do Protocolo de Ouro Preto, promulgado pelo Decreto nº 1901/1996.

para resolução de litígios; em segundo lugar, o exame pelo Grupo Mercado Comum (órgão de cimo) a quem se atribuiu o poder de exarar recomendações para as partes litigantes e, em terceiro lugar, indicou-se a arbitragem *ad hoc*, à qual os Estados declararam aceitação apriorística e generalizada.

Pelo Protocolo de Olivos, firmado em 2002, fez-se aperfeiçoamento do sistema de solução de controvérsias, com a derrogação expressa do Protocolo de Brasília. Abriu-se a possibilidade de utilização de outros mecanismos de solução de controvérsias, a exemplo daqueles da Organização Mundial do Comércio, podendo a parte demandante escolher o foro ou as partes (demandante e demandada), acordarem quanto ao foro. Manteve-se a seqüência de preferências para a solução de litígios, apontando-se a arbitragem *ad hoc*, com árbitros integrantes de uma lista pública mantida pela Secretaria do Mercosul, como a última alternativa.

A grande inovação de Olivos foi a criação de uma instância recursal para os laudos arbitrais *ad hoc*. Designado de Tribunal Permanente de Revisão, foi sediado em Assunção. Composto por cinco árbitros com investidura limitada no tempo. Quatro dos árbitros nomeados pelos Estados membros, e o quinto nomeado pelo consenso dos membros. O alcance do pronunciamento do Tribunal é amplo, pois pode revogar *in totum* o laudo arbitral recorrido e a decisão faz coisa julgada.

Por acordo entre os litigantes, a controvérsia poderá ser submetida diretamente ao Tribunal Permanente, não havendo, por óbvio, possibilidade de recurso.

Os árbitros vencidos não poderão tornar pública a sua fundamentação e o processo de deliberação permanecerá confidencial, apresentado-se o laudo como resultante da maioria ou unanimidade, quando for o caso.

Na esteira do Protocolo de Brasília, o de Olivos preceitua regras procedimentais para a proteção de interesses privados. Na verdade, tentou-se estabelecer um trâmite administrativo prévio à eventual assumpção da causa pelo Estado membro com o qual o particular reclamante tem vínculo. É possível ao Estado, antes do particular apresentar a reclamação à instância do Mercosul, iniciar o procedimento para solução de controvérsia. Caso isso não tenha ocorrido, o Protocolo preceitua um *iter* a ser percorrido até que o Estado endosse a reclamação e acione os mecanismos de solução de controvérsia.

Na seara política, o esforço de integração foi pautado na afirmação do valor da democracia para os Estados membros. O Protocolo de Ushuaia sobre o Compromisso Democrático no Mercosul, Bolívia e Chile, afirma que a plena vigência de instituições democráticas é condição indispensável para a existência de desenvolvimento do Mercosul.[59] A ruptura da democracia pode levar até a suspensão da participação do Estado no processo de integração. Esse protocolo porta a chamada cláusula democrática do Mercosul.

A relação entre democracia e integração e autocracia e sectarização é de fácil percepção: a democracia tem por pressuposto a desconcentração de poder; a autocracia, a concentração. A integração se faz pelo partilhamento dos meios e das oportunidades entre entes que se tratam como iguais; isso tem uma base altruísta, ainda que haja a espera de reciprocidade. A autocracia amplia a dimensão espacial e demográfica de seu poder por meio da subjugação, dominando todos os meios e oportunidades; a sua raiz é egocêntrica, inapta ao partilhamento. Essa é a *raison d'être* das salvaguardas democráticas do Mercosul.

Os desalinhamentos das economias do Brasil e da Argentina, acentuados após a desvalorização do real em 1999 e do peso em 2001, produziram uma série de contendas entre as duas âncoras do Mercosul e, em alguns momentos, a sensação de que havia voltado o tempo do isolamento político, dando-se preferência aos tratados diretos com a Ásia, Europa e América do Norte. Essa perda de energia, no entender do embaixador Denot Medeiros, é transitória e os resultados já alcançados pela integração têm relevância, especialmente:[60]

a) ampliação da escala produtiva;
b) aumento da produtividade;
c) consolidação da abertura comercial;
d) aumento do poder de captação de investimentos produtivos (atraídos pela "dimensão Mercosul" e pelo "clima de segurança" nas relações comerciais e financeiras na sub-região mais dinâmica do continente);
e) fortalecimento da credibilidade externa dos países envolvidos e da sub-região.

Os resultados econômicos são mais visíveis e sua mensuração, mais simples. Incomensurável é o valor da manutenção, pelas vias do Protocolo de Ushuaia, da democracia no Paraguai, ameaçada em 1996 e 1999 por graves dissensos políticos internos, inclusive com a morte violenta do Vice-presidente da República.

59 Promulgado pelo Decreto nº 4.210/2002.

60 Embaixador José Artur Denot Medeiros. Disponível em: www.mre.gov.br/portugues/política_externa/mercosul/aladi/brasil.asp. Acesso em 16/01/2007.

Se a União Européia tem mérito por conseguir o período mais longo sem guerra na Europa ocidental, o Mercosul já alcançou o seu lugar de destaque na história pela sua contribuição à consolidação da democracia.

11.11. PESSOAS HISTÓRICAS

Sob essa rubrica pretende-se estudar a personalidade jurídica de Direito Internacional Público de entes que não portam as características escandidas nos Estados, nas Organizações Internacionais e nas Comunidades Regionais de Estados. Por brevidade, concentrar-se-á a atenção sobre o Estado da Cidade do Vaticano, a Santa Sé.

Roma sediou dois impérios: o romano pagão e o romano cristão. O primeiro sustentado pelas legiões e pelo comércio; o outro, pela fé. Sem a pretensão de exatidão histórica, mas apenas pela força simbólica, pode-se dizer que o Império Romano acabou nos tratados de Westfália, quando os europeus deixaram de ver-se como membros da mesmo comunidade política (o Sacro Império Romano Germânico) e passaram a entender-se como nacionais de Estado organizado sobre pressupostos laicos, com cisão nítida entre as autoridades temporais e as espirituais.

A assinatura dos Tratados que deram origem à União Européia foi feita em Roma por causa dessa reminiscência histórica, carregada de significados simbólicos, como se estivessem a reunir e não, a unir.

A compreensão do *status* internacional da Cidade do Vaticano deve estar ubicada nesse cenário, sob pena de se tornar ininteligível o fato de que um ente sem exército e moeda nacionais, território, envie e receba missões diplomáticas.

> *Desde la debelación del estado eclesiástico, la Santa Sede dejó de ser una unidad territorial decisoria, transformándose en una unidad decisoria sobre base personal. Según el* Codex juris canonici *(Código de derecho canónico), la Santa Sede toma para sí una* supremam et plenam potestamen jurisdictionis in universam Ecclesiam tum in rebus quae ad fidem es mores tum in iis quae ad disciplinam et regimen Ecclesiae per totum orbem diffuse pertinet *(un poder jurisdicional total y supremo respecto de toda le feligresía, tanto en los asuntos que conciernen a la fe y a las contumbres como en aquellos que se refieren a la disciplina y al régimen de la iglesia en el orbe entero).* (Heller, 1995, p. 262.)

"O que emprestava à Santa Sé a categoria de pessoa internacional era sua independência do governo italiano (...) e o seu direito de tratar com governos estrangeiros, recebendo e enviando legações" (Beviláqua, 1939, p. 203).

Ocorre que essa independência provinha de uma lei italiana de 13/05/1871. A independência não se deu *ergo propria*, mas pela decisão de um Estado.

A rigor, nao há teoria apta a fixar *a priori* critérios objetivos sobre as características dessas pessoas anômalas do Direito Internacional. Elas são fatos históricos e exigem explicação casuística para a compreensão da sua natureza jurídica.

Capítulo 12
Nacionalidade

A ubicação desse tema no Direito Estatal ou no Direito Internacional é objeto de divergência doutrinária. Sob influência da concepção do sistema jurídico universal apregoado por Kelsen, a nacionalidade foi tratada pela doutrina idealista como parte do Direito Internacional. O fato de os Estados cuidarem do tema na legislação interna era entendido como desvio ético-político, ampliação indevida do espaço de *affaire domestique* ou *domaine réservé.* Kelsen chega a dizer que, em tese, é possível haver Estado sem que haja nacionais (Heller, 1995, p. 283). Ao olhar céptico-epistêmico não é possível a existência de um Estado sem a sua dimensão pessoal, sem súditos dos quais ele possa exigir lealdade em qualquer lugar do mundo.

Na Declaração Universal dos Direitos Humanos preceituou-se que todas as pessoas têm direito a uma nacionalidade e que ninguém será dela arbitrariamente privado e nem do direito de escolher outra. O Pacto de San José da Costa Rica vai além, dizendo que toda pessoa tem direito à nacionalidade do lugar onde houver nascido, se não tiver direito a outra. A Convenção Européia dos Direitos Humanos passa ao largo do assunto. Na Declaração Islâmica Universal dos Direitos Humanos não há referência à nacionalidade, mas à condição islâmica em todo a Comunidade religiosa.[1]

No Direito Internacional declara-se a nacionalidade como direito fundamental dos indivíduos, porém não há nenhuma determinação cogente aos Estados sobre os critérios de atribuição da sua nacionalidade a alguém.[2] Na

---

1 XXIII – Considerando o fato de que o Mundo do Islam é verdadeiramente a Ummah Islâmica, todo muçulmano terá o direito de se mover livremente dentro e fora de qualquer país muçulmano. Ninguém será forçado a deixar o país de sua residência ou ser arbitrariamente deportado sem o recurso do devido processo legal.

2 Convenção de Haia sobre Nacionalidade de 1930 – art. 1º – Corresponde a cada um dos Estados determinar por meio de sua legislação quem são os seus nacionais. Convenção Européia sobre Nacionalidade de 1997 – art. 3º – "Cada Estado determinará quem são os seus nacionais nos termos do seu direito interno. Tal direito será aceite por outros Estados na medida em que seja consistente com as convenções internacionais aplicáveis, com o direito internacional consuetudinário e com os princípios legais geralmente reconhecidos no tocante à nacionalidade".

verdade, não há Estado que entregue a definição sobre a nacionalidade de seus súditos ao Direito Internacional. "O Estado soberano é o único outorgante possível da nacionalidade" (Rezek, 1998, p. 179).

Na perspectiva brasileira a nacionalidade é assunto doméstico, versado pela legislação interna, com *status* constitucional.[3] Assim, a matéria é objeto dos estudos de Direito Constitucional. Contudo, por tradição, é também examinada na seara do Direito Internacional Público e aqui não se olvidará a consuetude.

12.1. CONCEITO DE NACIONALIDADE

A nacionalidade é o bem mais precioso de uma comunidade, pois ela define o *nós* e os *outros*; pela nacionalidade se define o partilhamento dos ônus e dos bônus de uma sociedade. A diferença entre nacional e estrangeiro estabelece as fronteiras pessoais das comunidades políticas. A nacionalidade pode ser relacionada à justiça distributiva:

> O principal bem que distribuímos uns aos outros é a afiliação em alguma comunidade humana. E o que fazemos em relação à afiliação estrutura todas as nossas escolhas distributivas: define com quem fazemos essas escolhas, de quem exigimos obediência e recolhemos impostos, para quem reservamos bens e serviços. (Walzer, 2003, p. 39.)

O mercado é regido pela justiça comutativa e inclui os apátridas, mas só a nacionalidade assegura o direito a bens cuja existência pressupõe compartilhamento, tal como a segurança e a saúde pública.[4] Esses bens exis-

3 "As hipóteses de outorga da nacionalidade brasileira, quer se trate de nacionalidade primária ou originária (da qual emana a condição de brasileiro nato), quer se cuide de nacionalidade secundária ou derivada (da qual resulta o "status" de brasileiro naturalizado), decorrem, exclusivamente, em função de sua natureza mesma, do texto constitucional, pois a questão da nacionalidade traduz matéria que se sujeita, unicamente, quanto à sua definição, ao poder soberano do Estado brasileiro" (STF, HC 83113/DF).

4 "A egualdade das pessoas no commércio jurídico – O commércio jurídico abstrae das pessoas; não se preoccupa com o ricaço, nem com o proletário; com o homem célebre, nem com o obscuro ignorante; com o nacional ou com o estrangeiro. Só conhece o dinheiro. Esta indifferença pela personalidade – consequência evidente do egoísmo, que apenas vê o ganho – é, no que toca à sociedade, de um valor realmente incalculável, porquanto garante a todo o homem, quem quer que elle seja, comtanto que saiba pagar, a certeza de poder satisfazer as necessidades da sua existência e a possibilidade de collocar esta ao nível da civilisação da sua época. Esta situação social do homem é inexpugnável. O Estado pode tirar-lhe a honra, prival-o da liberdade; a Egreja, as associações podem expulsá-lo; o commercio jdco nunca o repelle. Aquelle que é impróprio para tudo e de cujo contacto todos fogem, sempre merce que se faça com elle negócios. O dinheiro é uma recomendação que a sociedade nunca deixa de considerar"(Ihering, p. 163).

tem quando a grande maioria ou todos têm acesso a eles. Num Estado infestado por moléstias de fácil propagação, nem a elite está a salvo.

A apatridia (*heimatlos, apolitia*) é orfandade em relação a um coletivo de pessoas que têm a obrigação difusa de garantir direitos fundamentais. A condição de apátrida proporciona riscos infinitos (Walzer, 2003, p. 39).

12.2. CONCEITO JURÍDICO DE NACIONALIDADE

A Corte Internacional de Justiça, no caso *Nottebohm*, conceituou nacionalidade como um fato que tem relevância jurídica:

> (...) a nacionalidade é um vínculo jurídico que tem por base um facto social de pertença, uma conexão genuína de vivência, de interesses e sentimentos, em conjunto com a existência de direitos e deveres recíprocos. Pode dizer-se que constitui a expressão jurídica do facto de o indivíduo ao qual é conferida, *ope legis* ou em resultado de um acto das autoridades estatais, estar, de facto, mais intimamente ligado à população do Estado que lhe confere a nacionalidade do que à de qualquer outro Estado. Conferida por um Estado, a nacionalidade só dá a esse Estado o direito de exercer protecção *vis-à-vis* de outro Estado se constituir uma tradução, em termos jurídicos, da ligação do indivíduo ao Estado que o fez seu nacional. (Brownlie, 1997, p. 418.)

A conexão genuína de vivência, interesses e sentimentos, em conjunto com a existência de direitos e deveres recíprocos pode ser apresentada como *vínculo jurídico-político entre uma pessoa e um Estado, que gera direitos e obrigações para as duas partes da relação.*

Esse vínculo não gera apenas direito subjetivo, no sentido de que a parte obrigada pode não entregar a prestação e transformar a inadimplência em indenização. Há situações nas quais o vínculo gera poder, direito potestativo, a exemplo da concessão de visto de permanência a cônjuge estrangeiro. O brasileiro que se casa com estrangeiro tem o poder de fazê-lo, pois é da sua liberdade constituir vínculo afetivo com qualquer pessoa do mundo. O Estado não tem a alternativa de impedir a presença do cônjuge estrangeiro e convertê-la em indenização pecuniária. Resta ao Estado a mera sujeição ao poder do nacional.

Por outro lado, o nacional está sujeito à potestade do Estado sem a possibilidade de inadimplir as obrigações fundamentais e convertê-las em prestações alternativas. No Brasil, os nacionais estão susceptíveis à convocação para servir como membros do Conselho de Sentença do Tribunal do Juri e não há possibilidade de recusa a esse ônus da nacionalidade.[5]

---

5 Código de Processo Penal, arts. 434 e 435 – O serviço do júri será obrigatório e a recusa importará a perda dos direitos políticos.

12.3. AQUISIÇÃO DA NACIONALIDADE

Há duas oportunidades para adquirir nacionalidade: no nascimento ou depois dele. A doutrina nomina de aquisição originária e aquisição derivada, no sentido de que o nascimento é o fato primordial e os demais fatos posteriores conducentes à aquisição de nacionalidade derivam da vontade do indivíduo ou do Estado. O momento de aquisição define a condição de nacional nato e nacional naturalizado e a distinção entre um e outro tem conseqüências jurídicas relevantes, sobretudo para o exercício de direitos políticos.

12.3.1. Nacionalidade Nata

A aquisição de nacionalidade por força do nascimento pode se dar com base em dois critérios: *ius sanguinis* ou *ius soli*.[6] No primeiro pergunta-se: qual a nacionalidade dos genitores? No segundo: onde nasceu?

O *ius sanguinis* é o critério mais antigo de definição do pertencimento a uma comunidade política. O Velho Mundo, África, Ásia e Europa, o adotam como regra preponderante. O Novo Mundo, América e Oceania, como exceção.

No Brasil o *ius sanguinis* aparece no art. 12, I, *c*, da Constituição Federal, que assegura às pessoas nascidas no exterior, cujo pai ou mãe sejam brasileiros, a nacionalidade brasileira nata. Para requerer a declaração da condição de brasileiro nato, basta a residência no Brasil. O texto constitucional usa o verbo optar por defeito redacional, pois não há verdadeiramente uma opção; ocorre apenas o pedido de declaração da nacionalidade sem prejuízo de outras atribuídas pelo nascimento.[7] É de relevo lembrar que a declaração tem efeitos *ex tunc*, pois obviamente o filho de brasileiro nascido no estran-

6 "Os *naturais,* ou *indígenas,* são aqueles que nasceram no país em que seus pais são cidadãos. Como a sociedade não pode manter-se e perpetuar-se senão pelos filhos de seus cidadãos, esses filhos naturalmente seguem a condição de seus pais, dos quais incorporam todos os direitos. Presume-se ter a sociedade desejado assim, em razão do que ela deve para a sua própria conservação, e presume-se que cada cidadão, ao entrar na sociedade, reserva para seus filhos, o direito de dela ser membro. A pátria dos pais é, pois, a dos filhos, e estes se tornam verdadeiros cidadãos em virtude do mero consentimento tácito (...) Digo que para pertencer a um país é necessário ter nascido de um pai cidadão, pois, se nascestes de pai estrangeiro, esse país será apenas o lugar de vosso nascimento não será a vossa pátria" (Vattel, 2004, p. 146).

7 É a opinião de João Grandino Rodas (1990, p. 38) para quem "o instituto da opção foi introduzido entre nós pela Constituição de 1934 e desde então manteve sua característica particular de ratificar a nacionalidade brasileira que se reconhecia até então ao optante. Através dela não se exercita a escolha da nacionalidade, mas tão-somente ela traduz confirmação da nacionalidade brasileira até então atribuída".

geiro é nacional do Brasil desde o nascimento e não se torna brasileiro depois da declaração judicial.

O pedido de declaração da nacionalidade brasileira nata é personalíssimo, visto que a nacionalidade integra o estatuto pessoal do indivíduo. Assim, com extremo rigor, os genitores não podem pedir a declaração representando seus filhos pequenos. Porém esse rigor conduz a uma situação injusta, na qual uma criança brasileira que não obtenha outra nacionalidade (ambos os genitores são brasileiros e o Estado onde nasceu não aceita o *ius soli*, por exemplo) e, durante a menoridade fique relegada a apatridia. A jurisprudência inicialmente firmou posição quanto ao carácter personalíssimo; porém diante da injustiça, caminhou para a solução da declaração provisória, susceptível a uma ratificação pessoal, para só então conformar-se completamente o ato declaratório, possibilitando ao nacional nato o exercício de todos os direitos, inclusive os de natureza política.[8]

A revisão constitucional de 1994 extinguiu a limitação da menoridade para a residência no Brasil porque conducente a situações de apatridia, visto que a pessoa corria o risco de não obter a nacionalidade do local de nascimento, não ter sido registrada em repartição consular brasileira e passar a residir no Brasil somente na maioridade, quedando sem direito à declaração da nacionalidade brasileira. Essas condicionantes limitadoras da obtenção da declaração foram eliminadas. A moderna posição brasileira de facilitar a declaração da nacionalidade nata e de aceitação da polipatria é inclusiva, admitindo que brasileiros acresçam a seu estatuto pessoal outras nacionalidades, contribuindo para a cultura cosmopolita, sem as excludências e intolerâncias do "nacional-centrismo".

Há, contudo, um problema causado pela emenda constitucional de revisão que suprimiu do texto a possibilidade de registro do filho de brasileiro em repartição consular. Inicialmente essa supressão criou dificuldade para crianças nascidas em Estados que não aceitam o *jus soli* (Japão, por exemplo), pois elas ficavam sem declaração de nacionalidade e sem documentos pessoais. Para contornar o problema, entendeu-se que a função consular notarial (art. 32 da Lei nº 6.015/1973) permaneceu hígida e as crianças podem ser

8 "A **opção** de **nacionalidade** é ato personalíssimo, ao qual é imprescindível a plena capacidade civil, não suprível pela representação. Enquanto não implementados os requisitos legais à obtenção da **nacionalidade** brasileira definitiva – notadamente a capacidade civil –, é factível a outorga de provimento judicial à fixação da **nacionalidade** provisória da infante, para expungir de dúvida a possibilidade de seu registro civil" (TRF4, apelação cível, 2004.70.02.007735-6)

registradas, receber documentos de identidade e passaporte brasileiro, até que na maioridade peçam a declaração definitiva da nacionalidade nata.

O *ius soli* é a regra preceituada por todas as Constituições do Brasil, desde o Império.[9] Assim, todos os que nascem no território do Brasil têm direito à nacionalidade brasileira. Exceptuam-se os nascidos no Brasil filhos de pessoas que estejam a serviço de Estado estrangeiro (filhos de diplomatas, por exemplo). O *ius soli* é inclusivo e tendente à interculturalidade, pois as pessoas são iguais em cidadania. O *ius sanguinis* tende a gerar cidadãos de segunda classe dentro de um Estado, acentuando uma característica nefasta da multiculturalidade sem horizonte de universalidade, que é a formação de guetos.[10]

12.3.2. Naturalização

No Brasil há duas modalidades de naturalização que diferem entre si quanto ao tempo de residência e aos requisitos pessoais do candidato à nacionalidade brasileira. Em ambas a iniciativa deve ser do estrangeiro residente.

A naturalização normatizada pela Constituição Federal tem os requisitos objetivos de ausência de condenação penal e, pelo menos, 15 anos de residência ininterrupta no Brasil. Antes da revisão constitucional de 1994 o prazo era de 30 anos. A dicção da Constituição causa uma querela hermenêutica deveras interessante, visto que à perfunctória leitura tem-se a impressão de que o estrangeiro que cumprir os requisitos objetivos da Constituição Federal tem o direito potestativo de naturalizar-se brasileiro, não havendo para a União nenhuma possibilidade de examinar a oportunidade e conveniência.

A discussão sobre a natureza discricionária ou vinculada do ato administrativo de atribuição da nacionalidade brasileira com fulcro na norma constitucional não tinha clamor quando o prazo era de 30 anos e o número de estrangeiros que peticionavam era pequeno. Caso se entenda pela sujeição

9 Constituição do Império do Brasil, art. 6º: " São cidadãos brasileiros: 1º Os que no Brasil tiverem nascido...".

10 "Diferentemente dos *cidadãos*, os *habitantes* são estrangeiros aos quais é permitido estabelecer-se no país de modo estável. Eles são submetidos às leis do Estado enquanto nele permanecerem e devem defendê-lo porque são protegidos, conquanto não participem de todos os direitos dos cidadãos. Eles gozam apenas das vantagens que a lei ou o costume lhes confere. Os *habitantes perpétuos* são os que receberam o direito de habitação permanente. Constituem uma espécie de cidadãos de categoria inferior: eles estão vinculados à sociedade, sem participar de todas as vantagens que ela oferece. Os seus filhos seguem a condição dos pais; o direito de habitação perpétua a estes concedido passa para a posteridade" (Vattel, 2004, p. 146).

da União ao estrangeiro que cumpra os requisitos objetivos, a exigüidade do prazo (15 anos) e o aumento da presença de estrangeiros residentes acirrará a discussão sobre o fato de que a concessão do direito de residência praticamente compelirá o Brasil a outorgar a nacionalidade, ou, dada a imprecisão do texto da Constituição, até mesmo a possibilidade de que um estrangeiro com longa permanência clandestina possa exigir, e não apenas pedir, a nacionalidade.

A naturalização normatizada pela Lei nº 6.815/1980 (Estatuto dos Estrangeiros) é nitidamente ato discricionário do Poder Executivo Federal, para a qual são exigidos os seguintes requsitos:

a) residência contínua mínima de quatro anos no Brasil;
b) capacidade civil, segundo a lei brasileira – estatuto pessoal determinado pela *lex domicilii*;
c) permanência legal no Brasil;
d) ser alfabetizado em português;
e) atividade econômica lícita e apta a sustento próprio e da família;
f) inexistência de denúncia, pronúncia ou condenação no Brasil e no exterior por crime doloso a que seja cominada pena mínima *in abstracto* superior a um ano de prisão;
g) boa saúde.

Na rotina administrativa a naturalização ordinária (regulada pela Lei) e a extraordinária (regulada pela Constituição) não apresentam nenhuma distinção substancial, tanto que a Portaria nº 1/2007 do Ministério da Justiça da União, ao apresentar o rol de documentos exigidos para uma e outra modalidade, acresce à ordinária apenas os comprovantes de capacidade econômica que, por sua vez, é presumida na naturalização extraordinária, visto que a pessoa já está no Brasil há muito tempo.

Com fulcro na Constituição ou na Lei, o pedido de naturalização é dirigido ao Poder Executivo Federal, a quem compete decidir. Na forma do art. 119 da Lei de Regência, incumbe ao juiz federal da 1ª Vara a solenidade de entrega do título de naturalização. Esse ato é o fecho do processo administrativo e a naturalização só se completa no momento da entrega do título.[11]

11 "Esta Corte firmou entendimento no sentido de impossibilitar o pleito de extradição após a solene entrega do certificado de naturalização pelo Juiz, salvo comprovado envolvimento em tráfico ilícito de entorpecentes e drogas afins, na forma da lei" (STF – DJ 12.11.2004 – LexSTF v. 26, n. 312, 2005, p. 310-316).

Lusófonos e Portugueses

Os lusófonos não portugueses gozam de facilidades para a naturalização, visto que o tempo de residência ininterrupta é de apenas um ano, aliado à idoneidade moral.

Os portugueses não precisam se naturalizar para fruir dos mesmos direitos que os brasileiros naturalizados por força de tratado firmado entre o Brasil e Portugal, denominado Estatuto da Igualdade, cujo nome formal é Tratado de Amizade, Cooperação e Consulta entre a República Portuguesa e a República Federativa do Brasil.

Antes da revisão constitucional de 1994, os portugueses que fruíssem dos benefícios do Estatuto recebiam o tratamento de brasileiros natos. A modificação da Constituição reduziu a amplitude do benefício para a condição de brasileiro naturalizado.

A concessão do benefício é decidida pelo Poder Executivo da União, a título individual, atendendo a requerimento do interessado que residir no Brasil há pelo menos três anos. O brasileiro ou português interessado no benefício pode limitar seu pedido à igualdade civil ou estendê-lo à igualdade de direitos políticos. A fruição de direitos políticos num dos Estados impede igual exercício n'outro.

No rol de asssinaturas dos Constituintes há o Deputado Federal José Lourenço, português fruindo dos benefícios do Estatuto da Igualdade, que participou do ato mais importante do Estado que é o momento de gênese da estrutura jurídica.

Restricões ao naturalizado

Ainda que a característica de inclusividade do Brasil tenha se acentuado com a redução do prazo para a naturalização fulcrada na Constituição Federal e as exigências objetivas e subjetivas aos lusófonos tenham sido reduzidas ao mínimo, há uma fronteira para o exercício dos direitos políticos: os cargos nucleares da União são reservados aos nacionais natos. A lista do art. 12, § 3º, da Constituição Federal é organizada em torno da Presidência da República e sua linha sucessória, além da carreira diplomática (representação internacional do Estado) e as forças armadas.

12.4. PERDA DA NACIONALIDADE

A perda da nacionalidade é ato grave que expõe a pessoa à insegurança da apatridia. Por isso, as regras preceituadas pela Constituição devem ser objeto de interpretação restritiva, tanto que ela só se efetiva após requerimento da pessoa, com afirmação expressa do desejo de mudar de nacionalidade, dirigido ao Executivo da União ou, ser for o caso, por ordem judicial que cancele a naturalização.[12]

O brasileiro que involuntariamente receba outra nacionalidade não perde a brasileira. Se, para permanecer no território do Estado onde está domiciliado ou para poder exercer direitos civis (trabalhar, casar, estudar), houver a imposição da nacionalidade, não há vontade livre que provoque a perda da brasileira.

12.4.1. Natos

Em nenhuma hipótese, o nacional nato perderá a nacionalidade brasileira sem que tenha recebido outra voluntariamente. Significa dizer que o Brasil não lança nenhum nacional nato no desconforto da apatridia, quer de modo direto, pela subtração da nacionalidade, quer de modo indireto, pelo banimento.[13]

12.4.2. Naturalizado

A naturalização é ato constitutivo, produzindo efeitos *ex nunc*. Não apaga o passado do naturalizado como se fora um título originário de aquisição de elemento do estatuto pessoal. Tanto que filhos havidos antes da naturalização não adquirem a nova nacionalidade do genitor.[14] A conduta pretérita do naturalizado, se criminosa e não conhecida a tempo pela autoridade administrativa brasileira, pode ensejar a cassação da nacionalidade por meio de processo administrativo e, por decisão judicial se o naturalizado se envolver em atividade nociva ao interesse nacional. A toda evidência, a entrega dessa decisão ao Poder Judiciário é um modo de afastar os fantasmas da doutrina da segurança nacional em voga no período ditatorial. Com isso, a tipificação da nocividade será objeto de discussão encetada no bojo do devido processo legal.

12 "... A perda da nacionalidade brasileira (...) somente pode ocorrer nas hipóteses taxativamente definidas na Constituição da República, não se revelando lícito, ao Estado brasileiro, seja mediante simples regramento legislativo, seja mediante tratados ou convenções internacionais, inovar nesse tema, quer para ampliar, quer para restringir, quer, ainda, para modificar os casos autorizadores da privação – sempre excepcional – da condição político-jurídica de nacional do Brasil" (STF, HC 83113/DF).

13 Constituição do Império do Brasil, art. 7º: "Perde os Direitos de Cidadão Brazileiro: III. O que for banido por Sentença".

14 Art. 123 da Lei nº 6.815/1980: "A naturalização não importa a aquisição da nacionalidade brasileira pelo cônjuge e filhos do naturalizado".

12.5. REAQUISIÇÃO DA NACIONALIDADE

Regulada pelo art. 36 da Lei nº 818/1949 (único artigo ainda vigente) exige o domicílio no Brasil e requerimento dirigido ao Presidente da República. Para João Grandino Rodas (1990, p. 62) a lei beneficia tanto os nacionais natos quanto os naturalizados "por ter empregado a expressão 'brasileiros'". A liça doutrinária ocorre quanto à situação do nacional nato que perdeu a nacionalidade e a readquire: ele volta a ser nato ou passa à condição de naturalizado? Ao negar um pedido de extradição o Supremo Tribunal Federal entendeu que com a reaquisição deu-se a *restituo in integro,* volvendo a pessoa à condição de brasileiro nato.[15]

15 STF, Extradição 441, Estados Unidos da América, publicada em 10/06/1988.

Capítulo 13
Situação Jurídica do Estrangeiro no Brasil

> *¿Que es el extranjero?*
> *El extranjero no es el enemigo. Para Cain, el enemigo es Abel, su hermano. Y a la inversa, a menudo el extranjero es tratado como un amigo (...) el extranjero, amigo o enemigo, es el hombre diferente, y en consecuencia con comportamientos extraños, hasta imprevisibles. Es el hombre que (...) introduce el aleatorio.*
> *El extranjero es la diferencia, pero no cualquier diferencia, no siempre las mismas diferencias. Ésta viene a menudo de la raza (pero en la India viven lado a lado arios, amarillos, dravídicos, etc., y no son realmente "extranjeros" los unos para los otros). A menudo ésta se asocia a la lengua (pero Suiza y muchos otros países, aun Francia, cuentan con hablantes del bretón, germanófonos y vascos, a diferencia del país valón, de la Suiza francófona y del valle de Aosta). Proviene a menudo de la religión (que triunfó sobre la lengua cuando en 1830 Bélgica se separó de los Países Bajos). Pero son innumerables los países en donde, gracias a la separación de las iglesias y el Estado, o gracias a la tolerancia, personas de religiones diferentes no se sienten recíprocamente extranjeras. Finalmente, la larga secuencia de los "azares de la historia", de las sucesiones, de las guerras, de los movimientos de población y de los intercambios, que ha establecido las fronteras, crea também la diferencia. Y cuanto más pasa el tiempo, más se formam de una parte y de la otra lo que el geógrafo Jean Gottmann llama "iconografias", sistemas de imagens, de valores que se alejan unos de otros y crean la "diferencia".* (Duroselle, 1998, p. 46.)

Estrangeiro, *extra-gens,* extra-nós, *extraneus,* estranho. Observada pela perspectiva da nacionalidade, no sentido arcaico da palavra,[1] há estrangeiros súditos da mesma organização política (Estado), marcando-se o nós e o não-nós pelas diferenças culturais ou fenotípicas.[2] Com a disseminação do mo-

1 *"In the classical Roman usage, 'natio' like 'gens' functions as a contrasting concept to 'civitas'. Nations were originally communities of shared descent wich were integrated geographically through settlements and neighborhoods and culturally through their common language, customs, and traditions; but they were not yet integrated politically through the organizational form of a state"* (Habermas, 2001, p. 110).

2 *"... hasta el siglo XVIII servir al extranjero incluso contra su propio país, como lo hizo el Gran Conde en las filas de los españoles, no se considera necesariamente como una espantosa traición"* (Duroselle, 1998, p. 46).

delo europeu do Estado-Nação[3] e o peso da doutrina jurídica européia sobre a Teoria do Estado e do Direito Internacional, fixou-se o estereótipo do estrangeiro como súdito de outro Estado.[4]

A república laica[5] iguala os indivíduos enquanto cidadãos (titulares de direitos políticos) e, assim, a condição de nacional ou estrangeiro é definida pelo vínculo jurídico-político com o Estado, a nacionalidade, independentemente de raça, cor, credo, filiação partidária.[6] Exatamente porque o liame do indivíduo com o Estado é político, aos estrangeiros é vedada a atividade política, ainda que se consinta ampla gama de direitos civis.[7]

Os Estados soem regular o ingresso, permanência e saída de estrangeiros. Com maior ou menor rigor, para a liberdade de movimento (ir, vir, ficar) há regras diferentes daquelas dirigidas aos nacionais. Permanecer, por exemplo, é direito que os nacionais têm sem nenhum questionamento; para os estrangeiros, a permanência é comumente transitória e excepcionalmente, perene.

No Brasil, o ingresso, permanência e saída voluntária ou compulsória de estrangeiros é objeto da Lei nº 6815/1980. As regras imediatamente anteriores eram preceituadas pelo Decreto-Lei nº 941, de outubro de 1969, editado pela Junta Militar.

3 "Não há nada natural no Estado–Nação. Ele é uma construção distintamente moderna. Com o tempo, outras formas de ordem política podem superá-lo. Mas no presente o Estado-Nação marca a limite superior da democracia, da qual depende hoje a legitimidade do governo (...) Ao mesmo tempo que a Europa embarca na experiência de ir além do Estado–Nação, a construção de Estados-nações continua sendo a base do desenvolvimento no mundo inteiro. De certa maneira, isso é infeliz" (Gray, 2004, p. 28).

4 "O termo PÁTRIA e, ou parece ser bastante conhecido de todo o mundo. No entanto, como é tomado em diferentes sentidos, não será inútil defini-lo aqui com exatidão. Ele significa ordinariamente o 'Estado do qual somos membros'; e é nesse sentido que o empregamos nos parágrafos precedentes e que deve ser tomado no direito das gentes" (Vattel, 2004, p. 85).

5 "O fato da unidade democrática na diversidade: Este é o fato de que, em uma sociedade democrática constitucional, a unidade política e social não exige que os cidadãos sejam unidos por uma doutrina abrangente, religiosa ou não-religiosa" (Rawls, 2001, p. 163).

6 Convenção Européia sobre Nacionalidade – art. 2º – "Para os fins da presente Convenção 'nacionalidade' designa o vínculo jurídico entre um indivíduo e um Estado, não indicando, contudo, a origem étnica desse indivíduo".

7 Convenção Européia dos Direitos Humanos – art. 16 – "Nenhuma das disposições dos artigos 10, 11 e 14 pode ser considerada como proibição às Altas Partes Contratantes de imporem restrições à atividade política dos estrangeiros".

13.1. ADMISSÃO DE ESTRANGEIROS

Antes de examinar as espécies de autorização de ingresso (visto) para presença temporária, insta afirmar que o estrangeiro, ainda que de passagem pelo Brasil, é plenamente protegido pela ordem jurídica tão-somente pela sua condição de pessoa. A razão para afirmar esssa evidência que salta aos olhos, é a dicção do *caput* do art. 5º da Constituição Federal (copiado defeituosamente do art. 95 da Lei nº 6.815/1980) que assegura direitos fundamentais aos estrangeiros **residentes.**[8] A pura exegese levaria à suposição absurda de que um estrangeiro em trânsito pelo território brasileiro não teria a garantia jurídica do seu direito à vida. Na verdade, qualquer pessoa, nacional ou estrangeira, de passagem ou perene, titulariza direitos fundamentais e o Estado brasileiro tem o dever de garanti-los.

A autorização para ingresso do estrangeiro é ato discricionário do Estado. Só o nacional tem o poder de ingressar e o Estado sujeita-se a recebê-lo. O estrangeiro pede o ingresso e o Estado decide se é oportuno e conveniente autorizar a entrada.

A autorização para o ingresso de estrangeiros no Brasil está relacionada à atividade a ser realizada e ao tempo de permanência. Para o detalhamento, tomar-se-á o tempo como critério primaz de classificação.

13.2. ESTADA NÃO-PERMANENTE

O visto pode ser concedido ao estrangeiro para:

a) trânsito pelo território brasileiro para atingir o país de destino;
b) turismo, que é estadia de caráter recreativo ou visita, excluída finalidade imigratória e exercício de atividades remunerada;
c) viagem cultural ou em missão de estudos;
d) viagem de negócios;
e) atividade artística ou esportiva;
f) estudar no Brasil;

8 Constituição Federal – art. 5º – "Todos são iguais perante a lei, sem distinção de qualquer natureza, garantindo-se aos brasileiros e aos estrangeiros residentes no País a inviolabilidade do direito à vida, à liberdade, à igualdade, à segurança e à propriedade..."; Lei nº 6.815/1980 – art. 95 – "O estrangeiro residente no Brasil goza de todos os direitos reconhecidos aos brasileiros, nos termos da Constituição e das leis"; Constituição Federal de 1891, art. 72 – "A Constituição assegura a brasileiros e a estrangeiros residentes no Pais a inviolabilidade dos direitos concernentes à liberdade, á segurança individual e à propriedade...".

g) professores, técnicos e profissionais que trabalharem no Brasil ou servirem ao Governo;
h) atividade de imprensa de meio de comunicação estrangeiro;
i) ministrar religião ou recolher-se a monastério;
j) cortesia;
k) atividades oficiais;
l) atividade diplomática.

O tempo de validade desses vistos e o de permanência no território brasileiro atine com a atividade a ser desenvolvida. O visto de ingresso para turismo, por exemplo, tem validade de cinco anos e a estada é de 90 dias, prorrogáveis por mais 90. O visto de trabalho, para o qual também é ouvido o Ministério do Trabalho, autoriza estadia pelo período do contrato laboral.

13.3. ESTADA PERMANENTE

Ora, mesmo que se supusesse serem ainda comuns todas as cousas, ninguém pode arrogar-se o direito de uso de uma cousa que serve atualmente às necessidades de outrem. É por essa razão que uma Nação, cujas terras satisfazem com dificuldade às necessidades dos seus cidadãos, não está obrigada a receber um grupo de fugitivos ou exilados. Da mesma forma, deve ela rejeitá-los, mesmo categoricamente, se eles estão infectados de moléstia contagiosa. Também estará ela fundamentada a reenviá-los alhures, se tiver motivo justo de temer que eles corrompam os costumes dos cidadãos, perturbem a religião ou causem algum outro distúrbio contrário à segurança pública. Em uma palavra, ela tem o direito, e mesmo a obrigação, de seguir, a esse respeito, as normas da prudência. Mas essa prudência não deve ser duvidosa, nem levada ao ponto de repelir, por motivos levianos, esses infelizes, em razão de temores frívolos ou pouco fundamentados. Não se pode recusar esses sentimentos mesmo àqueles que, por própria culpa, caíram no infortúnio (Vattel, 2004, p. 155).

O Estado brasileiro autoriza o ingresso de imigrantes que desejam domiciliar-se no Brasil. O estrangeiro vem com *animus manendi*.

A decisão sobre o pedido de imigração é discricionária e o exame da conveniência e oportunidade é informado por critérios políticos pertinentes à qualificação profissional do estrangeiro requerente, a sua disponibilidade para residir durante algum tempo exclusivamente em algumas áreas do território brasileiro e não em outras.

A concessão do visto para estada permanente deixa de ser discricionária e passa a ser vinculada se houver relação conjugal entre um brasileiro e o estrangeiro. Mas é o brasileiro que impõe à União o seu poder de constituir relação afetiva com estrangeiro e trazê-lo para a morada conjugal no Brasil.

13.4. SAÍDA COMPULSÓRIA

A saída voluntária é o fecho ordinário do ingresso legal, por isso não há questões jurídicas a serem destacadas, remanescendo quatro modalidades de saída compulsória a serem examinadas.

13.5. IMPEDIMENTO

A concessão do visto em repartição consular brasileira no exterior não atribui ao estrangeiro o direito de ingressar. A rigor, essa autorização (usualmente válida por prazo extenso) gera a expectativa de direito. Por isso, no momento que o estrangeiro se apresenta em um dos pontos de ingresso – portos, aeroportos, fronteiras secas – a autoridade policial, com base nos critérios determinados pelo Poder Executivo da União, decide se o estrangeiro efetivamente ingressará no Brasil ou será impedido.[9]

Juridicamente, não há saída compulsória, posto que o estrangeiro permaneceu apenas na área do território sob vigilância da autoridade policial federal. Porém, de fato, ele está no território brasileiro e sai *vis compulsiva,* às expensas de quem o trouxe.

13.6. DEPORTAÇÃO

O estrangeiro que ingressa no Brasil pode circular livremente pelo território. A deportação ocorre porque o estrangeiro comete alguma infração administrativa: ingressa clandestinamente, permanece depois de expirado o prazo deferido, exerce atividade incompatível com a que foi deferida para a sua estada.

A decisão de colocar o estrangeiro porta afora é da autoridade policial que deve conceder prazo para que o estrangeiro se retire e, caso haja desobediência, pode coercitivamente pô-lo em veículo de transporte destinado ao Estado da nacionalidade do deportado, ou para o local de onde veio, ou ainda, para outro lugar que aceite recebê-lo. Excepcionalmente a deportação poderá ocorrer sem a concessão de prazo para a saída *sponte propria.*

Para reingressar, o estrangeiro deve pagar as multas administrativas, as despesas de sua deportação e deve obter o visto de entrada.

9 Lei nº 6.815/1960, art. 7º.

13.7. EXPULSÃO

O estrangeiro é expulso para destino que o aceite, embora só o Estado patrial tenha o dever de acolher a pessoa expulsa. É proibido o retorno do expulso na forma do art. 338 do Código Penal. Há inquérito administrativo no Ministério da Justiça, com direito à defesa (CF, art. 5º, LV). O ato administrativo da expulsão corporifica-se num decreto presidencial. Por óbvio, outro decreto pode admitir o ingresso do estrangeiro que foi expulso. A lei não obriga o governo à expulsão e sim concede-lhe o poder discricionário de expulsar, presentes os motivos legais (art. 7º, III, Lei nº 6.815/1980).

Alguns dos motivos ensejadores da expulsão identificam-se com aqueles da deportação, porém a expulsão é ato grave que deve ser usado com parcimônia. A leitura do art. 65 da Lei de regência causa alguma perplexidade, pois arrolam-se condutas criminosas, como a prática de fraude para ingressar ao lado de vadiagem e uma fugidia nocividade à conveniência e aos interesses nacionais. Sobretudo, a Lei nº 6.815/1980 padece do substrato ideológico da segurança nacional retratado, por exemplo, no art. 107 que criminaliza a atividade política do estrangeiro, cominando pena privativa de liberdade por até três anos e expulsão, na forma do art. 107 combinado com o art. 125, XI.

A constituição de família no Brasil obstará a expulsão enquanto mantidos vínculos efetivos com cônjuge e descendentes. Também não ocorrerá a expulsão caso ela funcione como uma extradição não admitida pela lei brasileira.

13.8. EXTRADIÇÃO

É a *traditio* (entrega) de indivíduo para responder processo penal ou cumprir pena no Estado requerente. O governo requerente age em razão da existência de processo penal em seu aparelho judicial; o Brasil, quando requerido, decide após o pronunciamento do Supremo Tribunal Federal. A extradição está sempre relacionada a processo penal, sendo inaceitável para prisão civil.

Os Estados envolvidos devem ter tratado que regule os pressupostos materiais e formais. Na inexistência de tratado prévio pode ocorrer o pedido com promessa de reciprocidade, prevalecendo neste caso as normas de origem interna sobre o tema. Na situação de promessa de reciprocidade o Brasil, pelo Poder Executivo, pode recusá-la *ab initio*. Se houver tratado, o Brasil terá assumido compromisso que lhe incumbe honrar e não pode recusar o pedido de modo sumário, sem exame do Supremo Tribunal Federal.

Quando o Executivo dá conhecimento do pedido de extradição ao STF causa ao Estado requerente a impressão de que aceitou a garantia de reciprocidade e, diante de uma resposta positiva do Judiciário, não criará embaraço no momento da entrega do extraditando. Por força dessa percepção, consolidou-se "no Supremo Tribunal Federal o costume de se manifestar sobre o pedido extradicional em termos definitivos. Julgando-a legal e procedente, o tribunal *defere* a extradição. Não se limita, assim, a *declará-la viável,* qual se entendesse que depois de seu pronunciamento o regime jurídico do instituto autoriza ao governo uma decisão discricionária" (Rezek, 1998, p. 201).

De modo peremptório, a extradição de nacional nato não será concedida e também não o será a de estrangeiro a quem se impute crime político ou de opinião. A extradição do naturalizado será deferida em caso de crime praticado antes da naturalização ou posteriormente a ela, a participação em tráfico de drogas. Essas normas tem *status* constitucional.

A Lei de regência estabelece outras condições para deferimento do pedido de extradição:

a) o fato que motivar o pedido deve ser considerado crime no Brasil ou no Estado requerente;
b) a jurisdição brasileira não deve ser legítima para julgar o crime imputado ao extraditando;
c) a pena cominada pela lei brasileira para o crime deve ser igual ou superior a um ano;
d) o extradidanto não deve estar respondendo a processo penal no Brasil ou já haver sido julgado pelo fato sobre o qual se funda o pedido;
e) a punibilidade não pode estar extinta pela prescrição de acordo com a lei brasileira ou a do Estado requerente;
f) o Estado requerente deve garantir ao extraditando o devido processo legal.

O rol de motivos ensejadores da negativa de extradição é *numerus apertus,* pois o estrangeiro frui todos os direitos fundamentais atinentes a sua integridade e liberdade física. Assim, dentre outras garantias, a pena cominada pelo Estado estrangeiro não deve ser vedada pela Constituição do Brasil e, se o for, a extradição pode ser concedida se houver compromisso do Requerente para comutação por uma pena admitida no Brasil.[10]

10 "EXTRADIÇÃO – PENA DE MORTE – COMPROMISSO DE COMUTAÇÃO – O ordenamento positivo brasileiro, nas hipóteses de imposição do *supplicium extremum*, exige que o Estado requerente assuma, formalmente, o compromisso de comutar, em pena privativa de liberdade, a pena de morte, ressalvadas, quanto a esta, as situações em que a lei brasileira – fundada na Constituição Federal (art. 5º, XLVII, *a*) – permite a sua aplicação, caso em que se tornará dispensável a exigência de comutação. Hipótese inocorrente no caso" (STF, extradição 744, Bulgária, julgamento 1º/12/1999).

A existência de relações de família no Brasil não obsta a extradição, na forma da Súmula 421 do Supremo Tribunal Federal.

Ao dar início ao processo de extradição, o Supremo Tribunal Federal determinará a prisão do extraditando, situação na qual permanecerá até final decisão do processo que tem a característica da contenciosidade limitada, não se abrindo no Brasil a discussão integral da matéria penal que deu origem ao requerimento de extradição.

A Lei nº 9.474/1997 que versa sobre o acolhimento de refugiados veda a extradição de pessoa a quem tenha sido concedido essa condição. Na verdade, o art. 33 da Lei é um desenvolvimento da vedação constitucional à extradição de pessoas que sofram perseguição política, o que faz parte dos princípios que norteiam as relações internacionais do Brasil, na forma do art. 4º, X, da Constituição Federal.

Por fim, uma futura e desventurosa entrega de brasileiro ao Tribunal Penal Internacional não se constituirá numa extradição porque não há um Estado estrangeiro no pólo ativo. O Tribunal é parte da jurisdição brasileira, atuando de modo subsidiário. Essa nuance conceitual distintiva da entrega ao Tribunal e da extradição para um Estado está presente no art. 102 do Estatuto do TPI.[11]

11 Art. 102: "Para os fins do presente Estatuto: a) Por 'entrega' entende-se a entrega de uma pessoa por um Estado ao Tribunal, nos termos do presente Estatuto; b) Por 'extradição' entende-se a entrega de uma pessoa por um Estado a outro Estado, conforme previsto num tratado, numa convenção ou no direito interno".

Capítulo 14
Bens Internacionais

A designação dos bens que interessam a alguns Estados ou a todos é feita de modo irregular na doutrina. Rezek adota a expressão *Domínio Público Internacional;* Dhin, *Regime Internacional dos Espaços;* Seitenfus, *Espaços Internacionais.* Outros tratam do tema de modo residual em relação ao território dos Estados, a exemplo de Key-Sung, sem destacar o tema em tratamento específico. Contudo, independentemente do *nomen iuris* e da relevância atribuída ao assunto, a exploração e a utilização do espaço extra-atmosférico são apanágio de toda a humanidade (art. 1º da Convenção de 1967) e o fundo dos oceanos para lá das plataformas continentais, assim como os seus recursos, são elementos do patrimônio comum da humanidade (art. 136 da Convençao de Montego Bay de 1982).

A expressão domínio público pode induzir a assimilação com o instituto da propriedade, com os consectários *utendi, fruendi et abutendi.*[1] Ocorre, a humanidade não tem o direito de dispor ao seu alvedrio desses bens:

> E se o novo modo de agir humano significasse que devêssemos levar em consideração mais do que somente o interesse 'do homem', pois nossa obrigação se estenderia para mais além, e que a limitação antropocêntrica de toda ética antiga não seria mais válida? Ao menos deixou de ser absurdo indagar se a condição da natureza extra-humana, a biosfera no todo e em suas partes, hoje subjugadas ano nosso poder, exatamente por isso não se tornaram um bem a nós confiados, capaz de nos impor algo como uma exigência moral – não somente por nossa própria causa, mas também em causa própria e por

1 "... a soberania é, essencialmente, um poder jurídico. Esse poder jurídico differe, substancialmente, da propriedade (*jus in re*), que é noção de direito privado, que é a submissão de uma coisa à vontade de uma pessôa, que póde fruil-a, directamente, em suas utilidades, cedel-a a outrem, alienal-a, ao passo que a soberania territorial é noção de direito público, não implica faculdades de uso, gozo e disposição, porém autoridade de legislar, de julgar, de governar, de policiar, de tutelar (*imperium, jurisdictio*)" (Bevilaqua, 1939, p. 208).

> seu próprio direito. Se assim for, isso requereria alterações substanciais nos fundamentos da ética. Isso significaria procurar não só o bem humano, mas também o bem das coisas extra-humanas, isto é, ampliar o reconhecimento de 'fins em si' para além da esfera do humano e e incluir o cuidado com estes no conceito de bem humano. Nenhuma ética anterior (além da religião) nos preparou para um tal papel de fiel depositário – e a visão científica da natureza, menos ainda (Jonas, 2006, p. 41).

Bem é o valor que se atribui à coisa; sem valor não há bem, apenas coisa. A atribuição de valor depende do conhecimento que se tenha sobre a coisa. Não se conhecia a existência do ecossistema; depois que se percebeu que há uma sistema ambiental, demorou-se para perceber o quão valioso é. Os nódulos metálicos marinhos (poliedros que jazem no leito dos oceanos) eram desconhecidos; tornaram-se conhecidos e não eram apreciados. Quando se dominou tecnologia para extraí-los, passaram a ser valiosos, tornaram-se bens.

Destarte, adotar-se-á a expressão *bens internacionais* para realçar o valor que a essas coisas (oceanos, Pólo Sul, atmosfera, vias orbitais, corpos celestes) a humanidade foi capaz de atribuir como fruto da autopropagação cumulativa da tecnologia. Os bens internacionais são *res omnium* e não *res nullius*.[2] A literalidade da palavra *res* não expressa o sentido de bem (coisa + valor); contudo, a *vis inertiae* do costume será mantida, sem a adopção de *bona communis*. Quando ninguém é dono, enseja-se a apropriação, ainda que não por ente particular, mas por um Estado ou conjunto de Estados que podem assenhorear-se não como donos no sentido privado, mas como soberanos, no sentido de direito público. A condição de bens de todos não dá azo ao assenhoreamento a título privado ou público. Essa afirmação doutrinária pode não coincidir com as normas atinentes aos bens internacionais, submetidas ao fragor dos interesses causados pelo valor político, econômico ou ideológico dos bens internacionais:

2 "O alto-mar é geralmente descrito como *res communis omnium*, ocasionalmente, como *res extra commercium*. A utilização desta expressões é suficientemente inocente desde que não se retirem delas demasiadas ilações. Representam apenas algumas regras básicas, não apresentando um regime viável próprio. Excluindo a aquiescência geral, a *res communis* pode não estar sujeita à soberania de qualquer Estado, encontrado-se os Estados vinculados a abster-se da prática de quaisquer actos que possam afectar, de modo desfavorável, a utilização do alto mar por outros Estados ou pelos cidadãos. Actualmente, é geralmente aceite que o espaço exterior e os corpos celestes apresentam este mesmo carácter geral" (Brownlie, 1997, p. 191).

> As regras aplicáveis a estes espaços são, na realidade, extremamente diversificadas e dependem largamente das relações de força internacionais, das prioridades defendidas pelas grandes potências, mas também das concepções jurídicas dominantes em cada época quanto aos "interesses públicos" (protecção do ambiente, segurança das comunicações). De resto, não existe solução de continuidade entre os espaços insusceptíveis de apropriação nacional e os dependentes da soberania do Estado; entre uns e outros existem espaços de estatuto misto, sobre os quais um Estado exerce competências alargadas mas que não são exclusivas ou, em todo o caso, totais. Desde logo, o "regime internacional dos espaços" aparece sobretudo como a justaposição de regimes jurídicos muito diversos tentando organizar – limitando-as – as competências estatais que se poderão neles exercer em função das actividades aí desenvolvidas. (Dhin, 1999, p. 968.)

Delineiam-se limites à autodeterminação, sobretudo econômica, dos povos. Os recursos jacentes não estão à mão de quem os alcançar primeiro num cenário de competição e, mesmo em ambiente cooperativo, há fronteiras de sustentabilidade em relação às quais há direito difuso titularizado por todas as formas de vida.

Essa variedade de tratamento jurídico dos bens internacionais fica mais nítida ao ser apresentada de modo sinóptico (Dhin, 1999, p. 968):

a) *Res omnium* e liberdade de acesso e exploração por parte de cada Estado com a obrigação de não turbar ou esbulhar a mesma liberdade de outro (alto-mar, vias orbitais).

b) *Res omnium* e administração coletiva global, a exemplo da atribuída à Autoridade Internacional dos Fundos Marinhos, nos termos da Convenção de Montego Bay, para a exploração do leito e subsolo do mar; igualmente, o Tratado Antárctico que criou instâncias consultiva e deliberativa sobre o uso do Pólo Sul e "congelou" pretensões de soberania sobre o território; o espectro eletromagnético, cuja distribuição é regulada pela União Internacional de Telecomunicações; a internet, bem inexaurível, mas carente de administração para assegurar igual acesso e liberdade de uso.

c) *Res omnium* e gestão coletiva regional, por poucos Estados no seu interesse exclusivo, a exemplo do aqüífero Guarani que jaz no subsolo da Argentina, Brasil e Paraguai.

d) *Res omnium,* porém o uso e a fruição controlados por um único Estado, a exemplo da zona econômica exclusiva, da plataforma continental e da zona contígua.

e) *Res publicae* de um Estado que reconhece alguns direitos, por convenção ou consuetude, de outros Estados, a exemplo da passagem não nociva no mar territorial.[3]

f) *Res publicae* de um Estado que pode, sem desconforto jurídico, excluir terceiros do uso desses bens, tais como as águas interiores e o espaço aéreo sobre o seu solo.

Por brevidade meramente conjuntural não se versará sobre cada um dos bens internacionais, aludindo-se sinteticamente ao mar e à internet.

14.1. MAR TERRITORIAL E ALTO-MAR

A água salgada distingue o mar dos rios e lagos. Todavia, mares fechados não entram na regulação de Direito Internacional conhecida como Direito do Mar. Esse conjunto normativo pertine às águas que estão em "*comunicação livre e natural* sobre toda a extensão do globo" e à atmosfera, solo e subsolo dessas águas (Dhin, 1999, p. 971). Ao propiciar movimentação livre e natural por todo o planeta, o mar é precioso para os interesses políticos e econômicos dos Estados. Deter poder sobre ele sempre foi desejo dos impérios de cada época, limitados apenas pela insuficiência tecnológica.

À medida que a capacidade de navegação razoavelmente segura em mar aberto se tornou rotina, os povos da Europa entram em conflito sobre o trânsito nos novos mares. Portugueses e espanhóis, pioneiros, secundados pelos ingleses, defenderam a tese da clausura do mar; os holandeses, enquanto lhes interessou, a da liberdade de navegação e aportagem. A posição que se consolidou expressa-se no aforismo *potestas terrae finitur ubi finitur armorum vis*[4], formulado por Cornelius Bynkershoek em *De Dominio Maris,* no ano de 1702. Os canhões fixados em terra à época alcançavam em média três milhas – 4,8 quilômetros – e sobre essa porção do mar entendeu-se presente a *potestas* do Estado.[5]

3 "... o direito de passagem inofensiva deve ser entendido nos seguintes termos: *a situação jurídico-internacional acitva pela qual se permite a navios do respectivo titular a circulação, contínua e rápida, à superfície de águas marítimas alheias e delimitadas naturalmente, mas sem prejuízo da paz, boa ordem e segurança do sujeito internacional que nelas exerce a sua soberania*" (Gouveia, 1993, p. 25).

4 O poder da terra termina onde termina a força das armas.

5 "O poder politico (...) funda-se sobre a posse dos instrumentos por meio dos quais se exerce a força física (armas de todos os tipos e graus): é o poder coativo no sentido mais estrito da palavra" (Bobbio, 2000, p. 163).

Todos os Estados litorâneos afirmam como parte do seu território uma faixa de mar costeiro. A extensão dessa faixa mar adentro variou ao longo do século XX, chegando às 200 milhas náuticas, a exemplo do que fez o Brasil na década de 1970. Os diferendos sobre a extensão do mar territorial, os modos de fazer a medição, foram mitigados com a Convenção das Nações Unidas sobre o Direito do Mar, firmada, depois de uma década de negociações, em Montego Bay, Jamaica, em 1982. O Brasil verteu essa Convenção para o seu direito interno por meio da Lei nº 8.617/1993.

Excluída a parte do mar que está suscetível à soberania política e aquela que está submetida à soberania econômica dos Estados (zona econômica exclusiva), uma parcela do mar remanesce livre: é o alto-mar, um bem internacional, onde há liberdade de trânsito e de exploração científica e econômica.[6]

Os recursos minerais do solo e subsolo do alto-mar, denominados de Área pela Convenção de Montego Bay, não se enquadram na classificação de *res omnium* aplicável às águas e ar suprajacente. Ao conceituá-la no art. 136 como patrimônio comum da humanidade criou uma nuance diferenciadora, pois há um titular do patrimônio:

> (...) a humanidade é um conceito que desconhece fronteiras, abrange todos os seres humanos, onde quer que estejam, independentemente de estarem ou não organizados em Estados, e atravessa gerações, pois envolve não só o conjunto dos seres humanos que existem atualmente, como também as gerações futuras, que também devem se beneficiar da utilização da Área e de seus recursos, o que demanda uma utilização sustentável (Dupuy *apud* Trindade, 2003, p. 69).

14.2. INTERNET

A internet é um bem artificial ainda sob controle da Internet Corporation for Assigned Names and Numbers (ICCAN), empresa sem fins lucrativos, ligada ao Departamento de Comércio dos Estados Unidos da América. O sufixo ponto br é gerido no Brasil pelo Comitê Gestor da Internet, regulado pelo Decreto nº 4.829/2003 do Poder Executivo da União, composto por representantes do governo, provedores do serviço – acesso e conteúdo – e

6 "A Área corresponde ao leito do mar, os fundos marinhos e o seu subsolo, além dos limites da jurisdição nacional, conforme a definição do art. 1.1.1 da Convenção de Montego Bay. A Área, em certo sentido, é um conceito jurídico residual: trata-se, basicamente, do que resta dos fundos marinhos e oceânicos e seu subsolo, descontadas as plataformas continentais dos Estados" (Trindade, 2003, p. 67).

usuários, com a tarefa de, entre outras, atribuição de endereços e do registro de nomes de domínio que usem o sufixo <.br>.

O valor da internet, que a leva para além da categoria de coisa, é similar ao da Biblioteca da Alexandria. A conexão entre milhões de computadores serve como depósito de informações e o custo ínfimo para o acesso permite que bilhões de pessoas processem essas informações e partilhem as suas sínteses, dando azo a novas antíteses. A internet, além de funcionar como um depósito organizado de informações, é um catalisador do processo dialético formador da cultura. Os computadores, os programas que roçam na inteligência artificial, a velocidade, são adereços tecnológicos que não alteram o essencial: é uma biblioteca cujo acervo contém o conhecimento gerado pela Humanidade e, por isso, deve ser posta ao alcance de todos.

O uso da internet não a exaure; ao contrário, o incremento do uso a fortalece, torna o acervo mais completo e útil. Ela não é apenas um bem cultural que integra a patrimônio comum da Humanidade, pois as pessoas não se portam diante da internet do modo passivo como fazem diante da Vênus de Milo ou das Cataratas do Iguaçu; a internet é uma obra bela, de refinada técnica, que permite uso e não mera contemplação. Ela é uma ferramenta que serve para aumentar a capacidade criativa e produtiva de todos os Povos.

O ciberespaço é patrimônio comum da Humanidade e não deve ser susceptível à apropriação privada ou a controle soberano que o torne exclusivo de uma empresa ou de um povo.

Capítulo 15
Tribunais Internacionais

Cedant armae togae.[1]

Pensar em solução jurisdicional de conflito é posicionar-se pela paz. A guerra também dá cobro a litígios, porém vence a lide quem for mais forte, não quem tem razão.[2] A função jurisdicional manifesta-se por uma decisão, fundada sobre considerações jurídicas, obrigatória para as partes, pronunciada por um órgão independente, na seqüência de um processo no qual observou-se o *due process of law*. O que parece ser uma idéia simples colide frontalmente com a noção arraigada da atividade jurisdicional como uma das funções da soberania do Estado. Por isso, a balança sem a espada da soberania parece incapaz de jurisdicionar, no sentido de exercer, de fato e de direito, a heterotutela do direito nas relações internacionais.

As Cortes Internacionais assemelham-se aos clássicos pretores romanos que não podiam atuar apenas com o acionamento de uma das partes; ambas deveriam comparecer e manifestar a concordância com a decisão que viesse a ser exarada. As partes (os Estados e as Organizações Internacionais), fazem, ainda hoje, a *litiscontestatio*.[3] Insta destacar, as Cortes, *ad hoc* ou permanentes, assumida ou dissimuladamente arbitrais, estão entre soberanias, não sobre

---

1 "O verso '*Cedant armae togae, concedat laurea laudi*' é extraído do Livro III do poema de Cícero *De Temporibus meis*. Desde a época de sua composição, em 60 a.C., tem sido ridicularizado por sua assonância e afetação. Na ocasião, Cícero defendeu-se contra as chacotas de Antônio (*Filípicas II.20*)" (Cícero, 1999, p. 39). "A guerra, em outras palavras, é principalmente concebida como a negação do direito; o direito, por sua vez, como afirmação ou reafirmação da paz. Esta antítese está bem representada pelas duas célebres passagens ciceronianas: *Inter arma silent leges* e *Cedant arma togae*" (Bobbio, 2001, p. 564).

2 "As partes em uma controvérsia, que possa vir a constituir uma ameaça à paz e à segurança internacionais, procurarão, antes de tudo, chegar a uma solução por negociação, inquérito, mediação, conciliação, arbitragem, solução judicial, recurso à entidades ou acordos regionais, ou a qualquer outro meio pacífico a sua escolha". Art. 33 da Carta da ONU.

3 Vide art. 36 do Estatuto da Corte Internacional de Justiça.

soberanias. A arbitragem ocorre quando os litigantes confiam nos árbitros. A prestação jurisdicional não deixa aos litigantes alternativa que não a obediência.

Pode-se delimitar o objeto em foco afirmando que todo "tribunal que conhece questões jurídicas não susceptíveis de decisão pelas jurisdições nacionais é (...) um tribunal internacional" (Brownlie, 1997, p. 603). A distinção é *rationae materiae*, não *rationae personae*, como o pensamento mais ligeiro poderia supor. Na verdade, existe tendência a reputar como internacional qualquer assunto que envolva dois Estados e, portanto, considerar como tribunal internacional aquele que julga lide entre Estados. Contudo é possível que haja querela judicial entre Estados soberanos perante instância judicial estatal, quer seja de terceiro Estado, quer seja de um dos litigantes. Basta que os Estados aceitem tal situação ou, como se observou no tema da imunidade do Estado à jurisdição de outro Estado, a distinção entre atos de gestão e atos de império.

Antes de avançar no estudo dos Tribunais Internacionais, insta teorizar brevemente sobre jurisdição e execução, para construir argumentos destinados a rebater a vulgar afirmação de que essas Cortes são inúteis porque não têm capacidade coercitiva. Esse tipo de raciocínio denota ausência de perspectiva histórica e tem conseqüência niilista, pois se não se alcança o máximo, elimine-se o mínimo.

As pessoas se acostumam às instituições e as tomam pré-lógicas, naturais, em relação às quais não é necessário pensar. Por isso, vivenciam o ato jurisdicional como se ele incluísse o de execução. Todavia, são dois atos onticamente distintos, tanto que, nos Estados de inspiração Iluminista, quando a afirmação jurisdicional no caso concreto encontra resistência à consecução, chama-se o Poder Executivo, com sua milícia, para praticar a coerção.

O Estado moderno, com o desiderato de pacificação interna, monopoliza a tutela dos direitos no momento de jurisdicionar e na eventual execução forçada.[4] A inibição à autotutela é considerada socialmente útil. A heterotutela é vista como progresso pois diminui a violência e propicia aos fracos a possibilidade de exercer direitos.

Para examinar o ato de jurisdicionar em sentido estrito, deve-se observar que a relação jurídica, assim como a relação de poder, é bipolar. Alguém tem o direito, outrem, a obrigação. Na seara da engenharia da convivência, na

4 "O soberano não é o *defensor pacis*, de uma paz que é reconduzível a Deus; ele é o *creator pacis*, criador de uma paz exclusivamente terrena" (Marsílio de Pádua; Carl Schmitt).

qual se situam as normas éticas (aquelas em relação às quais tem-se liberdade quanto aos meios e aos fins),[5] a autotutela para afirmar ou negar um direito é a situação mais rudimentar. O primeiro progresso nas técnicas de convivência foi atribuir a um terceiro, que não é parte, a tarefa de dizer quem está com o direito.

A entrega voluntária ou compulsória do ato jurisdicional a um terceiro imparcial é um longo capítulo da história jurídica. A ritualização, a sacralização desse ato, a atribuição de poderes sobrenaturais às pessoas investidas desse poder–dever de dizer o direito *in concreto* foram meio para legitimar a decisão e diminuir a resistência da parte sucumbente na lide.

Povos com escassa organização política (clãs, tribos) desenvolveram mecanismos sofisticados de heterotutela do ato jurisdicional. Contudo, o uso da força pública para executar a decisão judicial, exige extrema verticalização do poder político, com a formação de estruturas que modernamente conceituam-se como Estado.

Foram dois momentos históricos diferentes: primeiro, a inibição à autotutela para dizer quem tem o direito e a crescente compulsoriedade da heterotutela; num segundo passo, a inibição à autotutela, ou mesmo à heterotutela privada, do ato coercitivo, com a monopolização da coerção pelo organização política do povo, o Estado.

O cenário internacional moderno é a retrato do primeiro passo: há repúdio político e moral à autotutela jurisdicional, mas não há compulsoriedade. Os Estados decidem se apresentam suas lides a um tribunal internacional. Se optarem pela heterotutela do ato jurisdicional, receberão uma decisão construída pelo raciocínio jurídico, que é político, mas não é conjuntural.

Atribui-se, amiúde, aos tribunais internacionais algo que eles não têm: capacidade coercitiva.[6] Diga-se, se houver tal coerção estará extinto o Direito Internacional, pois haverá súditos de um único Estado, a *Magna Civitas*.[7] O Tribunal Internacional, ao proferir uma sentença condenatória contra um

5 Distinção entre normas naturais, anancásticas e éticas *in* Coelho, 2003, p. 376.

6 "... não existem tribunais que tenham competência mundial e compulsória e estejam munidos de um poder deliberatório conclusivo, bem como da faculdade de executar as decisões tomadas. Pode-se afirmar, pois, que ainda não há tribunais mundiais no sentido completo da palavra" (Höffe, 2005, p. 429).

7 "... a um Estado Mundial que supere o estado de natureza internacional, não cabem apenas tarefas especificamente estatais, mas também tarefas essenciais sob a ótica [sic] da moral jurídica..." (Höffe, 2005, p. 355).

Estado exerce débil poder político e intenso poder ideológico (Bobbio, 2000, p. 162). A decisão exarada por um tribunal internacional porta em sua *ratio decidendi* uma capacidade de convencimento que atribui legitimidade ao titular do direito, mas não necessariamente o leva a alcançar o bem juridicamente questionado.

Nesse ponto é relevante fazer ressalva: os tribunais internacionais *devem ter* ou de fato *têm* capacidade coercitiva?[8] Na doutrina, há libelos passionais, laudatórios dos tribunais internacionais, como panacéias para as mazelas da natureza humana e, sobretudo, afirmações de sobreposição das cortes à soberania dos Estados.[9] A confusão entre os desejos e crenças do doutrinador e a postura científica de constatação remete a Durkheim, quando recomenda uma atitude mental de distanciamento dos fatos sociais para observá-los como coisa (1968, p. XX).

A rigor, se houver resistência da parte sucumbente à execução da decisão, o art. 94 da Carta das Nações Unidas preceitua a possibilidade do Conselho de Segurança deliberar a formação de milícia destinada a garantir a efetividade da decisão da Corte Internacional de Justiça. Porém, é estrutura horizontal de poder e a sua efetivação depende de considerações políticas conjunturais.

Os vários tribunais internacionais atuam de modo paralelo, não havendo possibilidade de recurso entre eles. Não há uma Corte no cimo de uma estrutura jurisdicional verticalizada.

8 *"En realidad, si las reglas de las relaciones jurídicas entre los Estados fuesen aceptadas por éstos con la misma autoridad que tiene la ley que regula las relaciones entre particulares, seria posible instituir un Tribunal superior; pero la principal dificultad que se encuentra en la apreciación de la oportunidad y transcendencia práctica de semejante institución, es que falta todavia una verdadera legislación internacional aceptada por los Estados, y sancionada mediante el consensus gentium; y, faltando ésta, no puede considerarse de verdadera importancia práctica la institución del Tribunal Internacional permanente"* (Fiore, 1894, v. 3, p. 295).

9 "Sentença sem sanção pouco vale como garantia de direito. Houve quem lembrasse a criação de uma milícia internacional para tornar executórias as sentenças da Côrte. Outros sugeriram a guerra comercial contra as nações recalcitrantes. Tudo isto, porém, ficou em projeto. Eram meios artificiais e até certo ponto incoerentes. Pela justiça dos julgamentos a Côrte se imporá à opinião internacional, e a opinião internacional, do mesmo modo que a opinião pública na vida interna dos Estados, é um grande força. Já hoje, dificilmente uma nação se animaria a desobedecer a uma sentença da Côrte. Dentro de alguns anos isso se tornará impossível" (Pessoa, 1960, p. 8).

15.1. BREVE ESCORÇO

A primeira tentativa realista de retirar dos contendores o poder de julgar-se ocorreu somente em 1899, mais de 200 anos depois da paz de Westfália, com a criação do Tribunal Permanente de Arbitragem Internacional, na Conferência de Paz em Haia (Pereira, 1903, p. 13). O júbilo pela obra político-jurídica não embaçou a visão percuciente do presidente da Conferência:

> É impossível desconhecer-se a difficuldade de instituir, na situação política actual do mundo, um tribunal composto de antemão, dum certo número de juízes, representando os diversos paízes e presidindo, de uma maneira permanente, aos negócios successivos. Este tribunal daria, de facto, não *árbitros* escolhidos, respectivamente, por elles, para conhecimento da causa, e investidos de uma espécie de mandato pessoal da confiança nacional, mas *juízes*, no sentido do direito privado, previamente nomeados fora da livre escolha das partes. Um tribunal permanente, seja qual for a imparcialidade dos seus membros, se arriscaria a tomar, aos olhos da opinião universal, o carácter de uma representação dos Estados; os governos, podendo imputal-o sujeito a influencias políticas, ou a correntes de opinião, não concertariam em appellar para elle, como para uma jurisdição desinteressada. (Bevilaqua, 1939, p. 447.)

Na segunda Conferência de Paz em Haia, 1907, criou-se o Tribunal Internacional de Presas para julgar litígios decorrentes da apreensão de naus em períodos de guerra. A rigor, uma câmara arbitral sem funcionamento perene.

Com os tratados que selaram o fim da Primeira Guerra Mundial, especialmente o Pacto das Nações (art. 14), foi criada a Corte *Permanente* Internacional de Justiça, instalada em 1920 na cidade de Haia, para a qual Rui Barbosa foi eleito com 38 dos 40 votos possíveis (Garcia, 2000, p. 62), embora, por motivo de doença, não tenha assumido a investidura e Epitácio Pessoa tenha ocupado a primeira composição da Corte.

A sede da Corte *Permanente* foi objeto de discussão na Conferência de Paz, em 1919, e a Suíça foi lembrada, tanto que sediou a Liga das Nações na cidade de Genebra, "mas a natureza da instituição que se acabava de criar, agiu com a fôrça silenciosa e invencível da lógica das coisas. Trazida, naturalmente, pela *vis* histórica de uma tradição, que a Côrte Permanente de Justiça Internacional não fazia senão continuar, apresentou-se a Holanda, em cuja capital já funcionava o Tribunal Permanente de Arbitramento, o último progresso do direito internacional de antes da guerra" (Pessoa, 1960, p. 9). Essa Corte tornou-se, com a extinção da Liga das Nações, em 1946, o principal órgão judicial da Organização das Nações Unidas.

Ao fim da Segunda Guerra Mundial foram criados dois tribunais internacionais destinados a julgar a responsabilidade penal (pessoal) dos dirigentes políticos e militares derrotados, aos quais imputou-se a prática de crimes de guerra (Ferro, 2002). A doutrina não chegou a acordo sobre a natureza do Tribunal Militar Internacional sediado em Nuremberg: supranacional, interaliados, extensão da soberania da Alemanha, exercida pelos vitoriosos. O Tribunal Militar para o Extremo Oriente, instalado em Tóquio, foi integrado por 11 julgadores de várias nacionalidades.[10]

Com o fim da guerra fria, a mal resolvida situação dos Balcãs expôs suas mazelas e a Europa se viu outra vez diante de imagens aterradoras. A ONU reagiu e o Conselho de Segurança, pela Resolução nº 808, de fevereiro de 1993, criou o Tribunal Penal Internacional para os Crimes de Guerra da ex-Iugoslávia. Instalado em Haia, julga os crimes ocorridos desde janeiro de 1991. Em seu Estatuto estão tipificados os crimes e preceituadas as regras processuais.

Em 1994, pela Resolução nº 955, o Conselho de Segurança criou o Tribunal Penal Internacional para Ruanda, com sede na Tanzânia; no Estatuto está preceituado o tempo de existência e a competência *ratione materiae* e *personae*.

São os primeiros tribunais internacionais constituídos exclusivamente por juízes togados, sem a participação de militares. Contudo, julgam os derrotados. Com essas considerações introdutórias ao tema, passa-se à descrição e análise dos tribunais internacionais.

15.2. CORTE INTERNACIONAL DE JUSTIÇA

No momento da constituição da ONU, deliberou-se o aproveitamento da Corte *Permanente* Internacional de Justiça, órgão da Liga das Nações, com

10 *"El Tribunal dictaminó por primera vez en la historia, que cuando las normas internacionales que protegen valores humanitarios básicos entran en conflicto con las leyes del Estado, cada indivíduo debe transgredir el derecho estatal (a menos que no hay lugar para una "elección moral". El marco legal del Tribunal de Nuremberg implicó un cambio fundamental en la dirección legal del Estado moderno, pues las nuevas normas desafiaron el princípio de la disciplina militar y subvertieron la soberanía nacional en uno de sus puntos más sensibles: las relaciones jerárquicas dentro del ejército. El derecho internacional contemporáneo generalmente confirmó la posición adoptada por el Tribunal y respaldó su rechazo del argumento que proponía eximir de responsabilidad a quienes participaron en crímenes contra la paz y la humanidad obedeciendo órdenes superiores"* (Held, 1997, p. 132).

algumas adaptações do Estatuto, a supressão do adjetivo e a manutenção da sede em Haia.[11] Assim, pode-se dizer, a Corte Internacional de Justiça é continuação remota daquelas criadas nas Conferências de Paz ocorridas em Haia em 1899 e 1907.[12] Do Estatuto, destacam-se:

a) a Corte tem competência para julgar e para exarar pareceres jurídicos requeridos pela ONU;
b) só Estados são parte em questão perante a Corte;
c) as organizações internacionais podem acompanhar o processo se houver controvérsia sobre a interpretação do seu instrumento constitutivo;
d) a competência da Corte abrange todas as questões que as partes lhe submetam;
e) a Corte não pode determinar a citação de um Estado para integrar o pólo passivo de um processo sem que esse Estado previamente manifeste aceitação da jurisdição. Essa manifestação pode ser feita de modo genérico, servindo a todos os eventuais processos futuros ou, como fazem alguns Estados, expressar aceitação ou recusa casuísticamente;[13]
f) as línguas oficiais da Corte são o francês e o inglês;
g) a Corte é composta por 15 juízes eleitos pela Assembléia Geral e Conselho de Segurança da ONU, procedendo independentemente um do outro;
h) os juízes são eleitos para investidura de nove anos, admitida uma recondução;
i) a Corte poderá indicar medidas provisórias destinadas a preservar os direitos de cada parte;
j) a sessão plena tem *quorum* mínimo de nove juízes e a decisão é tomada por maioria dos presentes;
k) é legítima a publicação dos votos minoritários;
l) a Corte é instância originária e final.

11 "A Corte Internacional de Justiça será o principal órgão judiciário das Nações Unidas. Funcionará de acordo com o Estatuto anexo, que é baseado no Estatuto da Corte Permanente de Justiça Internacional e faz parte integrante da presente Carta" (art. 92, Carta da ONU).

12 Vide art. 4º, 2, do Estatuto da Corte.

13 "Na organização dos Estatutos da Côrte...discutiu-se muito a cláusula de ser ou não obrigatória a jurisdição dela. Nesta discussão salientou-se brilhantemente o nosso delegado Raul Fernandes, a cujo espírito de conciliação se deveu à última hora a cláusula em virtude da qual seria livre a aceitação ou recusa da jurisdição obrigatória, devendo as nações que a aceitassem assinar uma declaração nesse sentido" (Pessoa, 1960, p. 16).

Nesse rol sintetizou-se a Corte estática. Em sua dinâmica, a Corte julga poucos processos, visto que os Estados mais importantes soem recusar a sua jurisdição, a exemplo dos Estados Unidos, França, Rússia, China.

15.2.1. Caso Relevante da CplJ – *Affaire relative au paiement, en or, des emprunts fédéraux brésiliens émis en France*

Em abril de 1928 o Brasil e França comunicaram à Corte Permanente Internacional de Justiça o compromisso que firmaram para submeter à Corte a questão de saber se os juros de empréstimos tomados pelo Brasil deveriam ser pagos sobre a base do franco-ouro ou da moeda legal francesa, representada, na ocasião, por um papel com curso forçado. Os empréstimos foram tomados em 1909, 1910 e 1911, mediante a emissão de títulos públicos brasileiros na França. O dinheiro se destinava, respectivamente, à modernização do Porto de Recife, à construção de estradas de ferro em Goiás e na Bahia.

Essa emissão se deu em bancos e casas de crédito de toda a França, com a publicação de prospectos que anunciavam a captação do dinheiro e as condições de pagamento. No decurso da Primeira Guerra Mundial, a França extinguiu o lastro em ouro do franco, acabando com o *franc-or.* O *franc-papier* sofreu forte depreciação do seu poder de compra por causa da inflação que se seguiu à guerra.

O Brasil não cumpria a cláusula de pagamento em ouro, pagando o valor nominal da face dos títulos em *franc-papier.* As numerosas reclamações levaram a França a acionar a via diplomática, em 1924, para que o Brasil desse atenção à situação dos portadores dos títulos dos três empréstimos. A França invocou o direito dos portadores a ver o serviço dos empréstimos pagos conforme o contratado na emissão e, em conseqüência, que o pagamento dos juros e a amortização do capital fosse efetuada por meio do padrão ouro.

A defesa brasileira diante da Corte afirmou que, malgrado a estipulação figurada nos contratos: "*payables à Paris en or*", relativo aos juros de frs. 12,50 por semestre a cada título de frs. 500,00, os cupons representativos desses juros omitiam o pagamento em ouro e que, se os pagamentos deviam ocorrer na França, a lei do curso forçado se impunha necessariamente dada a sua característica de ordem pública.

Em decisão exarada em 13/07/1929, a Corte Permanente Internacional de Justiça deferiu o pedido francês de fixação da obrigação brasileira de pagamento dos juros e do capital pelo padrão ouro.

O Governo brasileiro recebeu a decisão judicial e se comprometeu a cumpri-la. Todavia, em plena recessão internacional causada pela quebra da Bolsa de Nova York, alegava não haver meios para honrar a obrigação. A situação ganhou contornos de crise internacional e "*O Journal Financier* (...) anunciava que os portadores dos nossos títulos iam pedir ao Comitê Internacional a sua intervenção para *as potências impedirem* (veja bem), para as potências *impedirem* qualquer emissão por parte dos Estados Brasileiros enquanto não regularizassem em franco-ouro os empréstimos contraídos" (Pessoa, 1960, p. 103).

A própria honorabilidade de Epitácio Pessoa foi posta em questão pela imprensa brasileira que o acusava de ser credor e de ter participado da decisão da Corte em causa própria.

15.3. CORTE EUROPÉIA DE DIREITOS HUMANOS

Essa Corte não é órgão da União Européia. Ela é produto da Convenção para a Proteção dos Direitos do Homem e das Liberdades Fundamentais, adotada pelo Conselho da Europa em 1950, do qual hoje participam 46 Estados. Com essa Convenção pretendeu-se adotar medidas destinadas a garantir direitos enunciados na Declaração Universal dos Direitos Humanos, pela ONU, em 1948.

A Convenção original construiu três instituições destinadas a garantir que os Estados respeitem as obrigações que assumiram em relação aos direitos fundamentais dos indivíduos: Comissão Européia dos Direitos Humanos, Corte Européia dos Direitos Humanos e Comitê dos Ministros do Conselho da Europa, composto pelos Ministros de Relações Internacionais dos Estados membros.

A Comissão foi criada como filtro para impedir que a Corte fosse inundada com reclamações frívolas e acabasse se prestando a exploração política. Por isso, atribuiu-se à Comissão a função de examinar a admissibilidade das petições, a investigação e relatório dos fatos e a promoção de entendimento entre o reclamante e o Estado reclamado.

A Comissão detinha a exclusividade do juízo de admissibilidade e de remessa da reclamação à Corte. Quando ela não dava conhecimento à Corte, a situação podia ser examinada pelo Conselho de Ministros e, com isso, o mecanismo acentuava a politização das decisões, especialmente quando Estados apresentavam reclamações contra outros Estados, como a Irlanda contra a Inglaterra, a Grécia contra a Turquia por causa da contenda em Chipre. Outro aspecto que politizava a decisão era que os Estados membros que não declaravam aceitar a jurisdição da Corte podiam ser alvo de reclamação, mas o exame era feito pelo Conselho de Ministros. O desenvolvimento das atividades causou pressão política para uma reforma que simplificasse o mecanismo, diminuindo a possibilidade de decisões com escasso fundo jurídico e larga abertura às injunções políticas.

Em 1998 entrou em vigor uma reforma que extinguiu a Comissão, permitindo o acesso direto à Corte.

Destaques do Estatuto da Corte:

a) a Corte tem jurisdição em todas as matérias concernentes à interpretação e aplicação da Convenção;
b) a Corte é composta por um número de juízes igual àquele dos Estados membros do Conselho da Europa, eleitos para investidura de seis anos, admitida uma recondução;
c) a Corte pode emitir parecer em atendimento a consulta formulada por Estado membro;
d) a Corte pode conhecer petições de qualquer pessoa singular ou coletiva;
e) a Corte tem função subsidiária, pelo que devem ser esgotadas todas as vias de recursos internas;
f) é legítima a publicidade dos votos minoritários;
g) a Corte é instância originária e final;
h) o Comitê dos Ministros do Conselho da Europa supervisiona a execução da decisão da Corte.

Hoje são ponderáveis os efeitos das decisões da Corte na conduta dos Estados membros do Conselho da Europa; porém, na sua natureza remanesce, vista pela lente do poder político, a condição de ente interestatal:

> Esses acórdãos não fazem cessar por si próprios as violações dos Direitos Humanos que eles constatam. É a conseqüência do seu caráter declaratório. Em contrapartida, deveriam, graças ao seu caráter obrigatório, constringir o Estado em apreço a impedir os atentados aos Direitos Humanos que lhes são recriminados. Infelizmente para a vítima individual, os efeitos do caráter declaratório, que lhe é desfavorável, permanecem plenamente, enquanto que aqueles do caráter obrigatório, que lhe é favorável, são largamente paralisados. (Marguénaud *apud* Marques.)

15.3.1. Caso Relevante

O italiano Cesare Battisti, residente na França, teve deferido o seu pedido de extradição formulado pela Itália para o cumprimento da pena de prisão perpétua oriunda de condenação por homicídio. O requerente, em 1977, entrou para o grupo de extrema esquerda Proletários Armados para o Comunismo (PAC) e participou da luta política armada. Inicialmente, o requerente foi condenado a quatro anos e três meses de prisão por invasão de domicílio, cárcere privado; evadiu-se da prisão em 1981 e se escondeu no México. Enquanto pendia seu pedido de asilo no México, os antigos membros do PAC aceitaram a lei italiana sobre arrependimento e denunciaram as ações do grupo, inclusive a participação do requerente em quatro homicídios. Iniciados os processos penais na Itália, o requerente se instalou na França, junto com outros membros antigos do PAC. A decisão condenatória de primeiro grau foi mantida em instância final em 1993. Antes do trânsito em julgado, a Itália requereu a extradição de Battisti, negada pela França sob o fundamento de que não bastavam os mandados de prisão já que Battisti tinha dois filhos franceses e havia iniciado processo de naturalização. Em 2003, a Itália reapresentou o pedido de extradição. Em fevereiro de 2004 o requerente foi preso pelas autoridades francesas. Em junho foi deferida a extradição sob o fundamento de que servia à execução da pena. Em outubro foi expedido o decreto de extradição. Contra esse decreto Battisti apresentou um recurso ao Conselho de Estado Francês, pedindo a sua anulação com fulcro nos arts. 6º e 8º da Convenção Européia dos Direitos Humanos, que tratam do devido processo legal.[14] O recurso foi rejeitado pelo Conselho de Estado.

O requerente alegou perante a Corte Européia que a França não poderia ter deferido o pedido de extradição porque não houve, na Itália, a garantia do devido processo legal, já que ele não foi notificado para organizar sua defesa e constituir advogados, sendo julgado a revelia. A Corte entendeu que o requerente conhecia o processo e que *avait renoncé d'une manière non équivoque à son droit de comparaître personnellement et d'être jugé en sa présence*, pelo que indeferiu o pedido de Cesare Battisti.[15]

---

14 Houve uma adaptação da linguagem para a expressão correntemente usada no Brasil, visto que a Convenção Européia, no art. 6º, versa sobre o direito a um processo equitativo.

15 O Italiano Cesare Battisti foi preso preventivamente no Brasil em abril de 2007 enquanto aguarda decisão do Supremo Tribunal Federal no pedido de extradição formulado pela República da Itália.

15.4. CORTE INTERAMERICANA DE DIREITOS HUMANOS (CIDH)

A CIDH tem seu fundamento histórico na experiência européia de constituição de um Tribunal destinado a julgar os Estados no caso de ofensa a direitos fundamentais. O mecanismo institucional é basicamente o mesmo, incluindo a Comissão que faz exame prévio de admissibilidade dos pedidos de atuação da Corte. A Convenção Americana sobre Direitos Humanos, firmada em 1969 na Costa Rica, criou a Corte Interamericana de Direitos Humanos. Para acionar a Corte foi constituída a Comissão Interamericana de Direitos Humanos.

Destaques do Estatuto da Comissão:

a) a Comissão representa todos os Membros do Organização dos Estados Americanos;
b) a Comissão é composta por sete membros eleitos pela Assembléia Geral da OEA para investidura por quatro anos, admitida uma recondução;
c) a função principal da Comissão é promover a observância e defesa dos direitos humanos;
d) à Comissão compete receber denúncias, formuladas por indivíduos, organizações da sociedade civil ou Estado, de violação da Convenção cometida por um Estado-parte;
e) a Comissão conhecerá da denúncia se houver ocorrido o esgotamento dos recursos internos do Estado-parte ou, se não esgotados, houve, comissiva ou omissivamente, negação de proteção a direito:
f) a Comissão pode solicitar informações ao Estado ao qual se imputa a violação a direito;
g) a Comissão pode realizar investigações no território do Estado ao qual se imputa a violação, mediante prévio consentimento deste;
h) à Comissão e aos Estados-partes compete, com exclusividade, acionar a Corte Interamericana de Direitos Humanos.

15.4.1. Caso Relevante examinado pela Comissão

O caso 12.051 – Maria da Penha Maia Fernandes – examinado pela Comissão Interamericana de Direitos Humanos chamou a atenção pelo desfecho ocorrido no Brasil.

A brasileira Maria da Penha foi vítima de violência doméstica – incluindo duas tentativas de homicídio; a ação penal contra seu ex-marido estava em curso há mais de 15 anos e ainda aguardava julgamento de duas apelações dirigidas ao Tribunal de Justiça do Estado do Ceará. A vítima apresentou reclamação a entidades de defesa dos direitos da mulher que levaram o tema à Comissão, afirmando que a demora excessiva tinha o resultado de deixar desprotegidos os direitos da vítima e que, embora não esgotados os recursos à jurisdição nacional, a *dilatio temporis* permitia à Comissão conhecer o pedido de providências na forma do art. 46, § 2º, *c*, da Convenção Americana sobre Direitos Humanos.

Ao examinar o mérito, a Comissão entendeu que "o Estado violou, em prejuízo da Senhora Maria da Penha Maia Fernandes, os direitos às garantias judiciais e à proteção judicial assegurados pelos art. 8º e 25 da Convenção Americana, em concordância com a obrigação geral de respeitar e garantir os direitos, prevista no art. 1º (1) do referido instrumento e nos arts. II e XVII da Declaração, bem como no art. 7º da Convenção de Belém do Pará. Conclui também que essa violação segue um padrão discriminatório com respeito a tolerância da violência doméstica contra mulheres no Brasil por ineficácia da ação judicial".[16]

Ao fim do *iter* procedimental, a Comissão exarou recomendações ao Brasil para que se fizesse investigação para apurar a responsabilidade penal do ex-marido e para determinar se havia outros fatos ou ações de agentes estatais que tenham impedido o julgamento em tempo razoável, bem como recomendou a reparação simbólica e material dos danos sofridos por Maria da Penha e a adoção de medidas para superar a leniência do Estado ante a violência doméstica contra mulheres.

A medida de maior destaque para superar a leniência foi a promulgação da Lei Maria da Penha (Lei nº 11.640/2006).

Destaques do Estatuto da Corte:

a) à Corte é dado conhecer de qualquer caso depois do *iter* da Comissão;
b) a Corte pode julgar e também atender consultas dos Estados-partes;
c) os Estados podem declarar que reconhecem plenamente a competência da Corte ou sob condições – o Brasil reconheceu a competência da Corte em 1998;
d) a Corte poderá exarar medida cautelar para evitar danos irreparáveis às pessoas;
e) é legítima a publicação de votos minoritários;

16 Relatório nº 54/2001 da Comissão Interamericana de Direitos Humanos dirigido à OEA.

f) a Corte é instância originária e final;
g) a parte da sentença condenatória da Corte que tiver expressão monetária poderá ser executada diante da jurisdição nacional, pelo rito interno vigente no Estado-parte sucumbente;
h) a Corte apresentará relatório anual de suas atividades à Assembléia Geral da Organização dos Estados Americanos.

15.4.2. Caso Relevante

Em meados de 2006, na seqüência de uma série de rebeliões em presídios no Estado de São Paulo, com a destruição dos dormitórios, celas, cozinhas, sanitários, cerca de 1.600 presos ficaram trancados no pátio da Penitenciária de Araraquara, ao relento, por várias semanas. A Comissão Interamericana de Direitos Humanos requereu à Corte decisão liminar sobre essa situação ofensiva aos direitos do detentos. O Juiz Presidente da Corte, considerando os fatos e os fundamentos jurídicos presentes no art. 63.2 da Convenção Americana sobre Direitos Humanos, liminarmente, decidiu:

a) **requerer** ao Estado que adote todas as medidas que sejam necessárias para proteger a vida e a integridade de todas as pessoas privadas de liberdade na penitenciária "Dr. Sebastião Martins Silveira", em Araraquara;
b) **requerer** ao Estado que, ao recuperar o controle, conforme o ponto resolutivo anterior, adote de forma imediata as arroladas medidas;
c) **requerer** ao Estado que remeta à Corte uma lista de todas as pessoas privadas de liberdade na penitenciária de Araraquara;
d) **solicitar** ao Estado que investigue os fatos que motivaram a adoção da medida urgente.

O negrito nos verbos foi utilizado para salientar que eles não são usados pelos tribunais que atuam investidos de poder soberano. Requerimentos, solicitações, pedidos, são utilizados em relações horizontais ou, nas verticais, pelos subordinados dirigindo-se às autoridades. De qualquer modo, o exemplo se destina a denotar a natureza peculiar e os lindes da jurisdição internacional.

A carência de instância internacional com poder jurisdicional é denotada por Bobbio, ao afirmar que será possível falar legitimamente de tutela internacional dos direitos do homem somente "quando uma jurisdição internacional conseguir impor-se e superpor-se às jurisdições nacionais, e quando se realizar a passagem da garantia dentro do Estado – que é ainda a característica predominante da atual fase – para a garantia contra o Estado"(1998, p. 218).

15.5. TRIBUNAL INTERNACIONAL PARA O DIREITO DO MAR[17]

Mare clausum ou *mare liberum*? A tese da exclusividade dos mares que foram pioneiramente singrados pelas naus portuguesas foi ratificada por várias bulas papais, destacando-se *Ea quae pro bunro pacis*, de 1505, que reconheceu o Tratado de Tordesilhas e a partilha de mares e terras feita entre Portugal e Espanha. Com a unificação das coroas espanhola e portuguesa, em 1580, proibiu-se que os portos lusitanos fossem utilizados por outros povos para reabastecimento e comércio. Quando a Espanha, em 1588, perdeu a *Grande y Felicísima Armada*, a capacidade militar para manter a exclusividade ibérica entrou em declínio. Em 1603 os holandeses capturaram a nau portuguesa Santa Catarina no Estreito de Málaca. Esse apresamento causou polêmica entre os acionistas da Companhia das Índias, o que resultou nos pareceres *De Iure Predae* e *De Mare Liberum*, de autoria de Hugo Grotius, nos quais é contestada a tese da exclusividade hispano-portuguesa sobre o mar, ainda que fundada em doação pontifícia.

Navegação, pesca, comércio, segurança costeira, foram motivações para os litígios europeus. A doutrina jurídica sobre o mar foi objeto de longo devir, aparecendo no medievo a idéia de mar territorial, sobre o qual haveria jurisdição sem propriedade no sentido civil:

> *Pero, aunque no pertenezca a nadie em cuanto al derecho de dominio, está o no bajo alguien en cuanto a la jurisdicción, en orden a que pueda castigar los crímenes que allí se cometen y administrar justicia a las gentes que vayan a habitar en aquel lugar? Puede dudarse. Sobre esto, es preciso considerar si quien tiene juridicción en un territorio unido al mar, la tiene en el mismo mar y hasta dónde. Y parece que no, porque el mar es común a todos. La verdad, sin embargo, es otra, pues así como al gobernador de una provincia debe dejar livre la provincia de hombres malvados por tierra, lo mismo debe hacer por el mar. De esto se sigue que tiene también jurisdicción en el mar, y con más razón en las islas que están en dicho mar. Así, pues, aquellas islas que ditan poco espacio de una provincia, decimos que pertenecen a esta provincia, como ocurre com las islas de Italia. Pienso que existe una distancia módica, cuando distan hasta cien millas, pues se considera lugar vecino.* (Sassoferrato, 1979, p. 7.)

O desenvolvimento tecnológico proporcionou meios para a exploração de toda a riqueza marinha, inclusive a do subsolo em grande profundidade. Essa possibilidade tornou imperiosa a regulação jurídica da ação dos Estados e dos entes particulares. Petróleo, gás natural, nódulos metálicos, navegação de superfície e a profundezas abissais, higidez do ambiente marinho, extinção

17 *"Mar es el conjunto de muchas aguas saladas. Propiamente mar se deriva de amargor, y conviene que se encuentre en gran cantidad, pues, de otro modo, aunque se llame mar no lo es, sino más bien laguna o lago"* (Sassoferrato, 1979, p. 2).

de espécies, naus movidas a fissão nuclear, exploração arqueológica, *res nullius, res omnium*; uma miríade de questões provocadas pelas facilidades de ocupar e manter-se nos mares que a tecnologia deu aos humanos.

Após décadas de tratativas impulsionadas pela Liga das Nações e pela ONU, em 1982 foi firmada em Montego Bay, Jamaica, a Convenção das Nações Unidas sobre o Direito do Mar. O texto se desdobra em 320 artigos que versam sobre a presença armada e desarmada no mar, os espaços internacionais, os espaços sujeitos à soberania territorial e econômica dos Estados, o uso comum da riqueza do alto mar, na água ou solo, a preservação ambiental e a responsabilidade por danos, direitos dos Estados sem acesso ao mar. Nesse contexto é que foi criado o Tribunal do Mar, além da Autoridade Internacional para os Fundos Marinhos, sediada na Jamaica.

Em relação às riquezas dos fundos marinhos a Convenção afirma a sua condição de patrimônio comum da humanidade. A expressão *res omnium* simplifica essa idéia, pois o que é de todos não está susceptível à apropriação ou ao uso exclusivo por alguém, sem o consentimento dos condôminos. A função da autoridade internacional é velar pelo interesse de toda a humanidade sobre essas riquezas econômicas e biológicas.

Destaques do Estatuto do Tribunal:

a) a jurisdição do Tribunal compreende os diferendos oriundos da interpretação e aplicação da Convenção e matérias afins se houver acordo entre as partes;
b) os membros do Tribunal são eleitos pelos Estados-Partes da Convenção para investidura de nove anos, admitida uma recondução;
c) os Estados, partes ou não da Convenção, as Organizações Internacionais e outras entidades, têm legitimidade para acionar o Tribunal;
d) o Tribunal conhecerá da questão se as partes manifestarem aceitação de sua jurisdição;
e) o descumprimento da decisão do Tribunal pode ensejar acionamento do Conselho de Segurança das Nações Unidas com base analógica do art. 94 da Carta da ONU;
f) a Câmara para solução de controvérsias sobre os fundos marinhos terá competência exclusiva para os contenciosos sobre a área, ou seja, leito do mar, fundos marinhos e o seu subsolo, além dos limites da jurisdição nacional quando forem litigantes os Estados-partes;
g) o Tribunal, ao conhecer uma questão, poderá decretar medidas cautelares para preservar direitos ou para impedir danos ambientais;

h) o Tribunal tem jurisdição para decidir sobre a liberação de embarcações apresadas.

15.5.1. Caso Relevante

A Rússia e a Austrália apresentaram em 2002 ao Tribunal do Mar um litígio sobre o apresamento do navio pesqueiro Volga, de bandeira russa. Em 07/02/2002, um helicóptero da Marinha de Guerra da Austrália localizou o navio Volga em suas águas e o apresou, bem como deteve a tripulação. Sob escolta, o navio foi conduzido a Perth, onde ancorou em 19/02/2002. A tripulação e os oficiais ficaram detidos em Perth, sob as ordens da Corte local. Aos oficiais foi imputada a prática de conduta criminosa diante das leis australianas. Em 16/03/2002 o Capitão morreu no hospital, sob os cuidados das autoridades australianas, e, na mesma data, os demais oficiais foram libertados mediante fiança e o compromisso de permanecerem em Perth. A autoridade australiana de pesca impôs várias condições para a liberação do navio.

O Tribunal foi acionado para *prompt release of vessel and crew,* sem prejuízo do exame do mérito da causa no foro doméstico apropriado. A Austrália alegou que liberaria o navio depois de prestadas as garantias razoáveis exigidas, especialmente o depósito de valor para o navio e para a tripulação. Os proprietários do navio, pela voz da Rússia, alegaram que a garantia exigida era muito elevada, maior que o valor do navio.

A decisão do Tribunal, examinando o conjunto dos fatos, foi no sentido da falta de razoabilidade do montante exigido pela Austrália para a liberação do navio e da tripulação, pelo que o Tribunal fixou os valores das garantias para a liberação do navio e dos tripulantes, que ficaram mais de dez meses retidos na Austrália.

15.6. TRIBUNAL PENAL INTERNACIONAL

Efetivamente, até a vigência do Tratado de Constituição do Tribunal Penal Internacional, não havia na seara internacional nenhuma corte com alguma inevitabilidade.[18] É verdade que essa irrefragabilidade deve ser ubicada no

18 "O *princípio da inevitabilidade* significa que a autoridade dos órgãos jurisdicionais, sendo uma emanação do próprio poder estatal soberano, impõe-se por si mesma, independentemente da vontade das partes ou de eventual pacto para aceitarem os resultados do processo" (Cintra *et alli,* 1992, p. 121).

quadro do Direito Internacional, despojando-a da soberania como fundamento.

Soberanias eventualmente vitoriosas em guerra poderão ver seus agentes submetidos a julgamento pelo Tribunal Penal Internacional, que não é instância arbitral ou agitação ruidosa de pacifistas que, desprovidos de poder político, esforçam-se para usar poder ideológico e influenciar a opinião pública internacional.[19] O Tribunal Penal Internacional é uma Corte de Justiça, com juízes permanentes, protegidos pela inamovibilidade, irredutibilidade de vencimentos e direito a cumprirem integralmente o período de investidura. Junto à Corte funciona o Ministério Público que frui das mesmas garantias para assegurar a sua independência funcional.

Todavia, o Tribunal Penal Internacional não é o vestíbulo do paraíso; ele é produto humano, demasiadamente humano e o Conselho de Segurança da Organização das Nações Unidas pode suspender o curso de investigação ou processo, *sine die*.[20] A jurisdição internacional penal fica susceptível a injunções políticas, o que é uma deferência ao mundo real e às relações de poder que o movem. O Tribunal está na senda da inevitabilidade da jurisdição, todavia não é ainda completamente imperativo. É certo que eventual proposta de suspensão terá que contar com o voto afirmativo dos cinco membros permanentes do Conselho, o que é politicamente difícil. Porém, a existência dessa cunha alopoiética expõe a cru o controle que o sistema político internacional pode exercer sobre o poder jurisdicional.[21]

Pode-se imaginar que o custo político de uma suspensão, especialmente *sine die*, seja muito alto e que os Estados potentes decidam não assumi-lo. De qualquer modo é a volição soberana dos Estados que dará o rumo dos acontecimentos e não a impotência para afastar a aplicação da norma jurídica. Mais que a postura do Conselho de Segurança, deve-se ter em vista que a relação entre a Corte e o Estado que hospeda alguém submetido a processo é horizontal, sem império e o Estado hospedeiro pode, a seu alvedrio, enten-

19 Tribunal Bertrand Russel e o seu sucessor o Tribunal Permanente dos Povos.

20 Art. 16 – Nenhuma investigação ou processo poderá ser iniciado ou continuado, sob este Estatuto, por um período de doze meses após a adoção pelo Conselho de Segurança de resolução, em conformidade com o disposto no Capítulo VII da Carta das Nações Unidas, que solicite ao Tribunal medida nesse sentido; tal solicitação poderá ser renovada pelo Conselho de Segurança nas mesmas condições.

21 "Todo sistema jurídico pressupõe decisão política fundante, oriunda do voto, negociação ou imposição. A autoridade última do direito, deriva da política" (Carr, 2001, p. 233).

der que as condutas imputadas têm natureza de crime político e não de crime comum, negando a entrega da pessoa à Corte.

A regra posta é que as pessoas a quem se imputam os crimes tipificados no Estatuto do Tribunal Penal Internacional sejam julgadas e o *sursis* da investigação ou do processo, a exceção. Hoje é impossível saber se essa relação lógica entre regra e exceção vai se manter ou será invertida.

Ao passar para o exame do Estatuto do Tribunal Penal Internacional insta atentar para o fato de que o mesmo instrumento contém normas constitutivas do organismo, normas de direito penal, normas de direito processual penal, normas de direito administrativo interno.

Destaques do Estatuto:

a) o Tribunal é um organismo constituído por tratado multilateral, isto é, ele é uma pessoa jurídica de Direito Internacional Público apta a firmar tratados, inclusive o de sede com a Holanda. Essa característica destoa do padrão habitual no qual a função judiciária é exercida por um órgão e não há uma pessoa jurídica com essa finalidade exclusiva;
b) a competência do Tribunal é adstrita a crimes de alto potencial ofensivo: genocídio, crimes contra a humanidade, crimes de guerra e crime de agressão;
c) os verbos dos três primeiros tipos penais estão descritos nos arts. 6º a 8º do Estatuto;
d) o crime de agressão (quem começou uma guerra injustamente) teve a sua tipificação lançada a momento futuro;
e) o Estatuto adota a garantia *nullum crimen, nulla poena sine praevia lege*.
f) a responsabilidade penal é subjetiva, assentada na volição dolosa livre, e a pena não passa da pessoa condenada;
g) o Procurador (equivalente ao Chefe do Ministério Público) é *dominus litis* da ação penal;
h) o Procurador pode agir *ex officio* ou diante de *notitia criminis*;
i) a jurisdição do Tribunal é supletiva à dos Estados e agirá na falência ou na falácia da jurisdição estatal;
j) dos Estados que não são parte do Tribunal será necessário obter aceitação da jurisdição para eventual ação;
k) o Tribunal aplicará as normas penais e processuais preceituadas no seu Estatuto; subsidiariamente, se houver lacunas no Estatuto, os princípios e normas do Direito Internacional Público, especialmente atinentes

à guerra e, se ainda for necessário, as normas internas do Estado que exerceria a jurisdição numa situação ordinária;

l) a investidura de funções estatais não desonera a pessoa da responsabilidade penal;

m) o Tribunal é composto por 18 juízes eleitos pelos Estados membros para investidura de nove anos;

n) o Procurador (Ministério Público) é órgão autônomo do Tribunal;

o) aos juízes e procuradores são garantidas as imunidades usuais da magistratura somadas à imunidade diplomática;

p) os Estados membros contribuem para o orçamento do Tribunal;

q) as penas preceituadas são de multa e privação temporária ou perpétua da liberdade;

r) são efeito da condenação o confisco da *instrumenta* e da *producta sceleris*;

s) os Estados devem cooperar com o Tribunal para a captura e entrega de pessoas a serem submetidas a julgamento ou cumprimento de pena;

t) a execução da pena ocorrerá num Estado que aceite o encargo e cumpra as determinações do Tribunal nos incidentes de execução;

u) a Assembléia Geral do Tribunal, composta por um representante de cada Estado membro, reúne-se anualmente na sede da ONU ou do próprio Tribunal, sendo de maioria absoluta o *quorum* de instalação e de dois terços dos presentes para deliberação de mérito.

A sensação é de esforço de Sísifo, pois há muita teoria, factóides e poucos fatos políticos nesta seara. "Deve-se concluir, então, que a paz pelo direito é um falso ideal, que contradiz a natureza do homem e da sociedade? Ou que é uma *idéia de razão*, no sentido kantiano – isto é, uma idéia que anima a ação e indica um objetivo, mas que nunca será inteiramente realizada" (Aron, 2002, p. 882).

A vontade soberana de um Estado vitorioso permitirá que um de seus súditos seja julgado por crime de guerra nas barras do Tribunal Penal Internacional? *Homo homini iudex?*

Capítulo 16
Guerra

> Entre os animais de presa, no sentido próprio, quase não poderia acontecer de matar indivíduos da sua própria espécie em grande escala. Também outros animais matam, principalmente para satisfazer a fome. Mas acontece que o homem persegue fins espirituais – por exemplo, econômicos – quando empreende a matança em massa da sua própria espécie. Isto significa que desapareceram todos os limites biológicos que poderiam refrear a matança. Do ponto de vista antropológico, é notável que o homem, nos chamados estágios culturais mais avançados, rejeite o canibalismo como um fato abominável, apesar de se tratar apenas de uma matança da própria espécie, matança esta condicionada biologicamente (alimentação); em pequena escala, portanto. (Brusiin, 2001, p. 14.)

Ao versar sobre a guerra, o tema capital do Direito Internacional até o início do século XX, costuma-se apresentar narrativa de algumas guerras, bosquejos sobre o furor ímpio que espalha sofrimento,[1] a argumentação teórica multimilenar sobre *bellum iustum*, a formação dos tratados de âmbito europeu, mais tarde mundial, sobre o tratamento de combatentes feridos, rendidos, civis, obras de arte, cidades históricas, armas e métodos banidos. Todavia, antes de falar da guerra, deve-se falar da paz que "é o bem absoluto, condição necessária para o exercício de todos os outros valores" (Bobbio, 1998, p. 207).

O pacifismo se expressa em duas formas: a moral e a institucional, guardando alguma simetria com a distinção entre moralidade e juridicidade. A possibilidade do uso legítimo da força (coerção) é uma das constantes do pacifismo institucional; o de cunho moral abomina qualquer uso da força, preconizando a oferta da outra face. A manutenção da coerção no rol de

---

1 *"Furor impius intus – fremit horridus ore cruento"* (Um ímpio e horrível furor ferve dentro da tua boca sangrenta) (Kant, 1992, p. 136).

meios à disposição para garantir a paz é uma deferência do pacifismo institucional à realidade; na verdade, é reconhecimento humilde da natureza humana, sem a pretensão de moldá-la ao talante do pacifista.[2] O pacifismo institucional propõem-se a alcançar a paz com os humanos sendo como **são** e não **deveriam ser**. Não se pugna pela mudança intrínseca das pessoas, mas pela criação de engenhos normativos aptos a tornar menos abrasivas as relações intersubjetivas, obtendo-se condutas objetivamente conformes às normas por meio de sanções premiais e expiatórias.

Para que essas normas sejam eficazes (fato de mensuração política e não jurídica em senso puro) sem custo altíssimo, a sua produção e aplicação deve ocorrer em ambiente democrático que as legitime. O pacifismo institucional é umbilicalmente conectado à democracia porque ela é o governo das leis e não das pessoas boas ou más. A palavra democracia é polissêmica e, para assegurar que o receptor perceba efetivamente a idéia do transmissor na interlocução, deve-se cinzelar, ainda que brevemente, os seus lindes. Inicialmente, a conceituação da democracia como método político calcado na não-violência para regular a convivência política de pessoas naturais:

> O fundamento de uma sociedade democrática é o pacto de não-agressão de cada um com todos os outros e o dever de obediência às decisões coletivas tomadas com base nas regras do jogo de comum acordo preestabelecidas, sendo a principal aquela que permite solucionar os conflitos que surgem em cada situação sem recorrer à violência recíproca. Mas tanto o pacto negativo de não-agressão, quanto o pacto positivo de obediência, para serem, além de válidos, também eficazes, devem ser garantidos por um poder comum. Com o pacto de não-agressão recíproca, os indivíduos saem do estado de natureza; como pacto de obediência às regras estabelecidas em comum acordo constituem uma sociedade civil. Instituindo um poder comum, as partes dão vida a um Estado. (Bobbio, 2000, p. 385.)

Esse conceito é limitado à seara intraestatal por causa do *pactum subjectionis* que estabelece relação político-jurídica vertical e a paz que se alcança provém basicamente do império do Estado, da sua posição hegemônica para o uso da força. Para conceituar a democracia em ambiente não-hierarquizado,

2 "Para que a objeção de consciência consiga realizar o seu próprio objetivo seria necessário que realmente todos os homens fossem objetores, pois se um único homem não for, este torna-se dono do mundo. O mesmo raciocínio pode ser aplicado ao desarmamento: se todos os Estados do mundo se desarmassem e apenas um deles não o fizesse, este se tornaria o senhor da Terra (...) O desarmamento unilateral favorece os violentos. A alternativa à guerra de todos contra todos é o despotismo de um só" (Bobbio, 1998, p. 212).

no qual todos os sujeitos têm direito ao uso da força (cenário internacional), deve-se prescindir do império, ainda que essa postura exija alguma ataraxia diante da sensação de caos que a anarquia (ausência de poder vertical) causa às intelecções mais afeitas ao remanso da proteção do soberano. A democracia em relações horizontais não admite repouso, acomodação, pois todos os atores políticos se movimentam o tempo todo à cata dos seus interesses que podem ou não coincidir com os dos demais partícipes. É a democracia em sua forma direta, sem especialização de função política e sem representação porque todos os atores estão presentes todo o tempo.

O pacifismo institucional não colide com a natureza, porém, em contrapartida, não se verga ao *nomos* da Terra, que é também uma forma de afastamento da responsabilidade decisória a pretexto de que a Gaia de cada povo, de modo mítico, matricia o seu conjunto normativo.

> O animal encontra-se totalmente cingido a seu mundo circundante, sem a possibilidade de se manter 'à parte' para obter uma imagem objetiva da realidade. O espírito humano, pelo contrário desprende-se do contato imediato com a realidade vivida empiricamente para se elevar até as mais atrevidas abstrações e construções mentais. (Brusiin, 2001, p. 16.)

Essas abstrações se expressam em valoração de justo e injusto na conduta humana, individual ou coletiva. A definição axiológica, para ser legítima, deve ter origem em situação de difusão de poder – democracia – e à filosofia e jurisprudência incumbe o desenvolvimento dos conceitos, a transformação de sensações–pensamento em pensamento–conceito.

Assim, ao pacifismo institucional interessa a teorização sobre *bellum iustum*, pois uma guerra iniciada por justa causa (*ius ad bellum*) e conduzida de modo justo (*ius in bello*) está dentro do conceito de violência legítima, a exemplo daquela preceituada no art. 25 do Código Penal Brasileiro[3] e no art. 5º do Estatuto do Tribunal Penal Internacional que alude ao crime de agressão (violência ilegítima), embora não se tenha feito a definição do sujeito, verbo e advérbio que constituirão o tipo penal internacional e, igualmente, não haja delimitação normativa da legitimidade da violência utilizada para defesa.

A disseminação do debate sobre a justeza da guerra é relativamente recente. Na antiguidade, a guerra – *terribilis dea* – era considerada parte da rotina dos povos e apenas a ocasional lhaneza de trato entre dirigentes das partes

3 "Entende-se em legítima defesa quem, usando moderadamente dos meios necessários, repele injusta agressão, atual ou iminente, a direito seu ou de outrem."

adversas mitigava a atrocidade. Não se cogitava a possilidade de uma guerra, no mérito, ser injusta.[4] A carência de debate filosófico sobre a justiça da guerra afunila as referências conhecidas a opinião de Santo Agostinho, resumível ao seguinte (Mattos, 1957, p. 330):

a) a guerra é um ato de violência, sendo geralmente um mal;
b) a guerra se torna justa quando só é possível reprimir o mal pelo uso da própria guerra;
c) um soberano que lança mão da guerra, mesmo para defender uma causa justa, podendo defendê-la honestamente por meios pacíficos estaria participando de um ato religiosamente reprovável;
d) Deus permite a guerra por motivo de misericórdia, e como castigo algumas vezes de pecados cometidos pelos povos, e outras vezes como meio indireto de santificação.

A premissas lançadas por Santo Agostinho permanecem atuais: a guerra é um mal a ser utilizado *extrema ratio*, diante de uma agressão injusta, com utilização comedida de violência, sem causar sofrimento além do estritamente inevitável.

A base conceitual é genérica e abstrata. A subsunção dos fatos – especificidade e concretude – ao conceito não é operação estritamente lógica como a de uma subtração de coisa alheia móvel ao art. 155 do Código Penal. A guerra não é um momento silogístico, em que se faz a subsunção de um fato a uma norma e extrai-se a conseqüência jurídica. A guerra é um fato e o seu resultado, mesmo injusto, pode ser definitivo, imutável.[5] Não há recurso. O vencedor diz que tinha razão na controvérsia, que bem usou o direito de recorrer à guerra e que a violência empregada foi correta.

Embora o Direito seja simples, os fatos soem ser muito complexos, dando azo a malabarismos hermenêuticos destinados a justificar a belicosidade. Contudo, a necessidade política de justificar a guerra denota a rejeição cultural que a tisna.

A mutação cultural perceptível da antigüidade à modernidade é a consideração da guerra como uma anomalia, uma sinal de incapacidade política, um mal evitável. Esse valoração negativa não denota progresso moral, pois a natureza humana é imutável (Bobbio, 1992, p. 51). A mutação cultural de-

4 *Princips principi lupus* (Bobbio, 1998, p. 225).
5 *Ex facto oritur ius.*

corre da percepção mais acurada dos danos cada vez maiores que colocam a continuidade da vida em risco. Essa mudança cultural se expressa nas instituições – conjuntos normativos coerentes *rationae materiae* – que se destinam a juridicizar o fato da guerra, estabelecendo modais deônticos – permissões, proibições, obrigações – a serem observados pelos Estados para dar início a uma guerra e para regular a conduta dos Estados nos atos de guerra.

O pacto Briand-Kellog,[6] firmado em Paris, em 1928, teve alto significado jurídico, pois subtraiu da guerra a licitude que lhe era reconhecida desde a antigüidade. A guerra era uma das prerrogativas da soberania e, de súbito, Estados importantes[7] firmaram um texto considerando-a ilícita. No preâmbulo do Pacto Briand-Kellog há um indicativo de sanção genérica que seria privar dos benefícios do Tratado o Estado pactuante que recorresse à guerra. Algo como torná-lo *persona non grata*, deixando-o sem o apoio dos demais pactuantes em caso de algum perigo externo.

Ao ratificarem o tratado, os Estados fizeram reserva quanto ao direito de guerra em legítima defesa e, na prática, a cada Estado remanesceu o poder de julgar se a situação enfrentada era ou não de legítima defesa. Ou seja, apesar do texto politicamente correto (são apenas três artigos) do Pacto Briand-Kellog, permaneceu-se na posição original, na situação de natureza em que cada um diz o que é seu direito e, em conseqüência, qual é a obrigação de outrem.

A Carta da ONU também proscreve a ameaça ou o uso ilegítimo da força "contra a integridade territorial ou a independência política de qualquer Estado", admitindo "o direito inerente de legítima defesa individual ou coletiva, no caso de ocorrer um ataque armado contra um membro (...) até que o Conselho de Segurança tenha tomado as medidas necessárias para a manutenção da paz".[8]

No Brasil, a guerra não-defensiva está excluída dos poderes atribuídos pelo povo aos seus representantes, por força do art. 4º, incisos VI e VII, combinados com o art. 84, XIX, que autoriza o Presidente da República a declarar guerra apenas no caso de agressão estrangeira.

6 Art. 1º – "As altas partes contratantes declaram solenemente, em nome dos seus respectivos povos , que condenam o recurso à guerra para a resolução das divergências internacionais e que renunciam à guerra como instrumento de política nacional nas suas relações recíprocas".

7 Estados Unidos, França, Reino Unido, Alemanha, Japão, Itália, Polônia, Índia, Canadá, Irlanda, África do Sul, Nova Zelândia, Austrália, Bélgica, entre outros.

8 Art. 2º, item 4, e art. 51.

Esse brevíssimo escorço dos limites éticos, juridicamente expressos, à guerra não significa que elas desaparecerão porque são axiologicamente reprováveis, significa que está-se a construir conceitos que permitem a valoração, julgamento, da conduta dos povos diante das desavenças. "Foi dito 'não matarás' porque o homem tem o poder de matar, e freqüentemente a ocasião e a inclinação para isso – em suma, porque de fato se mata. É somente sob a pressão de hábitos de ação concretos, e de maneira geral do fato de que os homens agem sem que para tal precisem ser mandados, que a ética entra em cena como regulação desse agir, indicando-nos como uma estrela-guia aquilo que é o bem ou o permitido" (Jonas, 2006, p. 66).

Inter arma silent legis. Esta foi a concepção predominante durante milênios. De súbito, está-se a questionar o direito à guerra e os direitos e deveres durante a guerra. A discussão, ainda que serôdia, é um fenômeno de significado ainda incompreensível no todo; atores que redigem o próprio *script* à medida que encenam não têm condição para avaliar a qualidade do texto e da interpretação. É difícil ao observador que é parte do objeto a ser observado ter a compreensão que o historiador alcança. A história estática e a história dinâmica não permitem a formação de convicção com métodos e resultados semelhantes. De qualquer modo, o estudo do presente e do passado tem, como uma das finalidades, especular sobre o futuro possível, tracejando futuríveis que parecem apontar para o incremento do aparato normativo e judicial destinado a tornar a guerra uma exceção cruenta (Dallari, 2001, p. 33).

Bibliografia

AGAR, José T. Martín de. *Passato e presente dei concordati*. Disponível em: www.usc.urbe.it/can/p martinagar/concord.htm. Acesso em 31/01/2007.

AKEHURST, Michael. *A modern introduction to international law*. London: George Allen & Unwin Ltd., 1982.

ALVES, Rubem. *Se eu pudesse viver a minha vida novamente*. Campinas: Verus, 2004.

AQUINO, Tomás de. *Summa theologica. De legibus, in quatuor articulos divisa*. Porto: RÉS-Editora, s.d.

______. *Tratado da lei*. Porto: RÉS-Editora, s.d.

ARENDT, Hanna. *O que é política?* Rio de Janeiro: Bertrand Brasil, 2004.

ARISTÓTELES. *Política*. São Paulo: Nova Cultural, 1999.

______. *Ética a Nicômaco*. São Paulo: Abril Cultural, 1979.

ARON, Raymond. *Paz e guerra entre as nações*. Brasília: Editora Universidade de Brasília, 2002.

______. *Estudos políticos*. Brasília: Editora Universidade de Brasília, 1985.

ARRUDA, Braz de Sousa. *Curso de Direito Internacional*. Curitiba: Guaíra, s.d.

ÁVILA, Humberto. *Teoria dos princípios*. São Paulo: Malheiros, 2003.

BASTOS, Aurélio Wander. *Introdução à teoria do Direito*. Rio de Janeiro: Lumen Juris, 1999.

BENTHAM, Jeremy. *Teoria das penas legais*. São Paulo: Edições Cultura, 1945.

BERGEL, Jean-Louis. *Teoria geral do Direito*. São Paulo: Martins Fontes, 2001.

BEVILÁQUA, Clóvis. *Direito público internacional*. Rio de Janeiro: Freitas Bastos, 1939.

BITTAR, Eduardo Carlos Bianca. *Curso de filosofia aristotélica: Leitura e interpretação do pensamento aristotélico*. Barueri: Manole, 2003.

BOBBIO, Norberto. *O positivismo jurídico: Lições de filosofia do Direito*. São Paulo: Ícone, 1995.

______. *Teoria da norma jurídica.* Bauru: Edipro, 2001.

______. *Ensaios sobre ciência política na Itália.* Brasília: Editora Universidade de Brasília [São Paulo: Imprensa Oficial do Estado], 2002.

______. *Teoria geral das normas.* Bauru: Edipro, 2001.

______. *Teoria do ordenamento jurídico.* Brasília: Editora Universidade de Brasília, 1994.

______. *Diário de um século: Autobiografia.* Rio da Janeiro: Campus, 1998.

______. *A era dos direitos.* Rio de Janeiro: Campus, 1992.

______. *Teoria geral da política.* Rio de Janeiro: Campus, 2000.

______. *Direito e Estado no pensamento de Emanuel Kant.* Brasília: Editora Universidade de Brasília, 1995.

BOBBIO, Norberto; BOVERO, Michelangelo. *Sociedade e Estado na filosofia política moderna.* 4. ed. São Paulo: Brasiliense, 1994.

BONANATE, Luigi. *A guerra.* Sao Paulo: Estação Liberdade, 2001.

BRECHT, Arnold. *Teoria política.* Rio de Janeiro: Zahar, 1965.

BRIERLY, James Leslie. *Direito Internacional.* Lisboa: Fundação Calouste Gulbenkian, 1979.

BROCKWAY, George P. *A morte do homem econômico.* São Paulo: Nobel, 1995.

BROWNLIE, Ian. *Princípios de Direito Internacional público.* Lisboa: Fundação Calouste Gulbenkian, 1997.

BRUSIIN, Otto. *O pensamento jurídico.* Campinas: Edicamp, 2001.

BULL, Hedley. *A sociedade anárquica.* Brasília: Editora Universidade de Brasília, 2002.

CAMPAGNOLO, Umberto. *Direito internacional e Estado soberano.* Mario G. Losano (org.) Hans Kelsen, Umberto Campagnolo. São Paulo: Martins Fontes, 2002.

CAMPILONGO, Celso Fernandes. *Direito e democracia.* São Paulo: Max Limonad, 2000.

CAMPOS, Francisco. *O estado nacional: sua estrutura, seu conteudo ideologico.* Rio de Janeiro: José Olympio, 1940.

CARBONNIER, Jean. *Sociologia jurídica.* Coimbra: Almedina, 1979.

CARNELUTTI, Francesco. *Metodologia do Direito.* Campinas: Bookseller, 2002.

______. *Teoria geral do Direito.* São Paulo: Lejus, 2000.

CARR, Edward Hallet. *Vinte anos de crise: 1919–1939.* Brasília: Editora Universidade de Brasília, 2001.

CARVALHO, Amilton Bueno de. *Magistratura e direito alternativo.* São Paulo: Acadêmica, 1992.

CAVALCANTI, Artur José Faveret. *A estrutura lógica do Direito.* Rio de Janeiro: Renovar, 1996.

CHARAUDEAU, Patrick. *Discurso político.* São Paulo: Contexto, 2006.

CHURCHLAND, Paul M. *Matéria e consciência: uma introdução contemporânea à filosofia da mente.* São Paulo: Unesp, 2004.

CÍCERO, Marco Túlio. *De officiis.* São Paulo: Martins Fontes, 1999.

CINTRA, Antônio Carlos de Araújo *et alli. Teoria geral do processo.* São Paulo: Malheiros, 1992.

CLAUSEWITZ, Carl von. *Da guerra.* São Paulo: Martins Fontes, 1996.

COASE, Ronald. *La empresa, el mercado y la ley.* Madri: Alianza Editorial, 1994.

Código de Hamurabi: Código de Manu, excertos: (livros 8º e 9º): Lei das XII Tábuas, supervisão editorial Jair Lot Vieira. Bauru: Edipro, 1994.

COELHO, Luiz Fernando. *Teoria crítica do Direito.* Belo Horizonte: Del Rey, 2003.

COMPARATO, Fábio Konder. *Ética: direito, moral e religião no mundo moderno.* São Paulo: Companhia das Letras, 2006.

COULANGES, Fustel. *A cidade antiga.* 10. ed. Lisboa: Livraria Clássica Editora.

CRESPIGNY, Anthony de. & MINOGUE, Kenneth. *Filosofia política contemporânea.* Brasília: Editora Universidade de Brasília, 1982.

CUNHA, Paulo Ferreira da. *Princípios do Direito.* Porto: RÉS-Editora, s.d.

______. *A contemporaneidade jurídica e Aristóteles – Introdução a Aristóteles: obra jurídica.* Porto: RÉS-Editora, s.d.

DAHL, Robert. *Poliarquia: participação e oposição.* São Paulo: Editora Universidade de São Paulo, 2005.

DALLARI, Dalmo de Abreu. *O futuro do Estado.* São Paulo: Saraiva, 2001.

DAVID, René. *Os grandes sistemas do direito contemporâneo.* São Paulo: Martins Fontes, 1986.

DEVLIN, Keith. *O gene de matemática.* Rio de Janeiro: Record, 2004.

DINH, Nguyen Quoc, DAILLIER, Patrick, & PELLET, Alain. *Direito Internacional público.* Lisboa: Fundação Calouste Gulbenkian, 1999.

DINIZ, Maria Helena. *Compêndio de introdução à ciência do Direito.* São Paulo: Saraiva, 1995.

DURÃES, Beatriz Schiffer. *Imunidade de jurisdição e a doutrina do Ato de Estado.* Curitiba: Gênesis, 2003.

DURKHEIM, Émile. *As regras do método sociológico.* São Paulo: Companhia Editora Nacional, 1975.

DUROSELLE, Jean-Baptiste. *Todo imperio perecerá*. México: Fondo de Cultura Económica, 1998.

ESPADA, Cesário Gutierrez. *Derecho internacional público*. Madrid: Editorial Trotta, 1995.

FERRAJOLI, Luigi. *A soberania no mundo moderno*. São Paulo: Martins Fontes, 2002.

FERRO, Ana Luiza Almeida. *O Tribunal de Nuremberg*. Belo Horizonte: Mandamentos, 2002.

FIANI, Ronaldo. *Teoria dos jogos*. Rio de Janeiro: Elsevier, 2006.

FIORE, Pasquale. *Tratado de Derecho Internacional Público*. Madrid: Centro Editorial de Góngora, 1894.

FOIGNET, René. *Manuel élémentaire de droit international public*. 13. ed. Paris: Librairie Arthur Rousseau et Cie. Éditeurs, 1926.

FONTOURA, Jorge Nogueira. *A participação de particulares no processo de solução de controvérsias*. VIII Seminário Jurídico – La Dimensión Jurídica de la Integración – Rosário – Argentina, 2003. Disponível em: www.aladi.org/nsfaladi/reuniones.nsf. Acesso em: 5/01/2007.

FRAGOSO, João & FLORENTINO, Manoel. *O arcaísmo como projeto*. Rio de Janeiro: Civilização Brasileira, 2001.

FRIEDMAN, Thomas. *O mundo é plano*. São Paulo: Objetiva, 2006

FRIEDMANN, Wolfgang. *El derecho en una sociedad en transformación*. México: Fóndo de Cultura Económica, 1966.

FRIEDRICH, Carl Joachim. *La Filosofia del Derecho*. México: Fondo de Cultura, 1997.

FUKUYAMA, Francis. *A grande ruptura*. Rio de Janeiro: Rocco, 2000.

______. *Confiança: as virtudes sociais e a criação da prosperidade*. Rio da Janeiro: Rocco, 1996.

GARCIA, Eugênio Vargas. *O Brasil e a Liga das Nações (1919–1926): vencer ou não perder*. Porto Alegre/Brasília: Ed. da Universidade/ UFRGS/Fundação Alexandre de Gusmão, 2000.

GASSET, José Ortega y. *La rebelión de las masas*. Barcelona: Editorial Optima, 1999.

GÉNÉREAUX, Jacques. *Horror político: o horror não é econômico*. Rio de Janeiro: Bertrand Brasil, 2003.

GENTILI, Alberico. *O direito de guerra*. Ijuí: Ed. Unijuí, 2004.

GIANNETTI, Eduardo. *Mercado das ilusões*. São Paulo: Companhia das Letras, 2003.

______. *O valor do amanhã: ensaio sobre a natureza dos juros*. São Paulo: Companhia das Letras, 2005.

GOUVEIA, Jorge Bacelar. *O direito de passagem inofensiva no novo Direito Internacional do mar*. Lisboa: Lex Edições Jurídicas, 1993.

GRAY, John. *Al Qaeda e o que significa ser moderno*. Rio de Janeiro: Record, 2004.

GROTIUS, Hugo. *O direito da guerra e da paz*. Ijuí: Ed. Unijuí, 2004.

GUSMÃO, Paulo Dourado. *Introdução ao estudo do Direito*. Rio de Janeiro: Forense, 1999.

HABERMAS, Jürgen. *The inclusion of the other*. Cambridge: The Massachussets Institute of Technology Press, 2001.

HAMILTON, Alexander. *The Federalist*. São Paulo: Abril Cultural, 1973.

HARDT, Michael & NEGRI, Antonio. *Multidão*. Rio de Janeiro: Record, 2005.

HART, Herbert. *O Conceito de Direito*. 3. ed. Lisboa: Fundação Calouste Gulbenkian, s.d.

HAYEK, Friedrich August von. *Direito, legislação e liberdade*. São Paulo: Visão, 1985.

HEGEL, Georg Wilhelm Friedrich. *Princípios da Filosofia do Direito*. Lisboa: Guimarães Editores, 1990.

HELD, David. *La democracia y el orden global: del Estado moderno al gobierno cosmopolita*. Buenos Aires: Ediciones Paidós Ibérica, 1997.

HELLER, Hermann. *La soberanía: contribuición a la teoría del derecho estatal y del derecho internacional*. México: Fondo de Cultura Económica, 1995.

HOBBES, Thomas. *Diálogo entre um filósofo e um Jurista*. São Paulo: Landy, 2001.

______. *Leviatã II*. São Paulo: Abril Cultural, 1983.

HÖFFE, Ottfried. *A democracia no mundo de hoje*. São Paulo: Martins Fontes, 2005.

IHERING, Rudolf von. *A finalidade do Direito*. Campinas: Bookseller, 2002.

______. *A evolução do Direito*. Lisboa: Antiga Casa Bertrand, s.d.

JAEGER, Werner. *Paidéia: a formação do homem grego*. São Paulo: Martins Fontes, 1995.

JESSUP, Philip. *Direito transnacional*. São Paulo: Editora Fundo de Cultura, 1965.

JO, Hee Moon. *Introdução ao Direito Internacional*. São Paulo: LTr, 2000.

JONAS, Hans. *O princípio responsabilidade: ensaio de uma ética para a civilização tecnológica*. Rio da Janeiro: Contraponto [Editora PUC-Rio], 2006.

JOUVENEL, Bertrand de. *Teoria pura da política*. Lisboa: Guimarães & Cia. Editores, 1963.

KANT, Immanuel. *A paz perpétua e outros opúsculos*. Lisboa: Edições 70.

KAPLAN, Morton & KATZENBACH, Nicholas. *Fundamentos políticos do Direito Internacional*. Rio de Janeiro: Zahar, 1964.

KELSEN, Hans. *O que é justiça?* São Paulo: Martins Fontes, 2001.

______. *Teoria pura do Direito*. São Paulo: Martins Fontes, 1987.

______. *Teoria geral do Direito e do Estado*. São Paulo: Martins Fontes, 1990.

______. *Derecho y paz en las relaciones internacionales*. México: Fóndo de Cultura Económica, 1996.

______. *Teoria geral das normas*. Porto Alegre: Sérgio Fabris, 1986.

KEYNES, John Maynard. *As conseqüências econômicas da paz*. São Paulo: Imprensa Oficial do Estado, Brasília [Editora UnB], 2002.

KEY-SUNG, Cho. *Derecho Internacional*. Buenos Ayres: Fundación Editorial Belgrano, 1997.

KRISTSCH, Raquel. *Soberania: a construção de um conceito*. São Paulo: Imprensa Oficial do Estado, 2002.

Lei das XII Tábuas. Supervisão editorial Jair Lot Vieira. Bauru: Edipro, 1994.

LEITHÄUSER, Thomas. *Por uma microfísica da tolerância. In Democracia hoje: novos desafios para a teoria democrática contemporânea*. Org. Jessé Souza. Brasília: Universidade de Brasília, 2001.

LOCK, John. *Segundo tratado sobre o governo*. São Paulo: Abril Cultural, 1983.

LUYPEN, W. *Fenomenología del derecho natural*. Buenos Aires: Ediciones Carlos Lohlé, 1968.

MACMILLAN, Margaret Olwen. *Paz em Paris, 1919 : a Conferência de Paris e seu mister de encerrar a Grande Guerra*. Rio de Janeiro: Nova Fronteira, 2004.

MARQUES, Luís Guilherme. *A corte européia dos direitos humanos e nós*. Disponível em: www.amb.com.br/portal/index.asp?secao=artigo_detalhe&art_id=180. Acesso em 24/01/2007.

MARTINS, Pedro Baptista. *Da unidade do Direito e da supremacia do Direito Internacional*. At. Luís Ivani de Amorim Araújo. Rio de Janeiro: Forense, 1998.

MARTY, Mireille Delmas. *Três desafios para um direito mundial*. Rio de Janeiro: Lumen Juris, 2003.

MARX, Karl. *A ideologia alemã e outros escritos*. Rio de Janeiro: Zahar, 1965.

MATHIAS, Eduardo Felipe Pérez. *A humanidade e suas fronteiras: do Estado soberano à sociedade global*. São Paulo: Paz e Terra, 2005.

MATTOS, José Dalmo Fairbanks Belfort de. *Apostila de Direito Internacional Público*. Campinas: Centro [Acadêmico XVI de Abril da Faculdade de Direito da Universidade de Campinas], 1957.

MATURANA, Humberto R. *A árvore do conhecimento: as bases biológicas da compreensão humana*. São Paulo: Palas Athena, 2001.

MEDEIROS, Antonio Paulo Cachapuz. *Tribunais supranacionais e aplicação do direito comunitário: Aspectos positivos e negativos*. [Org. Deisy Ventura]. Direito Comunitário do Mercosul. Porto Alegre: Livraria do Advogado, 1997.

MENEZES, Wagner. *Ordem global e transnormatividade*. Ijuí: Ed. Unijuí, 2005.

MÉSZÁROS, István. *Para além do capital*. São Paulo: Boitempo, 2002.

MIRANDA, Jorge. *Direito Internacional Público*. Lisboa: Pedro Ferreira Editor, 1995.

MONNET, Jean. *Memórias*. Brasília: Editora Universidade de Brasília, 1986.

MONTESQUIEU. *O espírito das leis*. São Paulo: Nova Cultural, 1997.

MONTORO, André Franco. *Introdução à ciência do Direito*. São Paulo: Revista dos Tribunais, 1979.

MORGENTHAU, Hans. *A política entre as nações: a luta pelo poder e pela paz*. Brasília: Editora Universidade de Brasília, 2003.

MORRIS, Clarence. *Os grandes filósofos do Direito*. São Paulo: Martins Fontes, 2002.

MORRISON, Wayne. *Filosofia do Direito: dos gregos ao pós-modernismo*. São Paulo: Martins Fontes, 2006.

MÜLLER, Friedrich. *Quem é o povo?* São Paulo: Max Limonad, 2000.

NADER, Paulo. *Introdução ao estudo do Direito*. Rio de Janeiro: Forense, 2002.

NARDIN, Terry. *Lei, moralidade e as relações entre os estados*. Rio de Janeiro: Forense Universitária, 1987.

NUSDEO, Fábio. *Introdução ao direito econômico*. São Paulo: Editora Revista dos Tribunais, 2005.

PEDERNEIRAS, Raul. *Direito Internacional compendiado*. Rio de Janeiro: Freitas Bastos, 1947.

PEREIRA, Lafayette Rodrigues. *Principios de Direito Internacional*. Jacintho Ribeiro dos Santos (ed.). Rio de Janeiro, 1903.

PERELMAN, Chaim. *Ética e Direito*. São Paulo: Martins Fontes, 1996.

PESSOA, Epitácio. *Obras completas de Epitácio Pessoa*. Rio de Janeiro: Instituto Nacional do Livro, 1960.

PINKER, Steven. *Tábula Rasa*. São Paulo: Companhia das Letras, 2004.

PLATÃO. *As leis ou da legislação e epinomis*. Bauru: Edipro, 1999.

RÁO, Vicente. *O direito e a vida dos direitos*. São Paulo: Revista dos Tribunais, 1997.

RANGEL, Vicente Marotta. *Direito e relações internacionais: textos coligidos, ordenados e anotados com prólogo*. São Paulo: Editora Revista dos Tribunais, 1997.

RAWLS, John. *O direito dos povos*. São Paulo: Martins Fontes, 2001.

REALE, Miguel. *Filosofia do Direito*. São Paulo: Saraiva, 1990.

REUTER, Paul. *Direito Internacional Público*. Lisboa: Editorial Presença.

______. *Introducción al derecho de los tratados*. México: Fóndo de Cultura, 1999.

REZEK, José Francisco. *Direito Internacional Público*. São Paulo: Saraiva, 1998.

RODAS, João Grandino. *A publicidade dos tratados internacionais*. São Paulo: Revista dos Tribunais, 1980.

______. *A nacionalidade da pessoa física*. São Paulo: Editora Revista dos Tribunais, 1990.

ROSS, Alf. *Direito e justiça*. Bauru: Edipro, 2000.

ROULAND, Norbert. *Nos confins do direito*. São Paulo: Martins Fontes, 2003.

ROUSSEAU, Jean-Jacques. *Rousseau e as relações internacionais*. Brasília: Editora Universidade de Brasília [São Paulo: Imprensa Oficial do Estado de São Paulo], 2003.

______. *Do contrato social*. São Paulo: Abril Cultural, 1983.

SAINT-PIERRE, Abbé de. *Projeto para tornar perpétua a paz na Europa*. Brasília: Editora Universidade de Brasília [São Paulo: Imprensa Oficial do Estado de São Paulo], 2003.

SANTOS, Boaventura de Sousa. *A crítica da razão indolente: contra o desperdício da experiência*. São Paulo: Cortez, 2001.

SASSOFERRATO, Bartolo. *De insula*. Madrid: Centro de Estudios Constitucionales, 1979.

SCHMITT, Carl. *Romanticismo político*. Buenos Aires: Universidad Nacional de Quilmes Ediciones, 2001.

______. *Teologia política: cuatro ensayos sobre la soberania*. Buenos Aires: Editorial Struhart & Cia., 1998.

SEITENFUS, Ricado. *Manual das organizações internacionais*. Porto Alegre: Livraria do Advogado, 2000.

SIEYÉS, Emmanuel Joseph. *A constituinte burguesa*. Rio de Janeiro: Liber Juris, 1987.

SOARES, Guido Fernando Silva. *Curso de Direito Internacional Público.* São Paulo: Atlas, 2002.

SOARES, Martínez. *Filosofia do Direito.* Coimbra: Livraria Almedina, 1991.

SORENSEN, Max. *Manual de Direito Internacional Público.* México: Fondo de Cultura Econômica, 2000.

SPINOZA, Baruch. *Tractatus politicus.* São Paulo: Abril Cultural, 1983.

STEIN, Ernildo. *Uma breve introdução à filosofia.* Ijuí: Unijuí 2002.

TITO LÍVIO. *História de Roma.* São Paulo: Paumape, 1989.

TRINDADE, Antônio Augusto Cançado. *A nova dimensão do Direito Internacional Público.* Brasília: Instituto Rio Branco, 2003.

TRUYOL, Antonio. *Noções fundamentais de Direito Internacional Público.* Coimbra: Armênio Amado, 1952.

VATTEL, Emer de. *O direito das gentes.* Brasília: Editora Universidade de Brasília, 2004.

VECCHIO, Giorgio Del. *El Derecho Internacional y el problema de la paz.* Barcelona: Bosch, 1959.

______. *Lições de filosofia do Direito.* Coimbra: Armênio Amado, 1979.

VELASCO, Manuel Díez de. *Instituciones de Derecho Internacional Público.* Madrid: Editorial Tecnos, S.A., 1976, II tomos.

VENTURA, Deisy de Freitas Lima. *As assimetrias entre o Mercosul e a União Européia.* Barueri: Manole, 2003.

VIDAL-NAQUET, Pierre. *Os gregos, os historiadores, a democracia: o grande desvio.* São Paulo: Companhia das Letras, 2002.

VITÓRIA, Francisco. *Relectiones theologicae.* Fragmento disponível em: www.dominicos.org/op/textosdo/1 vitoria. Acesso em 15/01/2003.

WALZER, Michael. *Esferas da justiça: uma defesa do pluralismo e da igualdade.* São Paulo: Martins Fontes, 2003.

WATSON, Adam. *A evolução da sociedade internacional.* Brasília: Editora Universidade de Brasília, 2004.

WEBER, Max. *Economia e sociedade.* 2 vols. Brasília: Editora Universidade de Brasília, 2000.

WIGHT, Martin. *A política do poder.* Brasília: Editora Universidade de Brasília, 2002.

WILSON, John. *Pensar com conceitos.* São Paulo: Martins Fontes, 2001.

Outras maneiras fáceis de receber informações sobre nossos lançamentos e ficar atualizado.

- ligue grátis: **0800-265340** (2ª a 6ª feira, das 8:00 h às 18:30 h)
- preencha o cupom e envie pelos correios (o selo será pago pela editora)
- ou mande um e-mail para: **info@elsevier.com.br**

ELSEVIER

EDITORA CAMPUS

NEGÓCIO EDITORA

Alegro

Nome: ____

Escolaridade: ________________ ❑ Masc ❑ Fem Nasc: __/__/__

Endereço residencial: ________________________________

Bairro: ____________ Cidade: ____________ Estado: ____________

CEP: ____________ Tel.: ____________ Fax: ____________

Empresa: ____

CPF/CNPJ: ________________ e-mail: ________________

Costuma comprar livros através de: ❑ Livrarias ❑ Feiras e eventos ❑ Mala direta ❑ Internet

Sua área de interesse é:

❑ UNIVERSITÁRIOS
- ❑ Administração
- ❑ Computação
- ❑ Economia
- ❑ Comunicação
- ❑ Engenharia
- ❑ Estatística
- ❑ Física
- ❑ Turismo
- ❑ Psicologia

❑ EDUCAÇÃO/ REFERÊNCIA
- ❑ Idiomas
- ❑ Dicionários
- ❑ Gramáticas
- ❑ Soc. e Política
- ❑ Div. Científica

❑ PROFISSIONAL
- ❑ Tecnologia
- ❑ Negócios

❑ DESENVOLVIMENTO PESSOAL
- ❑ Educação Familiar
- ❑ Finanças Pessoais
- ❑ Qualidade de Vida
- ❑ Comportamento
- ❑ Motivação

ELSEVIER

EDITORA CAMPUS

NEGÓCIO EDITORA

Alegro

Cartão Resposta
050120048-7/2003-DR/RJ
Elsevier Editora Ltda
CORREIOS

CARTÃO RESPOSTA
Não é necessário selar

O SELO SERÁ PAGO POR
Elsevier Editora Ltda

20299-999 - Rio de Janeiro - RJ

Impressão e acabamento
Imprensa da Fé